FRANKLIN'S AUTOBIOGRAPHY

A Model Life

TWAYNE'S MASTERWORK STUDIES
ROBERT LECKER, GENERAL EDITOR

Adventures of Huckleberry Finn: American Comic Vision *by David E. E. Sloane*
Animal Farm: Pastoralism and Politics *by Richard I. Smyer*
The Bible: A Literary Study *by John H. Gottcent*
The Birth of Tragedy: A Commentary *by David Lenson*
The Canterbury Tales: A Literary Pilgrimage *by David Williams*
Catch-22: Antiheroic Antinovel *by Stephen W. Potts*
The Divine Comedy: Tracing God's Art *by Marguerite Mills Chiarenza*
Dubliners: A Pluralistic World *by Craig Hansen Werner*
The Grapes of Wrath: Trouble in the Promised Land *by Louis Owens*
Great Expectations: A Novel of Friendship *by Bert G. Hornback*
Heart of Darkness: Search for the Unconscious *by Gary Adelman*
The Interpretation of Dreams: Freud's Theories Revisited *by Laurence M. Porter*
Invisible Man: Race and Identity *by Kerry McSweeney*
Jane Eyre: Portrait of a Life *by Maggie Berg*
Madame Bovary: The End of Romance *by Eric Gans*
Middlemarch: A Novel of Reform *by Bert G. Hornback*
Moby-Dick: Ishmael's Mighty Book *by Kerry McSweeney*
My Ántonia: The Road Home *by John J. Murphy*
Nineteen Eighty-Four: Past, Present, and Future *by Patrick Reilly*
One Flew Over the Cuckoo's Nest: Rising to Heroism *by M. Gilbert Porter*
Our Town: An American Play *by Donald Haberman*
Paradise Lost: Ideal and Tragic Epic *by Francis C. Blessington*
Pride and Prejudice: A Study in Artistic Economy *by Kenneth L. Moler*
The Red Badge of Courage: Redefining the Hero *by Donald B. Gibson*
The Scarlet Letter: A Reading *by Nina Baym*
Sons and Lovers: A Novel of Division and Desire *by Ross C Murfin*
The Stranger: Humanity and the Absurd *by English Showalter, Jr.*
The Sun Also Rises: A Novel of the Twenties *by Michael S. Reynolds*
To the Lighthouse: The Marriage of Life and Art *by Alice van Buren Kelley*
The Turn of the Screw: Bewildered Vision *by Terry Heller*
The Waste Land: A Poem of Memory and Desire *by Nancy K. Gish*

FRANKLIN'S AUTOBIOGRAPHY

A Model Life

P. M. ZALL

Twayne Publishers • *Boston*

A DIVISION OF G.K. HALL & CO.

Franklin's Autobiography: A Model Life
P. M. Zall

Twayne's Masterwork Studies No. 32
Copyright 1989 by G. K. Hall & Co.
All rights reserved.
Published by Twayne Publishers
A division of G. K. Hall & Co.
70 Lincoln Street, Boston, Massachusetts 02111

Copyediting supervised by Barbara Sutton.
Book production by Gabrielle B. McDonald.
Typeset by Compset, Inc. of Beverly, Massachusetts.

Library of Congress Cataloging-in-Publication Data

Zall, Paul M.
    Franklin's Autobiography : a model life / P.M. Zall
        p.   cm. — (Twayne's masterwork studies : no. 32)
    Bibliography: p.
    Includes index.
    ISBN 0-8057-8084-X. — ISBN 0-8057-8124-2 (pbk.)
    1. Franklin, Benjamin, 1706–1790. Autobiography. 2. Franklin,
Benjamin, 1706–1790. 3. Statesmen — United States — Biography —
History and criticism. I. Title. II. Series.
E302.6.F7Z93   1989
973.3'092 — dc20
  [B]   89-7563
                                         CIP

For Christopher's Sibling

CONTENTS

A Note on the References and Acknowledgments
Chronology: Benjamin Franklin's Life and Works

1

Historical Context   1

2

The Importance of the Work   7

3

Critical Reception   11

A Reading

4

The Introduction and Genealogical Sketch   23

5

The Plot   29

6

The Theme   57

7

What Was Franklin Really Like at That Age?   87

Notes   115
Selected Bibliography   116
Index   121
About the Author   124

A NOTE ON THE REFERENCES
AND ACKNOWLEDGMENTS

Unless otherwise noted, the page numbers in parentheses refer to the Norton Critical Edition of the *Autobiography* edited by J. A. Leo Lemay and me in 1986. That edition contains explanatory and textual notes, Franklin's outline, biographical sketches of persons he mentions, and an annotated outline of criticism besides the conventional collection of critical essays. I have avoided needlessly repeating that sort of source material in this essay. Abbreviations in parentheses refer to these books:

BFL: *Ben Franklin Laughing*, ed. P. M. Zall. Berkeley: University of California Press, 1980.

BFAW: *Benjamin Franklin's Autobiographical Writings*, ed. Carl Van Doren. New York: Viking, 1945.

GT: *The Autobiography of Benjamin Franklin: A Genetic Text*, ed. J. A. Leo Lemay and P. M. Zall. Knoxville: University of Tennessee Press, 1981.

BFW: *Benjamin Franklin Writings*, ed. J. A. Leo Lemay. New York: Library of America, 1987.

P: *Papers of Benjamin Franklin*, ed. Leonard W. Labaree et al. New Haven: Yale University Press, 1959–   .

References to the manuscript are to the original document at the Henry E. Huntington Library, San Marino, California. I am grateful for being allowed access to it. I could not have worked without it or Erma, Evie, Greta, the two Lees and Susans.

BENJAMIN FRANKLIN.
Attributed to Jean Martin Renaud.

CHRONOLOGY:
BENJAMIN FRANKLIN'S LIFE
AND WORKS

1706	Benjamin Franklin born 17 January opposite Boston's Old South Church. Mother attends service in morning, goes home to give birth at noon, returns to baptize him in afternoon. A Nantucket tomboy who wed Josiah Franklin, a widower with six children under eleven, she bore him ten more children. Benjamin is their youngest son.
1714–1723	Although Benjamin could read the Bible at five, his father can afford to give him only two years' formal schooling. Works in family shop making candles but still finds time to devise swim fins, practice kite surfing, and indulge in vegetarianism. Apprenticed as printer to brother James; composes satirical sketches for their newspaper until James's indictment for libel. Though James is acquitted, Benjamin's name is retained as printer even four years after he leaves town, breaking his apprenticeship because of James's "harsh treatment."
1723–1727	Finds work in Philadelphia with madcap printer Sam Keimer. Franklin's writing ability attracts humbugging governor, William Keith, who entices him to set up for himself. On going to London for equipment, finds Keith's promised help worthless. Works in London printing shops. His first book, sophomoric metaphysics, attracts curiosity of London intellectuals. Forgoes chance to teach swimming and returns to Philadelphia with friend, merchant Thomas Denham, who lends him fare.
1727–1732	Rejoins Keimer. Forms Junto club for mutual improvement. With partner Hugh Meredith sets up competing shop, then buys out Keimer's newspaper, *Pennsylvania Gazette*. Eventually buys out Meredith and prospers as colony printer. Takes Deborah Read Rogers as his wife, 1 September 1730. Her mother and his illegitimate infant, William, complete the household. Two years later, on 20 October 1732, legitimate son Francis is born, and two months later, Franklin announces publication of *Poor Richard's Almanack*.

1733–1744   Begins keeping daily record of moral improvement. After
             death of brother James, takes James's son on as his apprentice.
             His own son Francis dies of smallpox, 15 October 1736. Ap-
             pointed clerk of legislature, then local postmaster; his business
             prospers. Sets up proven apprentices as partners in franchises
             across the colonies and south to Antigua. His newspaper be-
             comes the most widely read in the colonies. Busy writing for
             its columns, he still devises the Franklin stove and tries to set
             up a scientific society in America. Daughter Sarah, called Sally,
             born 31 August 1743.

1745–1753   Experiments with electrical equipment lead to proof that light-
             ning and electricity are the same, and to the invention of the
             lightning rod. Partnership with David Hall enables early re-
             tirement at forty two, freeing him for public service with local
             militia, city council, and state legislature. Writes promotional
             tracts and articles for new academy and hospital. Develops fire
             insurance. Scientific reports earn him honorary degrees from
             Harvard and Yale and the Copley Medal from the prestigious
             Royal Society.

1754–1757   Publishes first political cartoon, "Join or Die" snake. Per-
             suades Albany Congress of colonies' need for common de-
             fense. When French and Indian War breaks out, supplies
             General Braddock with horses and wagons, then begins legis-
             lative struggle to make the Penn family contribute their fair
             share of taxes to help pay for defense effort. Rises to rank of
             general in militia, serves on frontier, but still finds time to pro-
             mote such civic causes as street lighting and watchmen. Sent
             by the legislature to London to argue the case against the
             Penns, he composes his final *Poor Richard* preface (published
             separately as "The Way to Wealth," it will become one of the
             all-time best-selling American writings).

1758–1764   Fame as scientist precedes him, and he is welcomed at London
             clubs, the centers of intellectual life. Travels in the British Isles,
             meeting such celebrities as Dr. Samuel Johnson, David Hume,
             and Adam Smith. Establishes strong connections with printers
             of metropolitan newspapers, enabling him to publish a contin-
             uous flow of pro-American writing. Honorary doctorates
             from St. Andrews and Oxford universities mean henceforth he
             is "Doctor Franklin." Tours the Netherlands. After son Wil-
             liam weds a London heiress and is named royal governor of
             New Jersey, Franklin returns home to Philadelphia, landing 1
             November 1762.

1762–1770   Defends Indians against attack by red-neck Paxton Boys.
             Elected speaker of legislature, he nevertheless loses next elec-

tion when opponents claim corruption and spread old gossip about his womanizing. The legislature reappoints him agent. Returns to London, 7 November 1764. Writes against Stamp Tax, testifies against it in Parliament, contributing to its repeal. Travels to Germany and is honored once more for science studies. Visits Paris, is presented to King Louis XV. Writes history of Anglo-American relations as grounds for discontents in 1768. Wife Deborah suffers stroke. By 1770 he is acting as agent for Georgia, New Jersey, Pennsylvania, and Massachusetts.

1771–1775   During vacation, 30 July–13 August 1771, begins composing *Autobiography*. Besides writing such propaganda as "Edict by the King of Prussia," he plays more active role, as in supplying Boston with private letters of Governor Hutchinson showing intent to restrict liberties. News of Boston Tea Party reaches London as he is called to account for purloining those letters. Publicly castigated, he loses the deputy postmastership of North America he has held since 1753. Under threat of arrest for treason, he nonetheless stays in London trying to negotiate American grievances. News of wife's death from stroke reaches him late February 1775, and he embarks for home a month later.

1775–1776   Returning to "a most cordial Reception" after ten years absence, he is immediately pressed into new service as delegate to Congress, and then Postmaster General. After conferring with General Washington about waging war with a "miserable" army, he initiates search for aid from overseas. Early in 1776 he goes to Canada with committee of Catholics and is unsuccessful at establishing a union. With John Adams and Thomas Jefferson he drafts Declaration of Independence, and with Adams tries to negotiate with General Lord Howe. He is named a commissioner to France, and before sailing negotiates an unofficial French loan. Sailing with two grandsons, ages sixteen and eleven, he reaches Paris 21 December 1776.

1777   A celebrity in Paris as "Poor Richard," he plays multiple roles: naive American in salons, scientist in intellectual circles, politician in palaces. Obtains a promised subsidy within a month. In suburban Passy, sets up household for American commissioners. Soon installs small press to print anti-British propaganda and also little essays in French as a means to learn the language. He is tutored by charming lady neighbors who circulate these language exercises in the salons, thus gaining him a lusty reputation at age seventy. First big break comes with

Burgoyne's surrender at Saratoga, convincing French government that Americans might win the war.

1778–1783　French sign treaty 28 January 1778, and Americans are formally presented to King Louis XVI. Franklin officiates at Masonic rites for Voltaire and poses for a bust by Houdon. His nonscientific writings, edited by Benjamin Vaughan, are published in London. As peace nears, he asks Congress to relieve him after fifty years of public service. Instead, Congress names him to peace commission concluding with treaty, 3 September 1783. As he watches first balloon flights and a bystander asks, "Of what use is it?", he replies, "What use is a new-born baby?"

1784–1785　Despite his complaints about swarms of visitors, he continues to write comical letters, such as one to Paris newspaper proposing daylight savings time and another to his daughter on the turkey being better than the eagle as the national symbol. Congress again ignores his request to be called home. He begins second part of *Autobiography.* Jefferson is finally sent to relieve him: "No one can replace him, I am only his successor." Queen Marie Antoinette lends her litter to carry the invalid Franklin to his ship. Staying briefly in England, bids farewell to friends and son William, temporarily estranged during wartime. Reaches Philadelphia 14 September 1785 to tumultuous hero's welcome. Unanimous choice as president of Pennsylvania, he donates his salary to charity.

1786–1790　Refuses to authorize biographies of himself—insists he will write his own, but impeded by ill health. Societies meet at stated intervals in his home to study forms of government for the new nation, the abolition of slavery, and the advancement of science. Plays active role at Constitutional Convention and issues stirring call for compromise during campaign for ratification. Sends copies of Constitution abroad, noting that it promises permanency but adding that "Nothing can be said to be certain, except death and taxes." In last publication, 5 February 1790, satirizes defenders of slavery. In a private letter to Ezra Stiles, summarizes his faith in benevolent deity. Dies, of pleurisy, 17 April 1790.

Chapter 1

HISTORICAL CONTEXT

People can be excused for thinking that Franklin invented eighteenth-century America since he played such an active role in shaping its course. Inventor, scientist, entrepreneur, political activist, statesman, diplomat, cultural guru, social revolutionist, he thought of himself as primarily a writer and printer. For him, growing up in an emerging country meant first making a living and then making that living worthwhile not only for oneself but ultimately for all mankind. By the time he began to write his memoirs in 1771, Franklin was one of the best-known men in the Western world for his work with atmospheric electricity and its application in lightning rods, which enabled mankind to protect itself against once-common natural catastrophes. He could have made an excellent role model for young people everywhere except that even in America very few knew very much about him. He refused to authorize a biography of himself, and his own writings set up a smokescreen that has not dissipated to this day.

From age fifteen he had been writing under pen names. In Boston he played the role of Silence Dogood, whose letters satirized the establishment. A few years later, in Philadelphia and in London, he routinely appeared in newspapers as a whole cast of characters—Alice

Addertongue, Anthony Afterwit, Cecilia Shortface, or the overbearing Polly Baker, the unwed mother of five whose speech before the court moved one of the magistrates to marry her the next day.

His favorite role was as "Poor Richard" Saunders. In the twenty-five-year run of *Poor Richard's Almanac* Americans identified Franklin with his madcap creation, while overseas he came to be identified with Father Abraham who co-starred with Poor Richard in the last skit, or preface, Franklin wrote for the series. Father Abraham preaches a sermon to a crowd waiting for an auction to open. He is preaching not from the Bible but from the proverbs on industry, thrift, and frugality drawn from earlier *Poor Richard Almanacs*. He converts nobody but Poor Richard himself. Printed separately in a pamphlet as "The Way to Wealth," the skit became for 200 years a best-seller in the Western world—the survival guide for an acquisitive culture.

His almanacs were more than mere fun and games. In the pages of *Poor Richard's Almanac* the world first learned how to use lightning rods. In newspapers at home and abroad his comical characters conveyed subtle and not-so-subtle propaganda: one proposed shipping rattlesnakes to Britain in gratitude for the English practice of sending convicts to help populate America; another warned against competition from American exports in London, declaring American sheep were so big they required little wagons as trailers to keep their tails from dragging. Polly Baker's reported speech was accepted as fact in history textbooks for half a century.

Franklin's basic motive was, of course, to outclass the competition. His almanacs and newspaper led their respective fields in Philadelphia, then the second largest metropolis in the British empire. Their success enabled him to take early retirement at age forty-two. But at the same time, his aim was to use his pen and press to equip an emerging people with the cultural know-how necessary to develop a national identity.

At his birth the colonies lay scattered along the seaboard with some 350,000 persons tied together only by regional economic interests—cotton or tobacco in the South, commodities and furs in the middle colonies, fish and ships in New England. Thanks to the natural birthrate and enormous immigration, chiefly by Germans and Scotch-Irish, by the 1770s the population had grown to two and a half million, still regional in outlook, but now with a shared community of interest against British tampering with their prosperity. Colonial Americans as a whole enjoyed a standard of living unprecedented in history.

Small farmers, tradesmen, craftsmen, merchants—all except slaves—had a chance at achieving independence and affluence through their own knowledge and efforts. Universal public education did not exist, but the majority of parents could afford basic reading, writing, and arithmetic instruction—at least for the eldest child, who would then teach the other members of the family. The better-off paid high tuitions for "grammar" schools with the training in Latin and Greek or for more modern schools that taught English, modern history, science, and even such subjects as bookkeeping. Reading, once the mark of gentlemen, now became essential to vocational advancement. Small farmers and craftsmen might get along without it, but not very far. Ultimately, reading provided the basis of the informed citizenry required for representative government.

The utilitarian curriculum came about in Franklin's lifetime, which is evident if we compare the early *New England Primer* he would have used with the *Royal Primer* of mid-century. The early primer had a brutally religious focus, as in the long poem about Puritan martyr John Rogers burning at the stake while exhorting his wife and children gathered around to keep the faith. The *Royal Primer* substituted crude but delightful woodcuts illustrating stories to show, for instance, how naughty it was to throw stones at birds, or how much of your parents' money was wasted if you did not study hard. A religious emphasis remained but even basic schoolbooks reflected the creeping secularism associated with the growth of science, partly because scientists had given over Latin and wrote about their work in English, as Franklin did.

Religion itself was undergoing revolutionary changes. Increasingly popular, the new, rational faith called Deism rejected revelation and supernatural events, arguing that reason needed no outside help in reaching truth. In reacting to Deism's cold rationalism, the Great Awakening energized old-time religion with renewed emphasis on an "inner voice" directly from God. The emphasis on individualism in both movements helped create a new respect for the dignity of persons no matter how lowly or different from ourselves. In Franklin's view, the best way to serve God was to do good to man.

Self-help books abounded that could show the way either to spiritual salvation or material wealth, or sometimes both in the same book. One written by an early favorite author of Franklin's, Nathaniel Crouch (alias Richard or Robert Burton), could stand for the typical secular treatment. His *Wonderful Prodigies of Judgment and Mercy* (1685) had a religious-sounding title but featured events from the lives of such recent celebrities as Sir Henry Wotton, who had found it was important to achieve leisure in order to do good, or the Earl of Rochester, who had wagered with a friend that the first one to die would reappear "and give the other notice of the future state, if there were any" (229).

Periodicals also catered to the taste for self-help. *The Museum* for 24 May 1746 provided a whole "Scheme for Regulating Human Conduct," complete with a table showing principal virtues along with examples of practitioners of the virtues and their opposites, plus questions to ask oneself. This was followed by a list of ten rules for "knowing the world," including number 1, "Don't trust anyone by appearance," which seems cynical placed alongside number 3, "Cultivate and affect Humility"—though congenial enough with what Franklin would say when he came to offer his own set of rules years later.

The year before Franklin began his own memoirs, Horace Walpole edited the autobiography of the great theorist of Deism, publishing the *Life of Edward Herbert, Lord Cherbury* (1770). Although composed in the previous century, the motive behind the memoir is the same as Franklin's was in 1771—to tell posterity about events in his life most useful to achieving success "according to the rules of conscience, virtue and honor" (2). Both Herbert and Franklin began writing in their sixties as a welcome means of reviewing the faults they had made and attempting to correct them before it was too late. The basic difference lay in the way they told their stories. Lord Herbert tells his story in his own voice for forty pages, with little dramatic action except for the scene in which Queen Elizabeth pulls his youthful, handsome face close to her own, stares into his eyes and, in indirect discourse, regrets he had married so young. Lord Herbert's forty pages of narrative is followed by 130 more of sermonizing and maxims. Franklin, however, pretends he is writing a letter to his son, a literary device common in books for self-help and good conduct and also such popular novels as *Pamela,* which Franklin himself republished in America; the device enables him to establish a sense of intimacy with his readers.

The free-form letter nicely suited the informal setting in which he began to compose, a three-week midsummer vacation at an English friend's country home. He began as Lord Herbert did, telling about ancestors, until coming down to his own time. Then he made an outline of topics to be covered if he wanted to reach the summer of 1771. But it would actually take him another eighteen years just to reach 1759.

At the outbreak of hostilities between the colonies and England in 1775 he took the manuscript home to Philadelphia, leaving it behind there when he set off as ambassador to France the next year. A friend sent him the outline at least, but it was not until May 1784, when the peace treaty was finally signed, that Franklin had the leisure to resume his story, succumbing at last to friends' entreaties that he get on with it "to promote a greater Spirit of Industry and early Attention to Business, Frugality and Temperance with the American Youth" (58). He managed to complete the seventeen pages now known as part 2 before sailing home in July 1785.

Although he returned to Philadelphia gravely ill, he was not spared from public service. He was elected unanimously to head the state government during the years when the legislature squabbled ceaselessly over the new state constitution. Once that battle ended another broke out over the new federal constitution. The Declaration of Independence, the Treaty of Paris, and the United States Constitution mark Franklin's record of unbroken service during the years since he had begun his *Autobiography*. How much more could be expected of an invalid in his eighties?

Mercifully his home became the meeting place for the many societies he sponsored—societies for abolishing slavery, for advancing science, for studying government as a science. But friends overseas kept reminding him of his duty to go on with his memoirs. He twice refused permission to anyone else to do so, assuring them he would do it himself. Only after the Constitution was ratified did he resume composing, in August 1788. The record is pathetic: by October he had finished 112 pages, by the next May only five more, and by April 1790 when he died only another eight pages.

Chapter 2

THE IMPORTANCE
OF THE WORK

A hundred years ago a New York newspaper editor fired his New-ark correspondent as soon as he found out that "he" was only twenty years old and a woman. Jeanette Leonard Gilder nevertheless kept on with her self-reliant struggle through the male-dominated world of journalism to emerge as one of the nation's leading literary editors, inspired, she said, by Franklin's *Autobiography*: "To Benjamin Franklin's Autobiography," she wrote in 1888, "I owe more than to any other book."

Franklin, vain but not conceited, would have loved that testimony and countless others recorded throughout the two centuries since his life story first appeared. It inspired the so-called cult of success in industrial America. In the Great Depression President Roosevelt called him "an inspiration to every American citizen," and on the nation's bicentennial birthday it was Franklin whom *Reader's Digest* featured because he best represented the simple, homely qualities that Americans—at least the magazine's three million subscribers—liked best about themselves.

What do we know about him that we would not have known without his *Autobiography*? As the record of a remarkably full life it must be acknowledged as only a fragment. Yet it tells us much about his early life that we would and could not otherwise know. Several years after his death the third edition of the *Encyclopedia Britannica* still dispensed this disinformation: "Franklin returned to Philadelphia, where he persuaded the printer with whom he formerly resided to set up a newspaper; which was attended with such benefit, that his master admitted him a partner in the business, and gave him his daughter in marriage." Our careless contemporaries continue to come up with comparable disinformation. Willard Randall's *A Little Revenge* (1984) says of the same episode that Franklin pleaded for his old job back from Keimer, and that later, forced to choose between leaving his partner Meredith or owning his own newspaper, he dropped Meredith. In both instances the facts are backwards, though the *Autobiography* presents them as directly as a reader could wish. Perhaps because we continue to treat the book as a national monument, readers neglect to read it as a book, with due regard to what it says as well as to the way it says it.

For the complete record, of course, the book must be supplemented from correspondence, official papers, and Franklin's science writings. But as an autobiography it tells a lively and life-like story—humorous, realistic, straightforward, revealing a complete personality. Franklin's aim was to tell the story in the way that would be most useful to others, and so he wrote about himself as a person most readers could identify with and would wish to imitate as a role model. He focused on the foolishness and follies of human nature we all share and showed us how to laugh about ourselves.

The humorous bits aside, much of the book's appeal comes from seeing the personality of Franklin as he learns to distinguish folly from vice by watching the cast of characters he meets on the road to fame and fortune. In a nice balance as schematic as his plan for making virtue a habit, he has opposite or parallel characters play out such themes as the varieties of deceit—deception of others for fun and profit but also deception of oneself that could easily lead from folly into vice. On the principle that a good example is the best sermon, he shows us these characters in action so that we can learn along with young Franklin how to live and how not to live in an acquisitive society.

The Importance of the Work

Besides treating the ethics of "making it" in America, the story illustrates the practical value of morality. Again, the panoramic view of society shows how foolish mistakes—what Franklin calls *errata*—are part of the process of growing up, but learning the difference between folly and vice is the mark of maturity. Thus we have the many examples of persons whose self-indulgence turns to addiction—drinking, gambling, even religious frenzy. They contrast on their road to ruin with the young Franklin, stumbling along on his way to wealth and happiness, learning that it is in his self-interest to trade off the instant gratification of some momentary appetite for long-range peace of mind.

This practical morality fit right into the needs of an America with a rapidly increasing population—a population that included a new class of industrial workers and immigrant poor who gravitated toward big cities and there formed pools of poverty. Responding to these people's needs, the later millionaire-philanthropists (Carnegie, Cornell, Vanderbilt, Rockefeller) offered not handouts but opportunities for self-improvement based on Franklin's model. The way to wealth was open to all who worked hard, stayed sober, did not waste time or money. And their social gospel, derived from the *Autobiography,* preached that making money was not an end in itself but a means to helping others improve themselves, a perpetual renewal of the American dream.

The materialism of "The Way to Wealth" coupled with the pragmatic idealism of the *Autobiography* thus contributed to forming the American character in Franklin's own image. Carlyle is supposed to have called him "the father of all Yankees," by which he probably meant the cartoon-type "Yankee" familiar on the stage and in comical stories. American historians took him far more seriously as the prototypical American. Henry Cabot Lodge called him "A man of the people, [who] was American by the character of his genius, by his versatility, the vivacity of his intellect, and his mental dexterity."[1] The McGuffey readers continued to emphasize his life as a noble example of the results of industry and perseverance,[2] but he was also serving as a sentimental center for nationalistic feelings, helping to bind an entire people by a common heritage.

Franklin was no fuzzy idealist. He would not be surprised could he return today to find the rain forests of Brazil plundered to raise beef cattle to satisfy Americans' hunger for fastfood burgers. At the same time, he would not be surprised to find astronauts shuttling through space. He had foreseen the day when human beings would conquer space and medical science prolong our time on earth. But he also knew these advances would be made by persons susceptible to error. He told the story of a new angel touring earth with a tutoring angel. They come upon a fierce naval battle with both sides suffering tremendous casualties. The new angel says he's surprised to find devils on earth. "Devils!" exclaims the tutoring angel, "Those are men. Devils would never treat each other so."

In re-creating his various roles, he provided prototypes for a wide range in making a choice of life. He shows, as one example, how one person can make a difference in improving the quality of life in cities. Some of these choices may still transcend barriers of time, place, and circumstance. If not, then at least in learning about Franklin as a remarkable human being, we can recognize some of the qualities he writes about as our own. Then, as pretty remarkable persons ourselves, we can follow the way he made living worthwhile.

Chapter 3

CRITICAL RECEPTION

The *Autobiography* must be taken with other Franklin writings to account for his position with both critical and uncritical readers as one of our basic cultural heroes. Uncritical readers are attracted by his humorous personality and commonsense pragmatism and respond to the qualities they would most like to see in themselves, a need easily satisfied with Franklin as model. The old saying goes that "George Washington was first in war, first in peace, and first in the hearts of his countrymen but Franklin was first in everything else." For more critical readers, Franklin's appeal has risen or fallen as the national fortunes have fluctuated with such varied forces as popular democracy, nationalism, imperialism, capitalism, socialism, liberalism, pragmatism, urbanism, and an alphabet soup of other *-isms,* variously lumped together as middle-class culture, the work ethic, or the industrial age. Franklin's words have been the cure or curse of bourgeois culture. Criticizing Franklin equates with criticizing our culture at any phase of American history.

Only in recent years has the *Autobiography* been looked upon as a literary work distinct from a cultural artifact or historical window on our past. Professional critics face an especially hard task in dealing with a text that was composed as four fragments at four different times in three different countries under widely varying circumstances. What makes the task even worse is that the book's first appearance in print was in a bad translation into French made from an early version of the manuscript. When this bad translation was translated back into English it became ludicrous, yet that flawed text remains the basis for many editions still in print.

This situation is Franklin's own fault, because he refused to allow any biography of himself to be published in his own time. The 1791 French translation was made from his manuscript as it existed in the 1770s when it was secretly copied without his knowledge by Philadelphia law clerks. Besides lacking two-thirds of the final parts, the copy also lacked the many changes and revisions Franklin had added afterwards. When the French version was translated into English in 1793, it provided the picture of Franklin that would be known throughout the nineteenth century, going through at least 150 editions that competed successfully against an official but only three-quarters complete edition in 1818 and a complete edition in 1868.

Lack of complete information about Franklin during his lifetime was thus compounded after his death and down to our own time. Besides the confusion about specific details, changes in his language led to considerable misunderstanding about his personality because sometimes his words did not seem to match his deeds. The long-range effects can be felt in the still popular perception of Franklin as superstud, or great lover of ladies.

One side of that image may have developed out of a dirty political campaign for state office in 1764 when Franklin's opponents raised the question of who mothered his illegitimate son William—at that time a young politician himself. The issue was not the illegitimate birth—as common then as it is now—but the way Franklin was said to have treated the mother. The front-running nominee was a wench named Barbara, said to be a common prostitute with a regular job cleaning chamber pots. That allegation was picked up during the Revolution by Franklin's Tory opponents, who transformed Barbara into an oyster wench whom Franklin had let starve to death alone, penniless, and doubtlessly noseless from syphilis. (We now think she was indeed a poor woman but that both Franklin and William did support her for life.)

The allegation reached full flower in the first full-length biography of Franklin published shortly after his death. Here we find Franklin draped over an upstairs window laughing at the scene below as Barbara wrestles for his favors with a nameless oyster wench. Naturally, this work, too was a Tory publication. But what are we to make of the bizarre twist given to the tale by London rumormongers who accused Franklin of leaving his daughter Sally a fortune for allowing him to live out his last years with her in an incestuous relationship? If the Barbara story could be blamed on Franklin's failure to supply facts, it could also be blamed for creating the atmosphere that would make an incest story believable, or even mentionable.

We can see this atmosphere dissolve in the nineteenth century. In 1870 the question of William Franklin's real mother was raised again when Governor Hutchinson's diary appeared in the journal *Notes and Queries*, asserting that she was "a street woman." Where that statement should have appeared in the diary when published as a book, the editor said he had omitted it as "concerned with genealogy rather than history" (*BFL* 73). By that time, 1885, Franklin had become the favorite of biographers celebrating the patron saint of getting on.

If Franklin's notoriety as a dirty old man persisted underground, that was his fault, chiefly because of what he had written outside of the *Autobiography*—although even there he talks about such things as wishing to get married as a way of preventing venereal disease. Still, he had written many lascivious letters to Frenchwomen knowing that they would circulate among Parisian salons. A case could be made for a diplomat to do that in a country where he was seeking a huge loan and where sex was the favorite indoor sport. But this diplomat was in his seventies, crippled by gout, bladder stones, and prostatitis, so pained he could hardly get out of bed, so immobilized he had to be carried to the coast on Queen Marie Antoinette's litter to save him from the pains of being bounced by a carriage. He had also written such other salacious material as the delightful Polly Baker speech, a mock technical report on farting, and a justly celebrated essay on the reasons for choosing an older woman as a mistress—most importantly because she would be so grateful for a younger man's attention. Among a half-dozen more bawdy reasons, Franklin says that preferring older women reduces the risk of disease and unwanted pregnancies with no sacrifice of pleasure since "regarding only what is below the girdle, it is impossible of two women to know an old from a young one" especially in the dark (*P* 3:27–31). These works enjoyed a lively underground circulation, so it should come as no surprise that when one of his descendants sought to join a select Philadelphia society, she was turned down because of Franklin's questionable morals.

D. H. Lawrence claimed Franklin was a hypocrite for preaching chastity while practicing venery. Franklin's supporters countered by claiming he was well-rounded enough to have printed salacious pieces. In 1929 French scholar Bernard Fäy published 600 letters exchanged between Franklin and his French friends. These were followed a few years later by a smaller collection by the great American collector A. S. W. Rosenbach to show, he insisted, that, "If they were as well known as his experiments in electricity or his feats of statesmanship, we would be even prouder of him than we are today . . . as America's upstanding genius" (*BFL* 4).

Carl Van Doren's unsurpassed biography in 1938 tried to restore some sense of proportion, but as World War II approached, the little essay advising the choice of a mistress appeared in a 1941 selection of the Book-of-the-Month Club, *The Treasury of the World's Great Letters,* securing for our time Franklin's notoriety as our nation's first dirty old man. Both musical and film versions of the musical *1776* offered Jefferson as hero, but it was Franklin who had all the lascivious laughs. CBS-TV in 1975 presented a miniseries following Franklin from cradle to grave accompanied by attractive women all the way.

How deeply ingrained is this image? The American Heritage Junior Library volume on Franklin reminds the youth of our nation that he enjoyed the affections of "the brilliant Madame Helvetius and of the entrancing Madame Brillon." Abigail Van Buren's nationally syndicated column has reprinted his advice on choosing a mistress. The

Wall Street Journal has published a front-page story about Franklin's being the first newspaper publisher to boost circulation "by printing saucy sexual allusions." And capping celebration of our nation's Constitution on its two hundredth birthday, the *New Yorker*'s issue for 22 February 1988 featured a review essay by the leading chronicler of suburbia's sexual mores, John Updike, assuring us that Franklin "had always been sexy."

The moral of all this must be that if you tell only half the story somebody is bound to fill in the other half with half truths. From its beginnings in print, the *Autobiography* left itself open to such treatment, especially by those who saw loose living in Franklin's confessing to "that hard-to-be govern'd Passion of Youth" that led him into "Intrigues with low Women." English critics in particular coupled this emphasis with his lack of formal religion, as the *Christian Observer* did in September 1806 when it said that his moral precepts lacked religious basis. Or as the *British Critic* did ten years later in accusing him of practicing "quackery and imposture."

That notoriety even affected the way the *Autobiography* appeared in print. The way Franklin's grandson, William Temple Franklin, edited the authorized version in 1818 was unbelievable. He inherited his grandfather's original manuscript but traded it for a copy consisting of only three parts because he felt the original was only a rough draft. Even with the partial manuscript at hand, however, he preferred earlier versions drawn largely from the French translation of 1791 and so changed many of Franklin's homely expressions. What his grandfather had written about allegedly getting "a naughty Girl with Child" Temple Franklin cleaned up to read "an intrigue with a girl of bad character." He also omitted his grandfather's explanation of "Chastity" in the famous list of virtues. Such omissions were called "excusable" by Temple Franklin's successor as major editor, John Bigelow. But at least Bigelow recovered the complete manuscript, publishing it in 1867 and supplying the sense of Franklin's words as he had written them, not as they were distorted through translations and retranslations.

Bigelow's scholarship had little impact on the way Americans in

general read the *Autobiography*. A minority view subsisting throughout the nineteenth century faulted Franklin for deforming the American character. Joseph Dennie's attack in 1803 set the pattern, saying
that Franklin was "no more distinguished for the *originality* of his
conception, than for the purity of his life, or the soundness of his
religious doctrine." He had degraded our literature, sold out our religion and honor to the French and, "above all," degraded "our national
character" (252).

This was an elitist view, but the idea that Franklin had shaped
our national character persisted throughout the century. Davy Crock-
ett, for example, took a book with him on the journey that ended at
the Alamo. That book was of course the *Autobiography*. Franklin's
book would serve the theorists of manifest destiny as a prime example
of an American truly blessed by providence. As America became a
superpower the *Autobiography* helped secure an identity different
from other nations' by focusing on Franklin's native-grown virtues. In
1889 the *Atlantic Monthly* even identified him with the nation, calling
him "the personification of an optimistic shrewdness, a large, healthy
nature, as of a young people gathering its strength and feeling its
broadening power."[3] Forty years later, on the eve of the Great Depression, the pioneer intellectual historian of America, Vernon Parrington,
could still speak of Franklin as "one of the greatest and most useful
[men] America has produced,"[4] but in the intervening years his had
become the minority view among professional writers and practicing
intellectuals. Disillusion that followed World War I spilled over into
criticism of American middle-class ideals and by extension Franklin as
the fabricator of these ideals. The most influential criticism came from
abroad, particularly from D. H. Lawrence and Max Weber.

Their influence, coming at a time of disillusionment among
American intellectuals, made "Puritan" a dirty word and Franklin the
epitome of Puritanism. Weber, a pioneering German sociologist, published his study connecting religion and capitalism in 1904, taking
Franklin as the ideal type who identified making money with religious
duty. Weber's aim was to connect Protestantism and the rise of the
capitalist spirit not by analyzing historical evidence but by construct-

ing abstract types such as his picture of Franklin, simplified and exaggerated to make a useful distinction between the Middle Ages and more modern times. Most readers were unaware of Weber's method of presentation and so took literally his identification of Franklin and capitalism with its attendant evils.

Similar misunderstanding followed Lawrence's essay on Franklin in his series on classic American writers that first appeared in the *English Review* during the winter of 1918–19 and was later completely revised for book publication in 1923. Most Americans even today do not realize that Lawrence was trying to be funny in caricaturing Franklin as an automated dummy of a perfect middle-class American citizen, the product of Puritan repression. The 1918 picture looked like this: "A wonderful little snuff-coloured figure, so admirable, so *clever*, a little pathetic, and, somewhere, ridiculous and detestable."[5] The 1923 version makes no pretense to objectivity or rational argument, but tries to show in its style the frenzied energy Lawrence claimed Franklin lacked: "Middle-sized, sturdy, snuff-coloured Doctor Franklin, one of the soundest citizens that ever trod venery."[6]

Lawrence's zealous supporters included such Americans as the poet William Carlos Williams and the novelist John Dos Passos. But their influence was negligible compared to Carl Van Doren's, whose monumental biography of Franklin restored a sense of balance. The biography came out in 1938 during the Great Depression, restoring to the nation also a sense of destiny in its portrait of "a great and wise man moving through great and troubling events." Van Doren relied largely on Franklin's own words from the *Autobiography,* as well as letters and treatises on science, politics, and economics to extend the story of his life "on his own scale and in his own words" to almost 800 pages. It was the Book-of-the-Month club selection in October 1938.

Van Doren supplied the mass of accurate historical information previously lacking. While academic critics complained about his taking Franklin's words too much at face value, Van Doren nevertheless showed that Franklin took writing as a public function: his discoveries would not have meant anything unless information about them was disseminated. Van Doren showed him as what would now be called a great communicator reporting as he "moved serenely through the visible world, trying to understand it all." This was a world far different from the mysterious interior world of private emotion and glandular excretions some critics expected from an autobiography.

In this respect the *Autobiography* had too long been faulted for not being Rousseau's *Confessions*. Since the available texts were so confusing, anyone could assume the existence of a missing manuscript that would reveal "the real Franklin." The next breakthrough came, then, with publication of Max Farrand's edition of the original manuscript in 1949. This was, alas, a posthumous edition prepared by colleagues who did not understand Farrand's basic aim, and so consisted of parallel texts including three other versions—one being the 1791 French translation that had caused the confusion from the beginning. Compounding the confusion, Farrand's colleagues went on to prepare a reading version made up from a composite of the four texts, aiming to provide the public with what they thought Franklin had in mind.

Academic critics for the most part used the text of the manuscript Farrand had prepared. Its appearance coincided with the onset of the New Criticism that relied on explicating texts rather than biography or history. A pioneering essay of 1968 in the journal *Eighteenth Century Studies* by then-young scholar J. A. Leo Lemay served as manifesto: insisting that Franklin was "one of the best literary artists of the eighteenth century," Lemay pointed out, "There is only one authoritative text of the *Autobiography*—Franklin's original manuscript."[7] Lemay's subsequent editing of the text, culminating in a "genetic" text by the University of Tennessee in 1981, has disposed of the mysterious manuscript myth.

For the past quarter-century interest in textual criticism has declined. For several years criticism has been dominated by two considerations: how much of the *Autobiography* is facts and how much fiction, and is it a coherent work of art? The genetic text was designed to help answer the question of coherence inasmuch as it captures Franklin in the process of composing. Yale University Press has been publishing his *Papers,* making available hard facts to help resolve problems of authenticity. And a new theory of interpretation called the New Historicism offers promise of viewing the *Autobiography* in a new way perhaps more congenial to the way Franklin and his contemporaries saw it.

As the name suggests, the New Historicism rose in reaction to the New Criticism of the previous generation, attacking its basic assumptions about interpretation and about meaning itself. Oversimplified, the new view assumes that a given work has no determinate meaning inherent in itself and that the act of interpreting is conditioned by time, place, and circumstance. The focus of criticism is thus not the text or the author or the interpreter but the cultural context. History, once considered only as background, becomes integral to interpreting meanings and texts, as Mitchell Breitwieser says in *Cotton Mather and Benjamin Franklin: The Price of Representative Personality* (1984): "Franklin always intends his reader to see a *contrast* between his own blank universal ability and the motley, particular vitality of the surrounding world."[8]

This does not mean that old-fashioned criticism has vanished. Far from it. The *Pennsylvania Magazine*'s October 1987 issue was devoted to reassessing Franklin's work. It contained four essays: one on his love-hate relationship with England, another on his cartoons, a third on his religion, and a fourth on his pessimism. Not one focused on the *Autobiography,* but all contributed to understanding Franklin's biography, philosophy, and personality. Another example of old-fashioned philological criticism is unfortunately in technical German too difficult for many Americans: Renate Schmidt-von Bardeleben's *Benjamin Franklin und Mark Twain* (1981) masses overwhelming data from historical, biographical, bibliographical, and linguistic sources to create a cultural context that would gladden the heart of the dourest New Historian. The chapter on Franklin has twenty-eight pages but 255 footnotes, most of them up to date and leading to fresh fields and pastures new, offering a promising vista of Franklin studies yet to come.

A READING

This reading begins and ends by talking about the unique manuscript of Franklin's *Autobiography*. Franklin students are luckier than students of Shakespeare in this respect: no Shakespearean manuscripts have survived to show us what he actually wrote. Franklin left us a remarkably clear document showing everything he wrote down, changed, and added in the process of telling the story of his life. The revisions themselves help to clarify what he meant to say and even how he intended his words to be read—very important information considering the role we as readers are expected to play. For if he is pretending to be an old man caught in the act of recollecting his long and fruitful life for posterity, we are supposed to play the part of the posterity he had in mind. This is what the manuscript shows.

Franklin put his story in the form of a letter, but that is only a literary device. He tells the story as he would in conversation, speaking of events as they occur to him, sometimes backtracking, sometimes leapfrogging ahead. This is the process he actually followed in composing the *Autobiography*, a process evident in the handwriting and different shades of ink that reflect his acts of revision at different times over a thirteen-year period. This is also the process this essay will follow in trying to retain the spirit of Franklin's work, the sense of a person talking to other persons rather than a book talking to other books.

Rather than retrace Franklin's steps in writing his story, my plan is to disclose what the manuscript reveals that we could not tell without it. Looking at his introduction and the sketch of genealogy (chapter 4) from that point of view should be enough to make the point about its importance. Thereafter my discussion is based implicitly on what the manuscript reveals.

Another implicit assumption has to do with what I will call "the plot." I assume he worked on part 1 at least as if he were writing a novel along the lines of Fielding's *Tom Jones*. I therefore talk about its plot (chapter 5) as being made up of a connected series of events—characters in action in a setting—calculated to impress us with a particular point of view and a set of specific themes.

These themes (chapter 6) may be inferred from the way Franklin sets up his characters, their behavior, and often their words using patterns of comparison and contrast all calculated to raise some kind of moral issue faced by the young Franklin on his road to fame and fortune. These moral issues find focus in what Franklin called "Felicity"—both peace of mind and peace of soul deriving from the realization that our failings and frustrations are the cost of living.

My final section (chapter 7) features excerpts from Franklin's own writings from the era covered by the *Autobiography*. They will enable us to measure the gap between what he *remembers* as being true and what his personality actually *was* as revealed in his own words.

Chapter 4

THE INTRODUCTION AND GENEALOGICAL SKETCH

What I call the Introduction is the opening section that tells what Franklin is talking about and why. At first the manuscript opened:

> I have ever had a Pleasure in obtaining any little Anecdotes of my Ancestors. You may remember the Enquiries I made among the Remains of my Relations when you were with me in England. The Notes one of my Uncles . . . once put into my Hands, furnish'd me with several Particulars, relating to our Ancestors. (1–2)

Later Franklin came back to insert 555 words between the second and third sentences, announcing his topic and excusing himself for writing about himself.

Inserting this long passage actually changed the intention of the memoir. Instead of a simple survey of his ancestors, he now announces the new topic: "Now imagining it may be equally agreeable to you to know the Circumstances of *my* Life" (1). He even broadened the scope of the story. At first in addressing his son he had limited his tale to circumstances "before your Time." Now he substitutes: "many of which you are yet unacquainted with." If the story had been limited to events before William was born, it would have been all over at the end of part 1.

The entire passage was written later than the original draft, but how much later is hard to tell. Clearly Franklin's intention had changed from writing a simple genealogical sketch to composing a more complex autobiographical story. If he had indeed intended to limit the story to events before son William was born, then part 1 would have constituted the whole work. This may be why many readers feel that part 1 constitutes a complete, independent unit. No doubt it is far better organized than the rest, but this is because Franklin spent more time revising it. My guess is that he went on revising for the next three years, until forced to leave Britain under stress.

The intensity of self-justification in the new introduction would make sense under these conditions. The government humiliated him in open forum as a thief. They accused him of opening private letters and even making them public. They stripped him of his post as postmaster-general of North America and threatened him with a charge of treason. Is it any wonder that part 1 concludes with boasting about "the Stand so generally made throughout the Colonies in Defense of their Privileges" (57), a remark more pertinent to 1774 than to 1771?

In his half-century as a professional writer, Franklin had not revised as extensively as he is doing here and throughout his story. This of course is what he is doing in fact, reviewing his whole life with a view to revising it the way authors revise for a second edition. In this particular case, the manuscript shows he kept coming back to review and revise it over a period of thirteen years.

The introduction re-emphasizes his role playing. His first role fifty years earlier had been as the talkative widow lady Silence Dogood who had introduced herself this way: "It may not be amiss to begin with a short Account of my past Life and present Condition, that the Reader may not be at a loss to judge whether or no my Lucubrations are worth his reading" (*P* 1:9). Now fifty years later he opens the same way: "This may be read or not as any one pleases." The gender has changed but the tone is familiar, the talkative senior citizen who will go on spinning his yarn whether you listen or not, but who hopes upon hope that you will.

He excuses himself for talking about himself by confessing to

"Vanity." He claims that vanity has its positive value in making us more aware of how other persons perceive us. Here he is subtly introducing the theme of how important it is to win friends and influence people. In notes he kept later at Paris he explains one way to do it. The son of a friend comes seeking his advice on how to be a better public speaker. Franklin replies with a little story about the great orator Demosthenes. When a young man had asked him that question, Demosthenes said there were three rules:

> "What is the first?"
> "Action."
> "And the second rule?"
> "Action."
> "And the third?"
> "Action."

Franklin then explained to his friend's son what Demosthenes meant by "action"—not waving your arms like a windmill but *acting* so as to win the hearts as well as the minds of your audience (BFAW 612). A little role-playing went a long way in winning friends and influencing people.

In explaining and humorously justifying his vanity he is establishing the role he will play as the old storyteller. He confesses his weakness as a shared experience: "Most People dislike Vanity in others whatever Share they have of it themselves, but I give it fair Quarter wherever I meet with it, being persuaded that it is often productive of Good to the Possessor and to others that are within his Sphere of Action" (2). He concludes that being considerate could be considered one of life's blessings.

The concluding paragraph of the Introduction then takes a sharp, serious turn in thanking Providence. Modern readers must beware of taking this as Franklin's merely trying to please his contemporary readers. It is easy to find later passages that undercut this spirituality: part 3 ends with the best example. The ship from Philadelphia to England narrowly escapes disaster in the dark, just missing wrecking upon the rocks. Franklin offers thanks for this deliverance not to Providence but to Captain Kennedy, the passenger who had grabbed the wheel at the last second. In gratitude he vows to erect not a chapel but lighthouses. This is not to deny divine assistance, only to emphasize that God helps those who try to help themselves, one of Franklin's main themes.

Without that long inserted introductory passage, Franklin had opened by explaining how he was motivated to write about his ancestors after taking a trip to the ancestral neighborhood in the summer of 1758. This explanation sounds just like a letter he had written back home to his wife at the time of the trip. He had told her how the local preacher had showed him the church register, "in which were the births, marriages, and burials of our ancestors for 200 years, as early as his book began" (*P* 8:137). Compare that with the way the *Autobiography* says, "When I search'd the Register at Ecton, I found an Account of their Births, Marriages and Burials, from the Year 1555 only, there being no Register kept in that Parish at any time preceding" (3).

This is not an isolated instance of Franklin working from notes or copies of earlier correspondence. Note that the interest in his ancestors was triggered not by the trip of 1758 but by revisiting the same scene in May 1771. He talks about that more recent trip in a letter to his sister Jane, telling how he met a cousin who told him about their Uncle John, "who was a Dyer at Banbury in Oxfordshire, where our Father learnt that Trade of him, and where our Grandfather Thomas lies buried: I saw his Gravestone" (*P* 18:186). These words reappear in the *Autobiography* as if Franklin were trying to organize his notes into a connected story.

Even the amusing anecdote about hiding the family Bible appears in earlier correspondence. Back in May 1739 he had asked his father about his ancestors. Josiah Franklin had replied with this story that begs comparison with his son's version in the *Autobiography*. Josiah speaks of his great-grandfather:

> In queen Mary's days, either his wife, or my grandmother, by father's side, informed my father that they kept their bible fastened

under the top of a joint-stool that they might turn up the book and read in the bible, that when any body came to the dore they turned up the stool for fear of the aparitor [church investigator] for if it was discovered, they would be in hazard of their lives. (*P* 3:230–31)

His use of this story after all those years reveals an interest in genealogy deep enough to have explained Franklin's devoting an entire story to those ancestors.

He used other sources for the genealogical information, especially about his maternal grandfather. He seldom mentions his mother, and one of the few times he does is merely to introduce her father, Peter Folger of Nantucket. Franklin does not mention that he prided himself upon some of Folger's traits—Folger's rugged individualism, for instance, in refusing to turn over official records to an official he thought unworthy to receive them, opting for jail instead. In this genealogical sketch, Folger is introduced as a poet and an arbiter, with evidence drawn from books.

Besides his being mentioned in histories of New England, we have Folger's poem trying to reconcile the popular view of Quakers with the need for national defense and unity. Whether by accident or design, this important issue is raised again in part 3 when Franklin talks about his venture in Pennsylvania politics. With respect to other persons, Franklin now emphasizes that, like Uncle Thomas and Father Josiah, Grandpa Folger had fame as an arbiter. His poem appeared first in 1725, then again in 1763, seventy-three years after his death. And like young Benjamin himself, he practiced verse.

The next few paragraphs narrow the focus from the family to Franklin's own father as the genealogical sketch now blends with the story of his own life. For while he says he is talking about his father's character, he is actually introducing his own problems. He explains that he became a first-grade dropout because his father could not afford to send him to the grammar school. Franklin lets us know that he overheard his father tell this to somebody else instead of telling the young lad directly.

He describes how his father took him around town to see various tradesmen and mechanics at work, hoping to find something that would keep the boy interested enough to forget running away to sea. Had they lived in England, this choice would have been unlikely. A blacksmith's son would be a blacksmith. Here in America, however, he could choose any trade the competition allowed. Josiah Franklin, for instance, though a trained dyer, was forced to earn a living making soap and candles, because there was so little need for dyers. His son's choice was wide open.

The theme of choice and responsibility is thus early introduced along with other issues. Caught building a play wharf with stolen stones, he is admonished by his father: "Nothing was useful which was not honest" (7). The neighbors come to consult with Josiah Franklin "both in private and public Affairs," focusing our attention on the everyday "conduct of Life" rather than virtue as a set of abstract nouns. Then the story begins.

Chapter 5

THE PLOT

Conducing Means to Success

The Introduction says clearly that the story will be about the means Franklin combined to achieve fame, fortune, and felicity. The obstacles to achieving his goals are built into the system and into human nature. Lacking the birth, background, training, or experience, how could a poor boy from Boston find happiness in a society that put a premium on class, connections, and wealth? In a very modern mode, he makes his way in this world by commanding channels of communication, namely the press, then by developing expertise in brand-new technology and science, namely electricity. In place of an aristocratic family he neatly substitutes friends from all ranks who can help him make the necessary connections and, in times of need, supply him with what it takes to get ahead in the world.

The fame and fortune come more easily than the felicity. The biggest obstacle to inner satisfaction is of course himself. He must learn to control himself before he can rest easily with his conscience. He must learn to accept responsibility for and the consequences of his conduct. In a society where deception is the weapon of choice, he must learn to defend himself with truth, sincerity, and integrity. As the story breaks off, he has achieved fame as a world-class scientist and fortune enough for early retirement. But has he achieved the sense of self-worth boasted by the older Franklin who tells the story?

I suspect that Franklin meant for us to take his young man not as completely successful in this regard, but as only on the threshold of moral maturity. We can infer this from the way he develops his plot: His "conducing Means" risk the truth, sincerity, and integrity he tries to achieve. In his writing as in his everyday life he indulges in Socratic role-playing, deceiving others for fun or profit and always at the risk of deceiving himself. With this risk as the focal point of discussion, I will follow these strands of the plot as 1) reading and writing, 2) judging characters, 3) varieties of deception, and 4) Socratic life-style.

READING AND WRITING

"Writing," Franklin announces, "has been of great Use to me in the Course of my Life, and was a principal Means of my Advancement" (10). That is why he opens his story by telling how he learned to write. First he became a great reader. He made up on his own for the classical education poverty denied him. This situation accounts for his prose being modern and practical as opposed to the elegant, formulaic, flowery style of his friends trained in the classical models. His prose was more appropriate to the needs of the growing middle-class readers he sought to serve.

If he had received a classical education he doubtlessly would have tried to be a poet. But his self-directed reading tended to move him in more practical directions. He tells us that his first writings in public were ballads and that his father warned him that poets starved. Yet his obvious inclination for writing along with his love of reading finally induced his dad to let him switch apprenticeships from soap-boiling to printing in a time when printers doubled as writers too. Not to belabor the point, even the indenture, or contract, he signed had to be written. The time when a man's spoken word was enough to secure a bond was passing away.

Working as a printer's apprentice also enlarged his choice of books. He does not mention the fact that his brother James kept a supply of *Spectator* papers and other modern literature in the shop, but he does mention the number of well-read persons attracted to the shop, doubtlessly because of that supply. Earlier their father's meager library had supplied the Franklins reading, mostly with religious tracts and theological arguments that in themselves would turn a young man's fancy elsewhere.

Young Benjamin's reading on his own embraced Thomas Tryon's very practical books about health, including vegetarian diets that gave young men more time for reading. He favored Daniel Defoe's as much for his how-to-do-it books as for his novels with their heavy use of precise, concrete details. He enjoyed John Bunyan's works less for their pragmatic theology—Mr. Christian finds that he had the key to escape from Dungeon Despair in his pocket all the time—than for Bunyan's skill in mixing narrative and dialogue to create dramatic immediacy, bringing readers "into the Company, and present at the Discourse" (18).

Beyond all other models he favored Joseph Addison's essays in the *Spectator*. In fact his own Silence Dogood essays begin by flattering the first *Spectator* paper through imitation:

Spectator Number 1	*Dogood Number 1*
I have observed that a reader seldom peruses a book with pleasure until he knows whether the writer of it be a black or a fair man, of a mild or choleric disposition, married or a bachelor, with other particulars of the like nature. . . .	And since it is observed, that the Generality of People, now a days, are unwilling either to commend or dispraise what they read, until they are in some measure informed who or what the Author of it is, whether he be poor or rich, old or young, a Scholler or a Leather Apron Man, etc.

This is not plagiarism but imitation, illustrating what Franklin is talking about when describing the way he learned to write by rewriting *Spectator* essays in his own words. This is not the same kind of thing that Rev. Samuel Hemphill does in part 2, copying somebody else's sermons word-for-word, pretending they are his own.

Franklin imitates Addison also by hiding behind Mrs. Dogood's skirts. He is satirizing Cotton Mather in using the name of his books to make the name of a pretend author, just as he will do later in using the names of two best-selling almanacs for the title of "Poor Richard." In a year or two he will switch models, from Addison to Jonathan Swift, whose more sophisticated satire has him assume the personality of the person he is satirizing, pursuing his premises to absurd conclusions utterly unconscious of his absurdities—as in "Sale of the Hessians" or the last piece Franklin published, as by "Sidi Mehemet Ibrahim" in defense of the slave trade.

But at the beginning of his career Addison's lighter weight essays offered the best standards for style and substance since they were addressed to a growing group of middle-class readers like Franklin himself, deprived of a standard, classical education and standing in need of instant culture. Said the 1711 dedication of Addison's second volume: "Knowledge of books . . . in the possession of a man of business . . . is as a torch in the hand of one who is willing and able to show those who are bewildered, the way which leads to their prosperity and welfare" (vi). This must be the middle-class equivalent of noblesse oblige. Franklin committed himself to it at age sixteen.

The plot about writing, however, embraces other writers besides himself. The sinister side is revealed when his brother is jailed for satirizing the town fathers. The whole episode triggers the plot, anticipating Sir Walter Scott's lines a hundred years later: "O what a tangled web we weave When first we practise to deceive!" "Benjamin Franklin" is written down as proprietor. He uses that subterfuge to blackmail his brother into signing a new, secret indenture which he then proceeds to violate, thereby making "one of the first Errata of my Life" (16–17).

This is not his last "Errata" involving writing, either. He will claim that a fake poem by Ralph is his own in the poetry contest that takes place during his early days in Philadelphia. In London he will not only write a terrible free-thinking pamphlet but also a mean-spirited letter breaking his engagement to the girl he left behind. The enormity of that pamphlet can be seen by referring again to the *Spectator* (10 September 1711), which speaks of writing as being so durable that authors should beware "of committing anything to print that may corrupt posterity, and poison the minds of men with vice and error" (409). The harm he does to Deborah Read leaves her vulnerable to being wed to that no-good potter John Rogers who runs off with his apprentice, leaving her "dejected, seldom cheerful," avoiding company, and unmarriageable besides (56).

Is it any wonder, then, that on returning from London he puts down in writing the resolutions that will henceforth govern his conduct and thereafter uses his writing for good? Besides the obvious benefits to be derived from his newspaper and almanac, we should count also the contribution of his writing in favor of paper money, the library, national defense, civic improvements, the Albany Plan of union among the colonies, even the supply of wagons to General Braddock's army—not to mention the reports of his electrical experiments that enabled mankind to protect itself against a horrible natural disaster. And surely it is no accident that the whole book concludes with his act of carrying *written* petitions to England and Governor Denny's being bribed to disobey his "written Instructions."

Franklin reinforces this emphasis by using similar or contrasting episodes throughout the plot as well as exemplary or cautionary characters. For the moment let us consider that young Franklin goes to London because of a letter that Governor Keith never writes. Contrast this episode with the later one in which the older Franklin is delayed in departing for London on his first diplomatic mission. The delay is caused by General Loudon, who appears to spend every waking hour writing letters that he apparently never sends. Even the exemplary Mr. Denham with every good intention in the world nevertheless neglects to put his will in writing in contrast to the proprietors of Pennsylvania who expect their governors to follow their written instructions to the letter.

Events having to do with writing relate to the range of Franklin's activities—business, politics, religion, science, diplomacy: he enters journalism with the "Silence Dogood" pieces more for fun than profit, follows with the "Busy Body" pieces more for competition's sake, develops the almanac and newspaper first as profit-making ventures and then for instruction and persuasion in the interests of public service. These events are contrasted with others in which inept journalists like Keimer and David Harry go bankrupt or Andrew Bradford could not care less about journalism as a profession in the public interest. Franklin made a custom of preparing "the Minds of the People by writing . . . in the Newspapers" (103).

Contrasting episodes surface in watching politics, too. The Franklin brothers evade the legislature's order "that James Franklin should no longer print the Paper called the New England Courant" (16) by substituting the name of "Benjamin Franklin," and also by drawing up new indentures "which were to be kept private." Many years later when the pacifist Quaker members of the Pennsylvania legislature disguise voting for weapons to defend themselves against a threatened French invasion, Franklin notices that they simply equivocate and say the appropriation is "for the King's use" (96). Governor Thomas overcomes their objections to voting for gunpowder by telling them it is for "other Grain," meaning gunpowder—as they well knew (96)—just as they knew that their appropriation for "a Fire Engine" would actually be used to purchase "a great Gun."

Religious controversy also thrives on writing. Franklin writes down not only a plan of conduct but his own private liturgy, which he copies into the *Autobiography* verbatim. By contrast, George Whitefield "gave great Advantage to his Enemies" by writing and publishing. They attacked him "with so much Appearance of Reason" as to cut into the number of followers he otherwise might have had. So Franklin concludes: "If he had never written anything he would have left behind him a much more numerous and important Sect" (90).

He later adds that the Quakers, too, suffered from publishing their principles about pacifism and therefore suffered embarrassments that could have been avoided if, like the Dunkers, they had never printed them. Franklin quotes favorably the explanation by one of the founding Dunkers, Michael Welfare:

> If we should once print our Confession of Faith, we should feel
> ourselves as if bound and confin'd by it, and perhaps be unwilling

to receive farther Improvement; and our Successors still more so, as conceiving what we their Elders and Founders had done, to be something sacred, never to be departed from. (97)

The wry irony behind the quotation deepens the more you consider that Franklin's many writing chores included collaborating on America's two basic "confessions of faith," the Declaration of Independence and the Constitution of the United States. Even during the bicentennial celebrations of the Constitution, leading lawyers still debated the "original intent" of the Founding Fathers' written words.

Cynics expect theologians and lawyers to salivate at the sight of written words, but what is to be said about scientists? With respect to plot structure, the printing of Franklin's technical reports as a pamphlet balances the printing of the teenager's metaphysical pamphlet, *Liberty and Necessity*. Now Franklin's words reach the international scientific community and spark instant controversy over the theory of electricity. His chief antagonist, the Abbé Nollet, thought "Franklin of Philadelphia" was a chimera and the pamphlet a fabrication by enemies; reassured that this was not so, he wrote a rebuttal. But now, instead of counterpunching, Franklin backs off and keeps quiet. Among many reasons, the most compelling is that it would mean writing in many languages, and already the Abbé's argument is based on an error in translating "demonstrate" as "discover" (132).

If you cannot trust the language of science what language can you trust? In trade, politics, religion, and science it is not enough to be understood; one must take care to avoid being *mis*understood. A culture that runs on contracts, instructions, creeds, constitutions, treaties, laws, and letters demands nothing less. And yet, as the episodes about writing show, the nature of language fosters ambiguity both in the words themselves—grain *was* a measure of gunpowder and a cannon *is* an engine of fire—and in the way the words are put together. In one episode about the conflict between Pennsylvania's governors and the legislature, Governor Morris proposes a simple amendment to one appropriations bill totaling £50,000: "His propos'd Amendment was only of a single Word; the Bill express'd that all Estates real and personal were to be taxed, those of the Proprietaries *not* excepted. His Amendment was: For *not* read *only*" (122).

The plot, then, shows young Franklin learning to live with ambiguity and learning how to exploit it from such experts as the orator who apologizes for a rum-inspired orgy: "The great Spirit who made all things made everything for some Use, and whatever Use he design'd anything for, that Use it should always be put to; Now, when he made Rum, he said, *Let this be for Indians to get drunk with*. And it must be so" (102).

His lifelong vocation was writing to inform, instruct, amuse, persuade, make durable records. Few knew better than he the risks involved because people tend to interpret whatever they read in their own way. This applies to interpreting even statutory laws: part 4 opens with a high official in London assuring Franklin that the laws of the colonies can be laid down only by the king. Franklin calls to mind that in the 1750s a clause in the law to this effect had been proposed but thrown out by the House of Commons. Now it had grown up on its own with a new interpretation.

The Pennsylvania legislature sent him to London seeking Parliament's aid in taxing the lands owned by the heirs of William Penn, original proprietor of Pennsylvania. The heirs, Penn's two sons, retained large real estate holdings and the legal right to govern the colony, which they did through a lieutenant-governor in Philadelphia while they remained in London. Franklin went there hoping to persuade the royal government to revoke the Penns' proprietorship altogether. The process required filing charges and countercharges, all in writing, along with petitions and letters and appeals. Finally the Penns refused to deal further with Franklin because he did not use their proper titles in writing to them.

The irony is that throughout the story Franklin has prided himself on being a lifelong writer. He knew better than to make a silly mistake in form. Early on, in shifting from the genealogical sketch to the story, he had apologized for digressing, then added, "I us'd to write more methodically. But one does not dress for private Company as for a public Ball. 'Tis perhaps only Negligence" (8). He was writing now on the most formal level where breaches in decorum count most heavily.

It may be hard for modern readers to understand the enormity of the mistake until they recollect that even today we do not use the same language in writing to apply for a job as we do when quitting it. In 1760 violating decorum weakened the whole social fabric of a culture held together by good form. With respect to the present plot, the inference must be that Franklin is not yet the compleat gentleman we know from history he will become. The broader implication in this respect is that, while English gentlemen are bred to good form, upwardly mobile Americans must acquire it through practice until it becomes second nature.

That this is possible may be gathered from Franklin's boast at the conclusion of part 1 in speaking of how the lending libraries grew in this country: "These Libraries have improv'd the general Conversation of the Americans, made the common Tradesmen and Farmers as intelligent as most Gentlemen from other Countries, and perhaps have contributed in some degree to the Stand so generally made throughout the Colonies in Defense of their Privileges" (57). That the potential may be realized even for Franklin is demonstrated as the whole plot concludes with the negotiations finally being brought to a close by compromise in writing, validated by a subsequent "Report" in writing (146), and rounded off by alluding to Governor Denny himself breaching his contract just as the boy Franklin had breached his indentures with his brother near the beginning of the story.

JUDGING CHARACTERS

The plot's cast of characters also dramatizes the obstacles the young Franklin faces on his way to fame, fortune, and felicity. Just as he learns from writing how to cope with the ambiguity of language so he learns from interacting with other persons how to cope with the ambiguities of human behavior. What he has to learn is that "Truth, Sincerity and Integrity in Dealings between Man and Man, were of the utmost Importance to the Felicity of Life" (46). And in doing so, he becomes involved in a cast of characters drawn from all kinds and classes of Americans, the British, and even the French who seem busily engaged in deceiving one another in the name of decorum or for fun or profit—some seem consciously cultivating the art of self-deception.

In the mass, they represent a cross section of the social scene stretching from the chief justice of Great Britain to a little old lady who sweeps sidewalks in hopes that the folks will give her a penny for her labors. Like other elements of the plot, these characters are grouped for comparison and contrast, as exemplars to be imitated or cautionary models to be shunned. The grouping may be by occupation and region, as with printers in Boston, Philadelphia, and London. Most often the major characters compare or contrast with other major characters regardless of group, while the minor characters mostly serve to highlight some facet of Franklin's own character.

We ought not to expect consistency in these groupings, given the conditions of composition, but they are remarkably consistent in part 1 and fun to follow. For example, when Franklin runs away for the first time, he misses the boat at Burlington and visits with an old woman who sells gingerbread. When she hears he is a printer, she advises him to settle there and open a shop of his own, not very good advice as the boy himself realizes. The contrast with his accepting the equally bad advice of Governor Keith is obvious, but more subtle is the contrast with the Quakeress on the boat that carries him on the next trip from Boston. Noticing that the boy is being attracted by a couple of young women, she takes him aside and expresses her concern: "I am concern'd for thee, as thou has no Friend with thee, and seems not to know much of the World, or of the Snares Youth is expos'd to" (25). She thereupon warns him to beware those two strumpets not on general principles but because she had seen and heard some things "that had escap'd my Notice," and so he declines the girls' invitation to visit them in New York. It is a good thing, too, for there they were arrested as thieves, leaving Franklin to observe: "So tho' we had escap'd a sunken Rock which we scrap'd upon in the Passage, I thought this Escape of rather more Importance to me" (26).

He will allude to these characters again, though not by name, when he summarizes the state of his mind on the threshold of his public career, recalling the dangerous time of youth he had passed through "and the hazardous Situations I was sometimes in among Strangers, remote from the Eye and Advice of my Father" (46). Perhaps this remark is meant ironically, for his father had warned him against going into business because of his age, advice he ignored just as he had ignored that from the old woman of Burlington. But he does accept the advice of his future mother-in-law that the young couple not marry because too young, and also—again more pragmatically—because he needed better prospects. It is plain, then, that Franklin uses his characters, no matter how minor, to highlight his own development.

Added fun comes with the realization that these were actual people. We see them only through Franklin's very selective memory. He did not, for instance, include mention of George Washington, although they served General Braddock at the same time. He did not mention that his dear friend Dr. Fothergill was an immensely powerful Quaker leader as well as the physician to the royal family. Nor did he identify his boyhood chum John Collins beyond noting that he worked in the post office, loved to read and write, and was also an alcoholic. (In preparing biographical sketches for the Norton Critical Edition of the *Autobiography* we were able to find ample information about every major character except Collins. His may have been a composite portrait, but it is filled with too much concrete particularity to be a mere figment of Franklin's imagination.)

Franklin chose to show some of these persons as caricatures and some as more complex personalities. Though a major figure in the Philadelphia scenes of part 1, Sam Keimer is presented from the beginning as a cartoon character because Franklin exaggerates the way he misdirected his energy and his hyperenthusiasm. Franklin teases him with Socratic questions until Keimer worries about every question, "What do you intend to infer from that?" (28). In the long episode added when revising the manuscript, he eggs Keimer on to sustain a severe diet until the poor fellow breaks down at the last minute and eats up the celebration banquet before the guests arrive.

This seeming simplicity contrasts bleakly with the apparent complexity of Governor Keith's character. We see Keith first as generous to a fault, not taking that expression literally: "I believ'd him," said

Franklin, "one of the best Men in the World" (27). There was no Quaker lady to advise him now. Not until another Quaker, Thomas Denham, comes along is he set straight. Nevertheless, Franklin looks back not in anger but in compassion, recognizing that, "He wish'd to please everybody; and having little to give, he gave Expectations" (33). We leave Keith ashamed, or so it seems to Franklin, but Franklin is clearly projecting his own feelings of guilt for having broken off with Miss Read: "I should have been as much asham'd at seeing Miss Read" (41).

The different ways these two are treated distinguishes Franklin's method in giving real-life characters a life in fiction. They represent a scale of characters who use cunning to concoct relatively harmless hoaxes at one end of the scale and those who connive to commit errors causing grave injury at the other. The scale is dynamic in that characters are shown moving along the various levels. This movement reflects the young Franklin's view of them at various points in his own development and may help to explain why, after the serious injury he has sustained at the Governor's hands, he can still recall him with compassion.

The seemingly simple characterization of Keimer is worth watching more closely from this angle. Franklin early on makes him out to be a ridiculous person and an incompetent printer. In point of historical fact, Keimer had been Daniel Defoe's printer in London and was someone who, like James Franklin, sacrificed his liberty to freedom of the press. Franklin's own narrative tells us a little later that it was Keimer who gave the young partners Franklin and Meredith their first big job.

Yet Franklin's narrative purpose requires that Keimer be shown first as a fool who falls for religious fads (as Franklin fell for vegetarianism) and follows fantastic fashions with hyperenthusiasm. Such fashionable foolishness can easily become a habit and then addictive, as it does for Keith, risking the ruin of others as well as oneself. Keimer ruins himself.

This is as much a process by which we learn about Franklin's state of mind as it is a revelation of Keith's character. And the same process is used with the seemingly simpler Keimer, who appears increasingly meaner minded as the story goes on until we leave him to die on Barbados reduced to journeyman drudgery, all that misplaced energy dissipated, conceivably sapped by Franklin's put-ons and put-downs and superior powers. Like the other characters, we see Keimer only as he is filtered through Franklin's consciousness. Theoretically at least, we are thus able to measure the development of the youth's maturity by watching his growing awareness of human nature, including his own.

In the beginning we hear that Uncle Thomas, whom he is said to resemble, was known as the neighborhood adviser. So is father Josiah Franklin, except that Josiah fails to negotiate a peace between his two warring sons. He thus contrasts with Denham who assumes the role of fatherly adviser. Denham, by rejecting bankruptcy as an easy way out, repays his debtors with interest. Later, on his own, Franklin rejects breaking his partnership as an easy way out and also repays a long-standing debt "with Interest and many Thanks" (51). By the end of part 1 he has assumed the role of fatherly adviser to his future mother-in-law's family, and will go on to advise, among others, preachers, legislators, governors, generals, the general public, and finally the chief justice of Great Britain.

Even words used about the characters come to play a part in the process. The most dramatic instance is the episode of the young lovers coming together as part 1 nears its end. When young Franklin had found himself enjoying the fleshpots of London he had written Deborah Read a letter telling her not to expect him to return. We soon find him trying to rape Mrs. T., the mistress Ralph had left in his care. At the close of part 1, when he visits the Read family, he notices Deborah's demeanor in these words, "generally dejected, seldom cheerful, and avoided Company" (56). Contrast this description with the words describing Mrs. T. as being always "sensible and lively, and of most pleasing Conversation" (35). Coincidence? Not likely, since the words describing Deborah Read were added in a later revision of the manuscript, doubtlessly to mark Franklin's realization of the full consequences of his earlier "Giddiness and Inconstancy" (56).

Then, too, this method of measuring a hero's development should be familiar to readers of eighteenth-century fiction or of Jane Austen's *Pride and Prejudice*. When her dear friend Charlotte tells Elizabeth that she plans to marry the fool Collins, Elizabeth utters, "O, no!" At the end, when Elizabeth tells Charlotte she is going to marry Darcy, Charlotte utters, "O, no!" In fact, the way Franklin uses both minor and major characters may be seen perfected in that novel where even the seemingly most insignificant persons are found to have moved the plot forward.

Varieties of Deception

The whole plot could probably be worked out according to the steps Franklin followed in learning the different kinds of deception that governed his society: deception of others for fun, profit, even survival, and deception of oneself consciously or not. Examples of each kind fill the book, but recognizing them is only part of the problem in growing up. Franklin's more serious problem was how to cope with them.

This was not as simple as it may sound. His major characters illustrate a pattern worth looking into: a strong-willed person indulges an impulse, and that impulse conflicts with the self-indulgence of some other strong-willed person. One result of the conflict could be self-deception that hardens as a defense. Franklin illustrates this result with the anecdote about his neighbor who asks a blacksmith to sharpen his axe. The blacksmith makes him turn the wheel longer and longer until, exhausted, the neighbor says it is sharp enough: "No, says the Smith, Turn on, turn on; we shall have it bright by and by; as yet 'tis only speckled. Yes, says the Man; but I think I like a speckled Axe best" (73).

Note that this is not the same kind of self-delusion practiced by the printers of London who think that they will grow stronger from drinking strong beer (36). That idea is mere foolishness. By contrast, the consequences of self-deception can be tragic. Franklin's most serious examples concern his generals—Braddock and Loudon. Braddock seems so insulated by the sense of his own importance that he will not heed the rational warning of American experts. Morally, Loudon seems even worse, because he is the type of person who has been so often deceived by men's words that he comes to distrust all words and consequently all men. And so we leave him at his writing desk, always writing but never sending—like Lincoln's famous general who datelined a dispatch "From Headquarters in the Saddle," prompting Lincoln to comment, "He has his headquarters where his hindquarters ought to be."

Loudon's earlier parallel, Governor Keith, represents the worst case of all. His initial impulse is generous, for he wants to please everyone. He encourages the young Franklin with the best of intentions, but his playing the role of generous patron had so gotten out of hand that he doubtlessly acted in ignorance of what he was doing to the poor lad. Even the older Franklin could not figure him out: "Unsolicited as he was by me, how could I think his generous Offer insincere?" (27). "It was," he concludes afterwards, "a Habit he had acquired" (33).

Keith's behavior was unlike other kinds of deception more familiar to the youngster, such as that practiced by the old printer Bradford who cons foolish newcomer Keimer into revealing trade secrets or friend Collins who cons a ship's captain into offering Franklin sanctuary on board because he had gotten a girl with child. These kinds of deception were fun and games.

Nor were such deceptions useless. James Ralph concocts an elaborate plan to submit his own poem for criticism under Franklin's name, hoping thereby to receive a just estimate of his work without regard to personalities. Later he makes use of Franklin's name again as a cover so nobody would know that a poet like himself had been reduced to having to teach school. Even more utilitarian was the plan concocted by Franklin himself when the chaplain of his frontier troops complains that the men were not attending prayer services. Franklin advises wryly: "If you were to deal [rum] out, and only just after Prayers, you would have them all about you" (126). The chaplain follows Franklin's advice, and Franklin adds: "Never were Prayers more generally and more punctually attended."

The more serious concern is how even these relatively harmless deceptions for fun or profit could easily slip into unconscious habits. More seriously still, how could potentially destructive habits be prevented or controlled? When Josiah Franklin gives his blessing to his son's Philadelphia venture, he warns him against his habit of "lampooning and libeling." Franklin himself knew that this proclivity was making trouble for him: thinking of reasons for running away in the first place he had "reflected that I had already made myself a little obnoxious to the governing Party" (17). Still, one reason for rising in the esteem of his fellow workers in London was his "being esteem'd a pretty good Riggite, that is a jocular verbal Satirist" (37).

What makes this kind of habit hard to control is that its source is so deeply rooted in willpower. Notice how eagerly young Franklin throws himself into the plot to deceive his chum Osborne about Ralph's poem: "I was backward, seem'd desirous of being excus'd, had not had sufficient Time to correct, etc" (30). This is the same kind of eagerness shown by Keimer in breaking their fast and eating the celebratory dinner before the guests showed up. And it is the same kind of eagerness shown by the nun who shares the lodging house in London, her only regret being that she cannot manage to live frugally enough.

The real complication sets in when more than one willful person is involved. Needing a place to sleep in Philadelphia, Rev. George Whitefield asks if Franklin can put him up. Franklin says he will. Whitefield tells him that if he "made that kind Offer for Christ's sake, I should not miss of a Reward.—And I return'd, 'Don't let me be mistaken; it was not for Christ's sake, but for your sake' " (89). It takes an innocent bystander to point out to Franklin the satire in his remark.

A more revealing instance would be the episode in which the proprietors reject his letter to them because it lacks the proper form of address. Franklin tries to fool himself into minimizing the mistake of omitting this courtesy—"not thinking it necessary" in that kind of letter (145). He rationalizes his error. This is serious here, but earlier instances of similar self-deception reveal that the best way to control it is not to take yourself too seriously.

We are told that rum has annihilated "all the Tribes who formerly inhabited the Seacoast" (102); nevertheless the tribal orator explains the use of liquor: "The great Spirit who made all things made everything for some Use, and whatever Use he design'd anything for, that Use it should always be put to; Now, when he made Rum, he said, Let This Be for Indians to Get Drunk with. And it must be so." (102).

With that same sense of humor Franklin tells about the effect Whitefield's sermon had on him. He goes to the service resolved not to give anything in the collection: "I had in my Pocket a Handfull of Copper Money, three or four silver Dollars, and five Pistoles in Gold. As he proceeded I began to soften, and concluded to give the Coppers. Another Stroke of his Oratory made me asham'd of that, and determin'd me to give the Silver; and he finish'd so admirably, that I emptied my Pocket wholly into the Collector's Dish, Gold and all" (88). Franklin's celebrated willfulness dissolves in laughter.

This is not always true, of course. He concluded his outline in 1771: "My Character. Costs me nothing to be civil to inferiors, a good deal to be submissive to superiors" (172). These conflicts put a heavy premium on self-control. This is doubtlessly why the *Autobiography* emphasizes the connection between controlling and deceiving oneself. The following section will show how Franklin used Socratic means to control others. My purpose now is to show that by the time his story breaks off, he has not yet gotten complete control of himself but does manage more self-control than do his pals.

It makes good dramatic sense that Franklin's closest friends should be as willful as he is and thus provide him with worthy opponents in a conflict of wills. In succession John Collins, Hugh Meredith, and James Ralph represent a spectrum of willfulness according to degree of self-deception. Collins, by today's standards an alcoholic, has little control; Ralph, by today's standards a monomaniac, sacrifices everything to his one goal of becoming a famous poet. Meredith, in the middle, is self-indulgent but nevertheless controls himself to the extent that he can still manage his own destiny—he knows who he is, and thus represents the best of the trio.

John Collins as a boy had a better education than Franklin, but his superior education did him little good when under the influence of rum. He was a better writer, too, but that skill was no help to him when prospective employers "discover'd his Dramming by his Breath" (26). When the clash of their wills reaches a climax, Franklin dramatizes the scene so as to hint at potential tragedy while revealing something about his own self-deception.

The point is that the clash of wills hardens his own position even when he knows he is deceiving himself, as happens in minimizing the insult to the proprietors. The same weakness appears near the start of his career when his conflict with Collins results in a wrestling match. He insists on Collins doing his share of rowing. Drunk as usual, Collins refuses: 'I will be row'd home,' says he. 'We will not row you,' says I. . . ." While the others urge Franklin to ignore Collins, Franklin admits that Collins's obstinacy brings his earlier irritations to a head: "My Mind being soured with his other Conduct" (27).

Collins lunges across the boat either to make Franklin row or to throw him overboard. No contest. Franklin lifts him by the crotch and pitches him headfirst into the river. Not satisfied with this act, he then keeps the boat just out of Collins's reach on condition that he submit to doing his share. Franklin rationalizes this action by noting that he knew Collins was a good swimmer. At the same time, however, he also knew that he was drunk. The scene thus measures Franklin's own immaturity as much as it measures Collins's weak character.

But Collins is not just a drunk; he is also self-absorbed. The difference is made clear through the portrait of a close friend most like Collins: Hugh Meredith. Like Collins, Meredith was "seldom sober" (50) and self-indulgent in gambling, too, but he was not so willful or selfish. It was he, after all, who took the initiative in proposing the partnership with Franklin, a proposal that stands in sharp contrast to the one presented by Governor Keith. Meredith secures the capital and orders the equipment. Nevertheless he leaves it to Franklin's industry in fact and in appearance to build up the business—working long hours in view of the neighbors, pushing his wheelbarrow through the streets—while he wastes time, money, and energy in taverns and is "often seen drunk in the Streets, and playing at low Games in Alehouses" (52).

Yet it is Meredith himself who sees his "Folly" and proposes on his own initiative again, this time to dissolve the partnership. Franklin emphasizes that they split as friends with the papers being "drawn up in Writing, sign'd and seal'd immediately" (52). There is no deception, delusion, or disagreement in this action. The point of the episode is to show Franklin's increasing sense of responsibility: He resists to the end his other friends' urging that he break off the partnership before Meredith's behavior ruins the business. Franklin stands by the partnership as long as Meredith fulfills his original agreement; this responsible attitude represents a giant step forward from the days when he ran off from brother James.

Another point suggested by the Meredith episode is that self-indulgence is not in itself necessarily evil, but that a good drunk does not necessarily make a good bartender. Meredith's folly is that he, a good farmer, has neither the training nor the temperament to be a good printer, and yet he tries to set up in business as both the old woman at Burlington and the governor at Philadelphia had tried to persuade young Franklin to do. It was lucky that he had Franklin, an older and wiser Franklin, to guide him now. Meredith himself very wisely decides to go back to his old occupation as a farmer.

This conduct contrasts with that of Franklin's other boon companion, James Ralph. Ralph's impulsive behavior begins with the practical joke on young Osborne in the poetry contest, then develops quickly into compulsion with accompanying deception, and finally degenerates to an obsession. He will become a great poet whatever the cost—to Franklin that is. In the plot, he proves Josiah Franklin's assertion that poets are generally beggers. In the characterization he comes very close to being shown as evil.

Ironically, their duping of their chum Osborne in the poetry contest backfires: Ralph believes Osborne is sincere in praising what he thinks is Franklin's verse, when more likely it is because Osborne is so surprised that the verse is Franklin's who otherwise in conversation was inarticulate. Spurred on by that overpraising of his own work, Ralph takes off on his single-minded pursuit of fame and fortune as a poet. Osborne urges him to make the best of his own occupation; Franklin tries homeopathic medicine by sending him poetry that advises him against the writing of poetry. But nothing will get in Ralph's way for long—not wife and child, mistress, or best friend. He uses and abuses them all.

He abandons his wife and children, which Franklin at first does not realize but once in London is told so by Ralph. Ralph has broken this most basic of domestic arrangements not because of anything his wife has done but because of "some Discontent with his Wife's Relations" (31). In London, he whom Franklin had praised for gentility now flouts social convention further by moving in with a mistress, Mrs. T., and her child. This costs her not only her business but her friends, including relatives. Yet then Ralph abandons her, leaving her to Franklin's mercies.

Franklin does not moralize over these facts. He is concerned with looking at himself as another of Ralph's victims, for Ralph's acts put his own good name—of which he was so proud at the outset—in jeopardy. Unable to find work writing in London, Ralph goes off to the country to teach school for pennies per pupil. Franklin reports: "Unwilling to have it known that he once was so meanly employ'd, he chang'd his Name, and did me the Honor to assume mine" (35). He was up to his usual devious, self-indulgent way of doing things, and Franklin thinks Ralph's actions are funny.

They are not funny at all, however, considering that by sponging off him Ralph was keeping Franklin broke and unable to save money for the return trip to Philadelphia. Consequently when Mrs. T. tells Ralph of Franklin's advances on her honor, and he refuses to repay the money Franklin had lent him, Franklin rationalizes that he would probably never have paid him back anyway. More important, he adds: "In the Loss of his Friendship I found myself reliev'd from a Burden" (36).

In telling about Ralph's low crimes and misdemeanors Franklin bookends the episode by coupling him with Collins as two men who were perverted by his own free-thinking arguments (29,45–46), attributing their laxity in principles to their being "unsettled by me" (29). In repeating the comment he particularizes Ralph and Collins because, he says, "Each of them having afterwards wronged me greatly without the least Compunction" (46), proving by experience what his father had told him as a boy found guilty of stealing stones to make a wharf, "Nothing was useful which was not honest" (7).

This costly experience with Ralph thus concludes with Franklin embarking on his own business now wiser in the ways of the world and especially in the more devious ways of men's minds. His own mind is no exception. On first landing in Philadelphia, he has very little money but gives it to the boat owners more out of vanity than anything else: "I insisted on their taking it, a Man being sometimes more generous when he has but a little Money than when he has plenty, perhaps thro' Fear of being thought to have but little" (20).

At the close of the whole story he reveals less directly that he is still susceptible to willful foolishness. He describes his adversary in London, the proprietors' lawyer Ferdinando John Paris, as "a proud angry Man" who hated him because Paris had written the proprietors' instructions, which Franklin had criticized "with some Severity" (144). That is why Franklin refuses to negotiate with him but insists on treating only with the proprietors themselves, thereby postponing the negotiations for almost a year rather than put up with Paris's own "Severity." So who then is the "proud angry Man"? I will return to this question when discussing Franklin's themes.

Whatever weaknesses he retains at the end, young Franklin leaves the scene well equipped to cope with deception. The great-grandson of a man who cleverly hid a contraband Bible in his house, descendant of a long line of ingenious blacksmiths, he supplemented that gene pool with close study of persons engaged in the art of deceiving others and themselves, learning thereby a costly lesson—that the worst kind of self-deception is self-deception out of control.

SOCRATIC LIFE-STYLE

One more of Franklin's "conducing Means" remains to be considered, his adaptation of Socratic method. That celebrated method consists of playing the role of a humble seeker of truth who, by pretending to be naive, asks a series of cunning questions calculated to lead pupils to conclusions that they will feel were their own to begin with. Franklin discovered the method as a boy and practiced it with joy as a means to winning friends and especially influencing people.

At first he used it as a weapon in ridiculing companions like Keimer. Franklin kept using questions until he could hardly ask a common question, and Keimer would complain, "What do you intend to infer from that?" (28). This was not at all the method Socrates had practiced. On the contrary, his intent was to show pupils the errors of their thinking without making them appear ridiculous. If anything, the questioner should be the one to appear ridiculous or at least naive, as Franklin himself does years later.

Before leaving to build forts on the frontier, Colonel Franklin had lobbied hard for a bill in the legislature that would authorize a voluntary militia. On his return, he found Philadelphians strongly behind it. He tells how a friend visited him, giving him "an Account of the Pains he had taken to spread a general good Liking to the Law, and ascrib'd much to those Endeavours. I had had the Vanity to ascribe all to my Dialogue" (128). This pretended diffidence demonstrates Franklin's typical irony. The irony consists, of course, in his saying one thing but meaning the opposite. It also consists in his pretending to be the opposite of what we know he really is. The former exploits ambiguity of words, the latter ambiguity of human behavior. Sometimes it is called Socratic irony because of Socrates's method. Socrates's own maxim, according to the book by Xenophon that Franklin knew, said: "No readier way to Glory than to render ones self Excellent and not to affect to appear so."

Franklin had practiced this kind of Socratic irony for years in such masterpieces as *Poor Richard*'s prefaces or the speech of Polly Baker, as well as in his journalism generally. So we ought not to be surprised that the *Autobiography* itself is a mine of irony, with Franklin pretending to be completely disorganized as he complains about digressing or getting too far ahead of his story, or too far behind—as in my own favorite episode. Franklin is explaining how he spent the time between his second voyage from Boston and departing for London, and for no apparent reason interrupts the narrative: "I believe I have omitted mentioning that in my first Voyage from Boston, being becalm'd off Block Island . . ." (28). Then he gives us a long paragraph on how and why he broke his vegetarian diet. Watching his fellow passengers dine heartily on cod fresh from the frying pan as they waited out the storm: "I balanc'd some time between Principle and Inclination," says he, "till I recollected, that when Fish were opened, I saw smaller Fish taken out of their Stomachs. Then, thought I, if you eat one another, I don't see why we mayn't eat you." With this neat sophistry, he eats. The paragraph concludes with this masterful example of Franklinian irony adopted from Socrates: "So convenient a thing it is to be a reasonable Creature, since it enables one to find or make a Reason for every thing one has a mind to do"—and to pound in the pun, he underlines "reasonable Creature." Look at what is happening: the pun points up the ambiguity of words, the sophistry shows up the ambiguity of behavior, and the writing itself establishes a tone of irony delicately balanced between self-deprecation and self-mockery.

It is doubtlessly this tone that gives many readers a sense that the older Franklin is looking back at his youthful folly with great amusement even as he composes the work. Did he create this tone consciously? Why else transpose that episode from its logical position, where the storm kept them "30 Hours on the Water without Victuals" (18)? Why else return in 1790 to revise the manuscript at this point and by inserting the little word "hot" (as in "came hot out of the Frying Pan") make the temptation scene even more tempting?

If Franklin the satirist can be that effective at this spread of time, imagine how his irony must have worked on his contemporaries. With pardonable pride, then, he begins and ends part 1 with a nod to his Socratic method as the conducing means to making friends and influencing people. He early points out how he "put on the humble Enquirer and Doubter" as a means to upsetting the religious beliefs of his pals Collins and Ralph. (No wonder they paid him back in spades.) But he also confesses to tiring of that mode and abandoning it, "re-

taining only the Habit of expressing myself in Terms of modest Diffidence" (13). Then, as part 1 winds down, he explains how he extended
the Socratic pose to business: "I took care not only to be in *Reality*
Industrious and frugal, but to avoid all *Appearances* of the contrary"
(54). The manuscript of part 1 concludes with a memo to himself that
he wants to continue later by talking about "My Manner of acting to
engage People" in his various projects for civic improvement (57). No
need to guess at the method he used.

In this respect, too, we watch the boy develop into a young man.
From the silly sophistry he used against Keimer, he polishes his role
playing against one of the legislators who could oppose his appoint-
ment as Clerk: "I did not however aim at gaining his Favor by paying
any servile Respect to him, but after some time took this other
Method. Having heard that he had in his Library a certain very scarce
and curious Book, I wrote a Note to him expressing my Desire of
perusing that Book" (85). They soon became lifelong friends and political allies. Franklin got the clerkship and when he himself moved up
to a seat in the legislature was able to pass it on to his son.

In contrast to this devious method, Franklin gives us the example
of Rev. George Whitefield's sermons. Franklin is amazed that the
preacher could have so great an effect on multitudes when he con-
stantly abused them as "half Beasts and half Devils" (87). In one of
his greatest comic scenes already noted he reports attending a sermon
"silently resolved he should get nothing from me," but neglecting to
leave his cash at home. "As he proceeded I began to soften, and concluded to give the Coppers. Another Stroke of his Oratory made me
asham'd of that, and determin'd me to give the Silver; and he finish'd
so admirably, that I emptied my Pocket wholly into the Collector's
Dish, Gold and all" (88).

Whitefield's effectiveness was limited, however, to the spoken
word—"without being interested in the Subject, one could not help
being pleas'd with the Discourse, a Pleasure of much the same kind
with that receiv'd from an excellent Piece of Music" (90). The Socratic
method invoked substance as well as style, words as well as music,
essence as well as sense. When Franklin first proposed a fund drive for

an academy, he prepared the public mind with a pamphlet on the subject, saying that the proposals were not his "but of some public-spirited Gentlemen, avoiding as much as I could, according to my usual Rule, the presenting myself to the Public as the Author of any Scheme for their Benefit" (99). The principle was the same that he had followed when borrowing the rare book from a potential foe: "He that has once done you a Kindness will be more ready to do you another, than he whom you yourself have obliged" (85).

This idea in action may be seen at its best in the episode about founding Pennsylvania Hospital. Dr. Thomas Bond has little success in raising funds for what Franklin calls "A very beneficient Design, which has been ascrib'd to me, but was originally his" (102). He turns to Franklin for help, and Franklin then proceeds in his usual way to prepare "the Minds of the People by writing on the Subject in the Newspapers." Seeing subscriptions lag, he devises a program we now would call "matching grants" by which the legislature would match a stated sum raised by public contributions. This is the way he overcame opponents who "now conceiv'd they might have the Credit of being charitable without the Expense" (103).

In his old age Franklin recalls that episode with understandable satisfaction because he had successfully outmaneuvered some pretty powerful political opponents: "I do not remember any of my political Maneuvers, the Success of which gave me at the time more Pleasure. Or that in after-thinking of it, I more easily excus'd myself for having made some Use of Cunning" (104). Keep in mind that when he wrote this statement, he had maneuvered England into conceding a treaty favorable to the United States and a recalcitrant Convention into compromising on a federal Constitution. Never underestimate the power of Socratic cunning.

Be aware also of the way Franklin insists that the idea for the hospital originated with Dr. Bond and not with Dr. Franklin. He does this again when talking about street lighting: "The Honor of this public Benefit has also been ascrib'd to me, but it belongs truly to [John Clifton]" (105). This is part of the pose he developed at the time of his first solicitations for the lending library: "The Objections, and Reluctances I met with in Soliciting the Subscriptions, made me soon feel the Impropriety of presenting oneself as the Proposer of any useful Project that might be suppos'd to raise one's Reputation in the smallest degree above that of one's Neighbors" (64). From hardnosed experience, then, as well as from Socrates, came the strategy of keeping a low profile: "I therefore put myself as much as I could out of sight." While this diffidence could be ego-bruising to a willful person, Franklin found it worth "the present little Sacrifice of your Vanity."

In commenting on the way he tried to cultivate the virtue of "Humility," he confesses that he had not much success in regard to its reality but "a good deal with regard to the Appearance of it" (75). He especially emphasizes how he controlled himself in reacting to other people's opinions, never contradicting them abruptly or with ridicule, always prefacing his own ideas with "I imagine," "I conceive," or "I apprehend," rather than "certainly," "undoubtedly," and so forth. And he pricks his own pretensions, as in describing the way the militia honored him. After being elected colonel of the local militia, he was called upon to review the troops—numbering about 1,200 men—and a company of artillery boasting six cannons. After the formal review he says, "They accompanied me to my House, and would salute me with some Rounds fired before my Door, which shook down and broke several Glasses of my Electrical Apparatus" (128). Then comes the self-deflating comment: "And my new Honor prov'd not much less brittle; for all our Commissions were soon after broke by a Repeal of the Law in England" (128–29).

At the same time, consider the possibility of an ulterior motive in maintaining a low profile for political reasons. The succeeding paragraph tells of an incident that also took place while he headed the militia. As he set out on a journey, some officers "took it into their heads that it would be proper to escort me out of town" (129), assuming this is what military decorum would dictate. Not only were these mock-officers, but their act of accompanying him—"between 30 and 40, mounted and all in their Uniforms"—embarrassed him. "What made it worse, was, that as soon as we began to move, they drew their Swords, and rode with them naked all the way," an unprecedented honor "only proper to Princes of the Blood Royal"—thus a clear violation of decorum that was easily interpreted as subversive. His antagonist Thomas Penn gave it as proof of Franklin's "Intention to take the Government of the Province out of his Hands by Force," a crime that would have been punishable by death.

Playing the humble person thus could be a defensive technique, as we see in the succeeding episode when Governor Morris wishes to promote him to the rank of general. "I had not so good an Opinion of my military Abilities as he profess'd to have" (130), says the now perceptive Franklin as he mulls over Morris's motives, and held out till "the Project was dropped." The point of this episode is made explicit later in the anecdote about General William Shirley being succeeded in command by General Loudon. Franklin describes the ceremony welcoming the new commander to New York: "Some Chairs having been borrowed in the Neighborhood, there was one among them very low which fell to the Lot of Mr. Shirley. Perceiving it as I sat by him, I said, they have given you, Sir, too low a Seat.— No Matter, says he, Mr. Franklin, I find a low Seat the easiest!" (139).

One problem with keeping up Socratic appearances, however, is the risk of compromising one's integrity. Franklin's recognition of this fact is also made explicit in words that echo his comment on breaking the vegetarian diet by eating cod on Block Island. In part 4 he speaks of opening negotiations in the London home of the proprietors: "The Conversation at first consisted of mutual Declarations of Disposition to reasonable Accommodation" (144), and then he adds, "I suppose each Party had its own Ideas of what should be meant by reasonable." This serves as the prelude to the incident that concludes with the proprietors reporting to the Pennsylvania legislature their refusal to deal further with Franklin and asking instead for them to send over "some Person of Candor to treat with them" (144).

His being caught this way could be taken as a sure sign of not yet having perfected the Socratic skills that will take him through the shoals of European diplomacy, and the rocks and hard places of the Constitutional Convention. We also can see that this is because he has not yet perfected the self-control so evident in the succession of scenes in which Governors Morris and Denny in almost similar ways try to compromise his integrity with various inducements to come over to the proprietors' side.

Franklin himself gives the best analysis at the close of part 2 in speaking of how he managed to make a habit of playing the humble inquirer of truth: "This Mode, which I at first put on, with some violence to natural Inclination, became at length so easy and so habitual to me" that it became "(after my Character of Integrity)" responsible for his success in public life. That it had not yet succeeded at the close of part 4 in making a complete success of his private life may be attributed to his being human after all, subject as much as anyone to the natural passions. He had a long way to go before he could achieve the end that Xenophon said Socrates found—"that tranquility of Mind and agreeableness of Temper which made all the world admire him."

Chapter 6

THE THEME
Pride as the Price of Life

The final page of Franklin's manuscript is pathetic. The lines of firm handwriting waver, then break off without even end punctuation. Still, the plot sustains the pattern of repeating events and characters we have followed from the beginning. Near the close, for instance, the proprietors complain that his writing lacked "Formality" (144) just as the boy's father had criticized his first writing for lacking "elegance of Expression" (11). The echo reinforces the point made in my last chapter: though the boy had determined to improve his "Manner in Writing," the young man still had a ways to go when the story broke off. The same could be said of his determining to improve his manner of living.

Nevertheless, in his life as in his writing Franklin does improve. Though he may not have achieved perfection, he emerges a better person for the "endeavour at Improvement." He has learned to reconcile the external pressures for fame and fortune with the no less compelling need for peace of mind, peace of soul. If this has meant taming natural temperament and suppressing some natural inclination, he is willing to suffer the sacrifice as the cost of being human. For the theme we have seen unfolding is a coming to terms with human nature.

TO ERR IS HUMAN BUT FEELS DIVINE

We have watched the boy Franklin develop from a willful brat into a shrewd young man generally in command of himself and capable of winning friends or influencing people at will. In an era and at an age demanding absolutes and certainty, he early learned to sustain ambiguity of language and behavior, and even ambiguity of appearances in other persons. His problem was to recognize that he was subject to the same sorts of ambiguity within himself as a reasonable creature and creator.

The word "reason" itself has built-in ambiguities, as we saw in the amusing episode that explains how he broke the vegetarian diet by eating cod. "So convenient a thing it is to be a reasonable Creature," he told himself, "since it enables one to find or make a Reason for everything one has a mind to do" (28). Another amusing instance featured the man who assured the blacksmith, "I think I like a speckled Axe best" (73). And now particularly apt is the way he applied that nifty reasoning to his own case: "Something that pretended to be Reason was every now and then suggesting to me, that such extreme Nicety as I exacted of myself might be a kind of Foppery in Morals . . . that a benevolent Man should allow a few Faults in himself, to keep his Friends in Countenance" (73). Not surprising, then, as he opens negotiations with the proprietors, he recognizes that "each Party had its own Ideas of what should be meant by 'reasonable'" (144).

Is man reasonable? Franklin learned that "The mere speculative Conviction that it was our Interest to be completely virtuous, was not sufficient to prevent our Slipping" (66). And besides natural "Inclination," the youngster also had to contend with "Custom or Company" in trying to maintain balance. After Ralph leaves Mrs. T. in his care, for example, and she grew dependent upon him, he "attempted Familiarities," he says, as "being at this time under no Religious Restraints" (36), and she repulsed him "with a proper Resentment" which is left to our imaginations.

In a related instance, he came off well enough by sheer luck. Explaining his desire to marry, he says one reason is to avoid venereal disease. "That hard-to-be-govern'd Passion of Youth, had hurried me frequently into Intrigues with low Women that fell in my Way"—such as the two tarts he had met on the boat from Boston—"which were attended with some Expense and great Inconvenience, besides a continual Risk to my Health by a Distemper which of all Things I dreaded, tho' by great good Luck I escaped it" (56). Under the circumstances, then, he found it wiser to risk a charge of bigamy in taking Miss Read as his wife.

He would not, however, risk being conned by the Godfrey relatives. They were the parents of the girl he was willing to wed, she "being in herself very deserving" (55). They were unwilling to meet his terms for the dowry, saying his prospects were not good enough, and so keeping their daughter from him. Recall that his future mother-in-law had given the same reason in preventing his marrying Miss Read before shipping to London. Now, however, we see the rationalizing mind at work, creating a worst-case scenario out of sheer supposition: "Whether this was a real Change of Sentiment, or only Artifice, on a Supposition of our being too far engag'd in Affection to retract, and therefore that we should steal a Marriage, which would leave them at Liberty to give or withhold what they pleas'd, I know not" (55).

In further illustration of this phenomenon—reason abhorring a vacuum of explanation—consider the incident in which the boat from Boston to Philadelphia is caught in high winds on Long Island Sound. "Some People came down to the Water Edge and hallow'd to us, as we did to them. But the Wind was so high and the Surf so loud, that we could not hear so as to understand each other" (18). To anyone who sails, the situation would have been a familiar enough problem, but Franklin's mind immediately projects "either . . . or" possibilities: "They either did not understand us, or thought it impracticable" to row out and fetch them.

In concluding part 3 with another heavy surf, he projects another scenario: "We had a Watchman plac'd in the Bow to whom they often call'd, 'Look well out befor'e, there'; and he as often answer'd, 'Aye,

Aye!' But perhaps had his Eyes shut, and was half asleep at the time: they sometimes answering as is said mechanically" (142)—the other extreme of the overlively mind.

Another kind of thinking can be just as habit-forming as mental inertia or hyperactivity. In looking back at his adolescent metaphysical speculation, Franklin says, "I doubted whether some Error had not insinuated itself unperceiv'd into my Argument, so as to infect all that follow'd, as is common in metaphysical Reasonings" (46). But it is not limited to metaphysical reasoning. I discussed the process in the last chapter but in terms of self-indulgence leading to compulsion. We see it in the sage who says rum was made for Indians to get drunk with, and in General Braddock who even while dying still thinks, "We shall better know how to deal with them another time" (121). Speaking of this kind of error as an infection makes it seem endemic to the human race.

The ultimate source of the problem must be self-interest. If you underestimate the power of self-interest, consider who it is you look for first in a group photograph in which you are a member. Even so demure a person as Deborah Franklin succumbs, as she greets her husband with a china bowl and silver spoon she purchased at great expense, "for which she had no other Excuse or Apology to make, but that she thought *her* Husband deserv'd a Silver Spoon and China Bowl as well as any of his Neighbors" (65). Franklin himself succumbs unwittingly. Somehow he managed to develop intellectual arrogance so imperceptibly that a friend had to point it out to him. This was after he told Rev. Whitefield that the invitation to stay at the Franklin home was "not for Christ's sake, but for your sake" (89). He must have repeated the remark to others, for the pretentious remark was pricked: "One of our common Acquaintance jocosely remark'd, that knowing it to be the Custom of the Saints, when they receiv'd any favor, to shift the Burden of the Obligation from off their own Shoulders, and place it in Heaven, I had contriv'd to fix it on Earth" (89). Very funny, but contrary to Franklin's "Opinion that the worst [religion] had some good Effects" and therefore against his practice "to avoid all Discourse that might tend to lessen the good Opinion another might have of his own Religion" (65).

Given all these boobytraps of the mind, it is surprising that Poor Richard has no proverb about it being an error to be human. The problem for the boy on his own is, "Whom can I trust?" If he can't trust even himself, his future is dismal. Franklin's early discovery was that human nature in its urge to find or make a reason for everything one has a mind to do can even be turned to making virtue a habit.

MAKING VIRTUE A HABIT

If folly, vice, and error can be habit-forming, why not virtue? This is the question behind Franklin's "bold Project for moral Perfection," which forms the bulk of part 2. The system uses self-interest as its motive force. The manuscript, in fact, reveals that he changed pronouns from "my" to "our" in the key quotation about "the mere speculative Conviction that it was our Interest to be completely virtuous was not sufficient" (66), raising it from one person's problem to everyone's.

When he speaks of "mere speculative Conviction" as being not enough to prevent our slipping, he is contrasting his own attitude with that of Grandfather Folger, for example, whose explanation for even religious intolerance and wars was that they were "so many Judgments of God" (5). An even sharper contrast would be found in a book by Cotton Mather that influenced his outlook otherwise, especially in forming the Junto. In *Bonifacius* (1710), which Franklin refers to as "Essays to do Good" (9), Mather explains how, in doing good works, "The one Thing, that is Needful, is, A Glorious work of Grace on the Soul, Renewing and Quickening of it, and Purifying of the Sinner, and rendering him Zealous of Good Works" (1967 ed., 33).

We can find the same contrast dramatized in, say, the episode concerning the Presbyterian preacher who drives Franklin away from regular worship: "His Discourses were chiefly either polemic Arguments, or Explications of the peculiar Doctrines of our Sect . . . their Aim seeming to be rather to make us Presbyterians than good Citizens" (66). Opposite would be the other "zealous Presbyterian Minister, Mr. Beatty" who takes Franklin's practical advice and serves rum right after services: "And never were Prayers more generally and more punctually attended" (126–27). The incident shows the same plan he used in the almanac, using proverbs, "chiefly such as inculcated Industry and Frugality, as the Means of procuring Wealth and thereby securing Virtue, it being more difficult for a Man in Want to act always honestly" (79).

In short, he was bringing virtue down from Heaven and fixing it on Earth, prescribing virtue as a medicine for men's minds. Parts 1 and 2 both demonstrate his theory that the Bible forbids certain actions "*because* they were bad for us, or commanded *because* they were beneficial" under the constraints of being human, "the Nature of Man alone consider'd" (46,75). By breaking bad habits and cultivating good ones, achieving "a steady uniform Rectitude of Conduct" would be to everyone's interest "who wish'd to be happy even in this World" (75).

As distinguished from "the mere Exhortation to be good," Franklin's plan offers "the Means and Manner of obtaining Virtue"—which is why the book he once planned on the subject would have been titled, "The Art of Virtue." That publication was left unwritten because private business and public service demanded too much of his time to complete it. But "the short Hints of the Sentiments, Reasonings, etc. to be made use of in it" (74) must be those he lays out in part 2.

The system requires cultivating thirteen specified virtues one at a time. Temperance provides the cool head needed to break old habits and "the Force of perpetual Temptations," and so on down the list. It was with respect to the virtue of "Order" that "something that pretended to be Reason was every now and then suggesting" excuses to relax his requirements (73). He persevered nevertheless, and though he never succeeded in becoming an orderly person the perseverance paid off in happiness.

In a long addition made to the manuscript, Franklin goes on to give an accounting of what each virtue had contributed to "the Felicity of his Life." To temperance he owed his good health over the years; to industry and frugality the wherewithal to practice the other virtues more easily; to sincerity and justice the nation's confidence and esteem; and to the precept of "Losing no Time" the acquisition of the education that enabled him to benefit mankind through science and himself through conversation with the learned world. To these virtues en masse he owed the "Evenness of Temper" and the "Cheerfulness" that even in his last years made his company enjoyable even to young persons (74).

The list originally contained only a dozen virtues until the Quaker friend used Franklin's own method to convince him "by mentioning several Instances" that he "was generally thought proud" and in argument could be "overbearing and rather insolent" (75). As we saw earlier, his response was to cultivate humility as the antidote to pride. He sets up as goal number 13 "Imitate Jesus and Socrates"—Jesus with respect to the reality of humility, Socrates with respect to its appearance. To the latter mode he owed his many friends and influence in "public Councils," but the former still eludes him:

> In reality there is perhaps no one of our natural Passions so hard to subdue as Pride. Disguise it, struggle with it, beat it down, stifle it, mortify it as much as one pleases, it is still alive, and will every now and then peep out and show itself. You will see it perhaps often in this History. For even if I could conceive that I had completely overcome it, I should probably be proud of my Humility. (76)

He is not conceding defeat, merely remarking that pride lives.

As late as 1760 he had still hoped to do the book on the art of virtue for "the Benefit of Youth" (224) and laid out a scenario he follows in the *Autobiography* itself:

> If a Man would become a Painter, Navigator, or Architect [he wrote in a letter to a friend], it is not enough that he is *advis'd* to be one, that he is *convinc'd* by the Arguments of his Adviser that it would be for his Advantage to be one, and that he *resolves* to be one, but he must also be taught the Principles of the Art, be shewn all the Methods of Working, and how to acquire the Habits of using properly all the Instruments; and thus regularly and gradually he arrives by Practice at some Perfection in the Art. (224)

The goal, in other words, was to make virtue as visceral as vice. Alas, no vice was more deep-seated than pride, so one ought to be satisfied with at least "some Perfection" in offsetting it.

In humorously recognizing pride as a lifetime liability, Franklin is in a sense validating his plan to make virtue a habit. He had, after all, limited the plan to human nature and now points to Pride as the price that must be paid to be human.

IMITATING JESUS AND OTHERS

Even if, as is sometimes said, Franklin rejected aid from supernatural agencies, he could nevertheless model behavior on the pattern of the Christian hero in His secular aspect. In one of his last letters, of March 1790, to someone who has asked his opinion about Jesus of Nazareth, Franklin says, "I think the System of Morals and his Religion, as he left them to us, the best the World ever saw or is likely to see" (BFW 1,179). He goes on to say that he has doubts about his divinity but these do not trouble him now, "when I expect soon an Opportunity of knowing the Truth with less Trouble." He concludes in equally good humor by adding that he sees no harm in believing in the divinity of Jesus, "especially as I do not perceive that the Supreme takes it amiss, by distinguishing the Unbelievers in his Government of the World with any peculiar Marks of his Displeasure."

Even making allowance for his playing the role of humble doubter in the Socratic manner, there is no reason to suspect his respect for Jesus as the pattern of humility and its closely allied virtue, magnanimity, referring to being "great souled." For just as Jesus and Socrates differ in representing the appearance and reality of humility, so they also represent different kinds of magnanimity since the classical sense of that virtue (according to Aristotle) consisted of thinking oneself deserving of merit and indeed being worthy of it, a desirable sort of pride that Franklin celebrates as "Vanity" in the introduction to the *Autobiography*.

Then, however, he was referring to making social adjustments.

Now by setting these conflicting goals he risks upsetting the delicate balance of power in such built-in conflicts as those between two kinds of self-interest. Mrs. T. gives up her millinery business, friends, and family for profane love, while the London nun in Franklin's lodging gives up everything for sacred love. In taking Miss Read "to Wife," Franklin risks harsh physical punishment or financial ruin if her husband is still alive, all this for "mutual Affection" and fear of catching venereal disease? Who knows what happens to Mrs. T., but the nun vegetates, dissatisfied that she is not sacrificing enough. Only Franklin emerges victorious, having resolved the conflict through time and trial and error.

How else? As the plan for the "Art of Virtue" called the sequence, a person could become a painter by advice, persuasion, commitment, demonstration, and practice. The art of being human resisted that sort of programming if only because no two people are alike. Were Franklin writing a medieval allegory we would have certain stereotypes representing each of the thirteen virtues or their opposite vices, thus:

Temperance: Collins (vice) vs. Franklin (virtue)
Silence: George Webb, betrayer of secrets
Order: Sam Keimer whose shop is a shambles
Resolution: General Braddock, suicidedly willful
Frugality: the London nun who would rather be dead than fed
Industry: Hugh Meredith who would rather play at low games
Sincerity: Governor Keith
Justice: General Loudon
Cleanliness: The boy Franklin entering Philadelphia
Tranquillity: Brother James
Chastity: Mrs. T.
Humility: Robert Hunter Morris, bred to be proud

But for Franklin virtues are not abstractions, nor are his characters.

As we have seen, Franklin uses events and especially characters the way Plutarch, one of his favorites, sampled the noble Greeks and Romans seeking common denominators of human nature across time, place, and cultures. Like Plutarch, Franklin sought such common denominators in books, ecumenically sampling the Bible, ancients like Cicero as well as Plutarch, and moderns like James Thomson—keeping notes and quotes from their works along with his own private memos, eventually copying some of them word-for-word into the *Autobiography*. In the story itself, he returns again and again to incidents illustrating the many-splendored manifestations of self-interest in conflict with the moral impulse to do good. He celebrates even the smallest victories, for "The Happiness of Man consists in small Advantages occurring every Day" (106).

On grounds that "we enjoy great Advantages from the Inventions of Others," he refused to seek patents on his inventions or even to contest the patents others obtained on his inventions. The London manufacturer who took out a patent on Franklin's fireplace did make a "little Fortune by it," but in the long run Franklin had ample compensation: "The Use of these Fireplaces in very many Houses both of this and neighboring Colonies, has been and is a great Savings of Wood to the Inhabitants" (98).

He can even snatch a lesson from the jaws of defeat. Hard upon General Braddock's defeat, Colonel Dunbar retreats bag and baggage to Philadelphia leaving the frontiers undefended, remaining deaf to entreaties from the governors of Virginia, Maryland, and Pennsylvania for protection but huddling "where the Inhabitants could protect him" (120). From this whole affair, says Franklin, Americans gained "the first Suspicion that our exalted Ideas of the Prowess of British Regulars had not been well founded"—a psychological weapon for the future of the then *dis*united colonies.

Since nations are composed of humans, they too seem susceptible to human conflicts. Franklin's plan for a concerted defense effort by all the colonies is approved by the Albany conference but rejected even by his own legislature. Legislatures thought it gave the central authorities too much power, and the authorities thought it gave the legislatures too much power. As he points out, the sequence of events consequently led to the Revolutionary War and independence. His analysis echoes his own excuse for not having completed the proposed "Art of Virtue": "Those who govern, having much Business on their hands, do not generally like to take the Trouble of considering and carrying into Execution new Projects" (110); "For it being connected in my Mind with a great and extensive Project that required the whole Man to execute, and which an unforeseen Succession of Employs prevented my attending to, it has hitherto remain'd unfinish'd" (74–75).

His reading in history reinforces what he learns from observation and experience, that in party politics as in human relations generally, self-interest prevails: "Tho' their Actings bring real Good to their Country, yet Men primarily consider'd that their own and their Country's Interest was united, and did not act from a Principle of Benevolence. That fewer still in public Affairs act with a View to the Good of Mankind" (77). This imbalance, then, is not merely Benjamin Franklin's problem but all men's problem. This superhuman problem would call for a superman to solve it.

In setting out to formulate the secret society that would bring morality to government he had confidence that it could be done by imitating the total commitment exemplified by Jesus. "I have always thought that one Man of tolerable Abilities may work great Changes and accomplish great Affairs among Mankind, if he first forms a good Plan, and, cutting off all Amusements or other Employments that would divert his Attention, makes the Execution of that same Plan his sole Study and Business" (78–79). If a carpenter could do it 1,700 years earlier, why not a printer in the mid-eighteenth century? But Franklin ran out of time.

GROWING OLDER, GROWING UP

Though time ran out before the "Art of Virtue" could be perfected to benefit others, Franklin persisted in his pattern of trial-and-error to practice its precepts in what must have been a tedious, mechanical routine, "Like him who having a Garden to weed, does not attempt to eradicate all the bad Herbs at once . . . but works on one of the Beds at a time" (70).

We can see him in action in the manuscript itself. In marveling at the outcome of the verse-writing contest, Osborne described Franklin's trouble finding the right words to speak: "He seems to have no Choice of Words, he hesitates and blunders; and yet, good God, how he writes" (31). The manuscript shows him struggling in one instance through such changes as the series from "thought" to "imagin'd" and finally to "conceiv'd" or from the general word "Work" to the more specific "Business" to the exact "Printing." In the passage explaining why his London landlady liked his company, he worked his way down to the proper level of humility: he describes that she felt his conversation "entertaining," then "amusing," then "agreable" until he finally lights on "diverting." In some instances he simply sets down two words, hoping to make a choice later, as many writers do.

More significant now, however, are those revisions showing how he dramatized his youthful trials and errors. The clearest are these passages pointing out those errors, or "Errata":

(a) With respect to blackmailing his brother—"this I therefore reckon one of the first Errata of my Life" (16–17).

(b) Referring to using money he was holding for Samuel Vernon—"The Breaking into this Money of Vernon's was one of the first great Errata of my Life" (27).

(c) On writing from London telling Miss Read he would not be returning—"This was another of the great Errata of my Life, which I should wish to correct if I were to live it over again" (34).

(d) Commenting on the freethinking pamphlet he wrote and printed in London—"My printing this Pamphlet was another Erratum" (34).

(e) On taking advantage of Mrs. T by attempting "Familiarities"—"(another Erratum)" (36).

Both ink and handwriting show these statements were added to the manuscript at the same time sometime after part 1 had been completed, and so were paired entries pointing out how he corrected two of the "Errata":

(f) Referring to repaying Vernon as soon as he was able—"So that Erratum was in some degree corrected" (51).

(g) Commenting on taking Miss Read to wife—"Thus I corrected
  that great Erratum as well as I could" (56).

Clearly young Franklin had kept score. He committed no more
"Errata" after returning from London, and would repay his brother
posthumously by educating James's son—"Thus it was that I made my
Brother ample Amends for the Service I had deprived him of by leaving
him so early" (83). In a neat irony of history, that boy turned out to
be as difficult an apprentice as young Benjamin had been, so his uncle
deserved a clear conscience on this score.

But that left two more "Errata" uncorrected—taking advantage
of Mrs. T. and printing that freethinking pamphlet. Perhaps the intended publication of his "Art of Virtue" would have compensated for
the latter, yet the former raises a gritty problem. In looking back on
his early experiences in London, he blames such instances of error on
his having been under "no Religious Restraints" (36) and on "something of Necessity in them, from my Youth, Inexperience, and the
Knavery of others" (46). Time took care of "Youth," and trial-and-
error took care of "Inexperience." But placing the blame on "Necessity" rather than taking responsibility for his actions shows a youth
growing older rather than growing up.

Again, the manuscript reveals numerous strong signs that Franklin himself recognized this retarded development and revised the story
accordingly. Recall that in the years between composing and making
revisions to part 1, Franklin lost his wife. In the original draft she
played very little part. The revisions create a romantic plot with a
number of subtle additions: where the original said simply, "I had
made some Courtship during this time to Miss Read," he added, "I
had a great Respect and Affection for her, and had some Reason to
believe she had the same for me" (29), making their parting a little
more poignant and his act of breaking promises to her worse.

He broke those promises by writing only one letter to her from
London telling her he was not likely to return soon. Returning to Philadelphia and imagining that Keith is ashamed to see him, he confesses
his guilt: "I should have been as much asham'd at seeing Miss Read"
for having left her family "despairing with Reason of my Return"—

the phrase "with Reason" was added later, placing even more emphasis on this error. And to deepen the pathos, he tells how her family therefore married her off to the no-good potter, John Rogers, from whom she soon separated because rumors said he had another wife. Rogers, Franklin adds, died in the West Indies, information serving to compound the problem of Franklin's making amends by marrying her.

As I noted earlier, badly in need of a wife and recoiling from failed negotiations with the family of a desirable candidate, Franklin is overcome by remorse: "I pity'd poor Miss Read's unfortunate Situation." Then, in a striking interpolation, Franklin speaks of her in terms opposite to those he used in referring to Mrs. T. earlier: where Mrs. T. was said to be "sensible and lively, and of most pleasing Conversation" (35), Miss Read is described as "generally dejected, seldom cheerful, and avoided Company" (56). Another addition now says that their "mutual Affection" revived, but readers of romantic novels expect that the road to reconciliation still has obstacles—the double bind whether Rogers has another wife or is in fact dead. Love conquers even these legal roadblocks, as though illustrating John Dickinson's advice to the Constitutional Convention: "Experience must be our only guide. Reason may mislead us."

Without the romantic boy-meets-girl additions, the mere allusion to their marriage would have made it seem a matter of expedience. With the added emphasis on how parental prudence isolated the young lover, his cruel letter and subsequent guilt, plus the final obstacle to their happiness, the story shifts focus to Franklin's developing maturity, for at the end he ventures on the match with a commendable prudence rather than, as he would at the beginning, with an impulsive leap. "Experience keeps a dear School," says Father Abraham, "but Fools will learn in no other, and scarce in that." By the end of part 1 Franklin is no fool.

We have already seen how his reaction or responses to similar events and characters mark his development to maturity—from the naive boy who believed Governor Keith "one of the best Men in the World" to the seasoned politician whose views are sought by the British chief justice. Surface appearance to the contrary, he did not do it all by himself. Thomas Denham was his clearest model: "He coun-sell'd me as a Father, having a sincere Regard for me: I respected and lov'd him" (41). This is the only appearance of "love" in the *Auto-biography* that I can remember, other than the episode of his father giving him tokens of the parents' love on first revisiting Boston (25).

The difference between actual and virtual fathers in this case would be that Josiah Franklin's advice related rather to decorous be-havior or appearances: he "advis'd me to behave respectfully. . . , en-deavour to obtain the general Esteem, and avoid lampooning and libelling" (25). That was the sum of it, other than prescribing such bromides as "steady Industry and a prudent Parsimony," like Father Abraham, or proverbs from Scripture which the boy already knew by heart, as "Seest thou a Man diligent in his Calling, he shall stand be-fore Kings, he shall not stand before mean Men" (64).

By contrast he learns from Denham by observing his conduct in the business of life. A bankrupt, he makes a new life in America and saves enough to return to London and pay off debtors by secreting payment under their plates at dinner—"the full Amount of the unpaid Remainder with Interest" (39). One stylistic measure of Denham's in-fluence may be seen in the way Franklin later clears up one of his "Errata" by paying Samuel Vernon "the Principal with Interest" (51). That influence doubtlessly underlies Franklin's persuasion that "Truth, Sincerity and Integrity in Dealings between Man and Man, were of utmost Importance to the Felicity of Life" (46). "Remote from the Eye and Advice of my Father," he says he survived by grace of Providence, some Scriptural commandments, "accidental favorable Circumstances and Situations," but no direct mention of Denham unless he is covered in the phrase, "or some guardian Angel" (46).

It was Denham, after all, who guided him through a pair of cru-cial decisions: arriving in London, the lad is advised by Denham to follow his trade and save money for a return passage; departing Lon-don, he follows Denham's advice in turning down the offer to stay and teach swimming or tour Europe. Franklin revises the manuscript to emphasize that in returning with Denham as his clerk, he was passing up a chance to earn "a good deal of Money" from the swimming school (40). This was not entirely out of love for Denham but because Denham's offer "afforded a better Prospect."

When Denham's death left him "once more to the wide World" (41), the Quaker's influence lingers on, as we saw earlier, when Franklin risks ruin rather than break his partnership with the loose-living Meredith "while any Prospect remain'd of the Merediths fulfilling their Part of our Agreement" (52). Again, the manuscript shows Franklin adding emphasis—"Because I thought my self under great Obligations to them for what they had done and would do if they could," an apt illustration of "Sincerity and Integrity in Dealings between Man and Man."

Even the episode of seeking a wife emphasizes the newfound maturity revealed as part 1 closes. Although attracted to the daughter of lodger Godfrey's relatives, he treats their prudent objections about his prospects with prudent suspicion that leads to the supposition that breaks off the match. Thus before taking Miss Read as his wife he also prudently weighs the options of bigamy, financial risk, venereal disease, then chooses "mutual Affection" (56). But it must have been a much stronger force than prudence or prophylactics. Why not pity? Evidence of that would be the description echoing Mrs. T.'s description in reverse, and pity would reveal development of a conscience, a real sign of maturity.

WHAT FRIENDS ARE FOR

Part 1 concludes with the young man having developed a sense of responsibility that could be called conscience. At the same time, his reaction in the case of the daughter of Godfrey's relatives reveals a distrust of people he no doubt learned from experience with his closest friends. You may recall how General Loudon followed the pattern of behavior in which, having been fooled so often by words, he comes to distrust all words and consequently all persons who use words. Young Franklin fortunately does not go that far, thanks in large measure to the person standing in the place of his father, Thomas Denham. Having learned the difference between true and false friends and having also learned that friendship can be a slippery means to fame and fortune, he goes on to learn that it can also be the true way to felicity.

Friends recur throughout the story, sometimes in mere mention, other times in elaborate episodes organized in comparing and contrasting patterns. Take the case of the two educated printer's apprentices set up to compare with first-grade dropout Franklin. Wygate in London introduced him to gentlemen and urged him to tour Europe giving swimming exhibitions. The Oxford student Webb in Philadelphia ran away to be an actor and ended up indentured to Keimer. Wygate's appearance moves the plot along by enabling Franklin to make a critical choice between an impulsive venture and the more reasonable offer of Denham to accompany him home as his clerk. The choice of the more reasonable though lower paying offer reveals the young man's developing maturity.

The role of Webb is much more complicated, touching the theme as well as plot and character. The echoes are obvious: like Franklin, Webb has run away, has "no Friend to advise him" (42) and has never written "a Line to acquaint his Friends what was become of him" (43). The essential difference is that Franklin somehow managed to avoid the "bad Company" that does Webb in. Webb's behavior is knavery as wicked as anyone else's, save the arch-villain Riddlesden, mentioned in passing as the con man who ruined Miss Read's father and also as an associate of Governor Keith (33).

Franklin knew better than to be ensnared by Webb. He says, "I foolishly let him know, as a Secret, that I soon intended to begin a Newspaper" (49). How could he have expected Webb to betray the secret to Keimer? Recall that even Collins could keep the secret concerning Franklin's whereabouts on first running away, and Meredith could keep the secret of their plan to leave Keimer and set up on their own. With experience as his guide, why not take Webb into his confidence? "I requested Webb not to mention it, but he told it to Keimer, who immediately" undercut their plans by putting out his own proposals for his own newspaper, "on which Webb was to be employ'd" (50). What is a secret compared with self-interest to a "thoughtless, imprudent" nineteen-year-old dropout obsessed with being an actor?

Webb's case is further complicated by his being a member of the Junto, Franklin's club for mutual improvement that "from the Beginning made it a Rule to keep our Institution a Secret" (84). Webb's treachery thus struck at the foundation of this fraternal association so vital to Franklin and his young colleagues for whom the Junto offered untold advantages. It provided dropouts like Franklin with a substitute for the formal education they had missed, offering as it did a chance to read and discuss books of common interest and to debate and write about them without fear of ridicule. It also provided social and economic benefits besides the obvious fraternization and friendship, for it gave members privileged status once reserved only for upper-class folk. True, the Junto was probably no more secretive than the Masons, whose rituals were published for all to see as early as 1723, but nevertheless it was vital in sustaining the illusion of privilege so necessary to an up-and-coming young artisan or tradesman.

The economic benefits were likewise vital, as Franklin and Meredith found in obtaining initial orders and as Franklin found in obtaining capital when he went into business on his own. Today we call it networking, but these youngsters would have been very familiar with the practice by which Quaker merchants provided fellow Quakers with most-favored-customer treatment. Likewise the Junto offered a resource for expert assistance by mechanics and professional persons, and in its intelligent members a model organization for representative government in years to come. But Webb's membership in this mutual aid and education society was no guarantee of loyalty to either Franklin or fellow members. Such a betrayal could cast a long shadow over the institution of friendship itself.

Franklin called the Junto "the best School of Philosophy, Morals and Politics that then existed in the Province" (48), and though Webb's case showed a weakness, the club nevertheless allowed Franklin to carry out projects and promotional campaigns he could hardly have done by himself. In reporting these projects, such as promoting the subscription library, he exploits the idea of having a group behind him, "a Number of Friends" (64), in order to prevent the suspicion of self-interest but also obviously to stress the communal nature of the library. We have already seen how he overcame the private self-interest of the legislature in putting through the hospital legislation, but we have little idea of how far the Junto's power extended into politics, because in talking about his legislative career, Franklin sounds like a one-man gang. He has no reservations about telling us that the Junto and its spun-off clubs influenced "the public Opinion" on such occasions as establishing the hospital, academy, and similar benefactions.

He mentions other groups of friends besides the Junto. In the early days at Philadelphia he had a poetry-writing group. In London as well as in Philadelphia he had fellow-workers in the printing trade. His need for good fellowship seems to lessen, however, as the story proceeds through parts 3 and 4. The one group of friends recurring like yo-yos are the governors. He goes with a committee to ask Governor Clinton for the loan of cannon in 1748: "He at first refus'd us peremptorily; but at a Dinner with his Council where there was great Drinking of Madeira Wine . . . he soften'd by degrees, and said he would lend us Six. After a few more Bumpers he advanc'd to Ten. And at length he very good-naturedly conceded Eighteen" (93).

Governor Robert Hunter Morris, another "good-natur'd Man," also dines and wines his good friend Franklin hoping thereby to win him over to the proprietors' side in their struggles with the Pennsylvania legislature. Governor William Denny uses the same tactic more openly: "After Dinner, when the Company as was customary at that time, were engag'd in Drinking, he . . . acquainted me that he had been advis'd by his Friends in England to cultivate a Friendship with me" (134), and proceeds to offer "adequate Acknowledgments and Recompenses" in return for his cooperation.

Denny lets the liquor flow more freely: "The Drinkers finding we did not return immediately to the Table sent us a Decanter of Madeira, which the Governor made liberal Use of, and in proportion became more profuse of his Solicitations and Promises." Franklin, of course, stands steadfast, adding that despite the bribery attempt "between us personally no Enmity arose" (135). As with Morris, of whom he says, "We never had any personal Difference" (129), Franklin accepted their official feuding as "the Effect of professional Habit . . . as merely Advocates for contending Clients in a Suit." Besides, Denny had a most valuable attribute in Franklin's eyes: "He was a Man of Letters, had seen much of the World, and was very entertaining and pleasing in Conversation" (135).

The contrast between Franklin's response to these governors' friendship and the younger Franklin's giddiness when Governor Keith first paid attention to him is too obvious to elaborate. Enough has also been said about the fact that, except for Denham, his close friends—Collins, Keith, Ralph, and Meredith—emerge from the story as morally debilitated by self-indulgence and self-interest as the governors.

Yet the story has plenty of minor characters showing a far different pattern in which friendly favors are reciprocated in a kind of payback system. James Logan, venerable Quaker leader and once secretary to founder William Penn himself, freely lends Franklin books and conversation. In return Franklin takes special care in printing Logan's scholarly works, using such good paper that it remains white to this day. When Franklin went to New Jersey to assist Keimer in printing that colony's money, old Isaac Decow saw that Franklin was superior to this boss, and later steered New Jersey's official printing to Franklin who, in return, did some writing for the New Jersey legislature. Andrew Hamilton, a great Philadelphia lawyer and defender of Peter Zenger in the famous free press trial, also steered his colony's printing toward Franklin, an act of friendship that Franklin subsequently repaid by helping Hamilton's son when that son was Pennsylvania's governor. The pattern extends even to those friends who lent Franklin money to set up his business after Meredith left. To Robert Grace he gave the manufacture of the Pennsylvania stove, and William Coleman he nursed through cancer far from home.

No such quid pro quo seems expected with respect to a couple of his most influential friends featured in parts 3 and 4. At his arrival on the diplomatic visit to London the second person he says he sees is Peter Collinson. He was the London agent who supplied Franklin and his friends with books for their subscription library and equipment for their scientific experiments. He also helped in disseminating the reports Franklin sent to him about his electrical discoveries, thus opening the way that would lead to winning the Copley Medal of the Royal Society, equivalent of today's Nobel Prize. Only a soured cynic would explain away these services as part of Collinson's job as business agent, since he performed similar services for other American scientists throughout the period.

The first person Franklin says he visits in London is Dr. John Fothergill. He mentions Fothergill earlier in a remarkable echo of his first impression of Governor Keith whom he had called, "one of the best Men in the World" (27). He calls Fothergill in the draft, "one of the best Men I have known," revising it to read, "among the best Men I have known" (106). Conceivably these two were intended to bookend the whole adventure, for they represent the harm and the good that good intentions can produce, in Keith's case demonstrating that intentions are not good enough, in Fothergill's case that they can change our lives for the better. He would make a worthy successor in the cast of characters to Thomas Denham, the mentor who taught the boy the necessity for truth, sincerity, and integrity in the business world. Collinson broadened that world to embrace trade and commerce. Fothergill opens up the still broader worlds of pan-Atlantic culture and diplomacy.

The same cynic who pointed out Collinson's ulterior motive could also say Fothergill had pragmatic reasons for helping Franklin. Fothergill as the leader of English Quakers had an obligation to cooperate with his fellow Quakers in America who dominated the Pennsylvania legislature for which Franklin was acting as agent. But this would be inconsistent with the character of Fothergill in fact or fiction. In fact, Franklin said, "I can hardly conceive that a better man has ever existed" (180); in fiction, Franklin treats him ironically. His advice is to first negotiate with the proprietors rather than taking the legislature's complaint to court. The negotiation drags on to inevitable failure, and Franklin ends up in court anyway, signifying that even the best of friends are fallible also. But both Collinson and Fothergill seem singled out as a standard for setting aside self-interest in order to help others help themselves.

By the time he meets them face-to-face, Franklin has already displayed plenty of benevolence himself. He used both *Poor Richard's Almanac* and his *Pennsylvania Gazette* as the means for instructing "the common People" (79–80). Everyone needed an almanac, and those who could not afford to buy one could find one pasted up on a neighbor's rafter or at the local tavern. The *Almanac* was especially designed for those "who bought scarce any other Books" and therefore featured proverbs inculcating the handiest means to procuring wealth and "thereby securing Virtue" (79). The newspaper was designed for a higher class of readers, with reprinted excerpts from "the Spectator and other moral Writers," and even little pieces of his own originally written for the Junto (80).

As we have seen, he also used his newspaper to promote such valuable institutions as the militia, the academy, and the hospital. He was even willing to help Gilbert Tennant, the powerful Presbyterian leader, raise funds for a meeting house. In promoting a better quality of life in cities, however, Franklin followed Fothergill's pattern as "great Promoter of useful Projects" (106). Besides helping to introduce street lighting, for which he was careful to give credit to John Clifton, he developed programs for maintaining the streets with pavement and cleaning—showing how the poor might be gainfully employed while cleaning up the environment, and even suggesting daylight savings as a means for economizing on candles.

The whole discussion about improving the city (102–8) was a twelve-page insert to Franklin's manuscript added as though to strengthen his own role as "great Promoter of useful Projects." It even includes the tedious proposal about street cleaning that he had sent to Fothergill. It also includes a rewrite of a twenty-year-old letter to a friend that Franklin now transforms from a private to a public application. In apologizing for promoting such trivial pursuits as saving candles, he makes his major point about happiness consisting of such everyday advantages as having your own razor. The original letter said, "I reckon it among my Felicities that I can set my own Razor and shave my self. . . ." which Franklin rewrites as, "Thus if you teach a poor young Man to shave himself and keep his Razor in order, you may contribute more to the Happiness of his Life than in giving him a 1000 Guineas" (108 and n.).

This is more than merely imitating Socratic self-effacement. Connecting Fothergill to such trivial projects also connects him with the Christian whose high station does not prevent him from stooping to aid the lowest of creatures or to perform the most menial tasks on their behalf. The manuscript also shows that he at first intended talking about his "electrical Fame" here. Fothergill secured a publisher for Franklin's first book on electricity and even wrote the preface for it. Franklin postponed the discussion, thus de-emphasizing Fothergill's role in that respect while heightening his role as model of a benevolent full-time practicing "Promoter of useful Projects."

GETTING RIGHT WITH REASON

The plot shows Franklin tried to learn how to do right by trial and error by following such models, and by taking advice, supplementing his own mother wit. He progressed to fame and fortune only to discover that telling right from wrong was not as easy as it seemed. There were the wrongs Franklin did to Miss Read in breaking their engagement and to Mr. Vernon in misusing the money entrusted to him. Much worse were his wrongs in breaking the indenture with his brother and in violating Mrs. T's honor when she was entrusted to him. Even the free-thinking pamphlet, ironically titled "Liberty and Necessity," promoted principles that his employer called "abominable" (34).

Once Franklin knew, or thought he knew, right from wrong, he developed the plan of behavior modification described in part 2. In working it out, the program showed him that knowing the difference between right and wrong was no guarantee of virtue without the practice of acting upon what is right. Some virtues were readily controlled, as temperance, industry, or cleanliness. Others, especially order and humility, defied his best efforts, and humility remained invincible at the end. But, again, this is Franklin's point in showing how his pride protracted the negotiations with the proprietors. Even the winner of the esteemed Copley Medal is not infallible.

Even the iron will that led him to run away could not lead him to make humility a lasting habit. The will to win was weak in a reasonable creature whose specialty was finding or making a reason for everything he wanted to do, even a reason for not being completely virtuous—so as not to appear a fop in morals. This kind of self-deception lies at the root of the frequent episodes depicting failures to communicate—such as with the episodes in the early, middle, and late phases of the story. The earliest occurs on the first voyage from Boston when the surf keeps the people on shore from understanding the boat people's calls for help. The middle episode offers the analogy of religious sects being like a traveler in a fog who thinks he is alone when in fact he is surrounded by other travelers. And the last is the episode of the sailor who almost causes shipwreck because he answers mechanically while being entirely inattentive to his job of looking out for land.

I discussed these earlier as examples of self-indulgence or self-absorption, varying degrees of pride that could lead to disaster. Franklin's theme, however, is not with pride in the abstract but as an everyday fact of life, the price of being human. With respect to interpersonal communication the price could come very high indeed, as with Franklin's failure to address the proprietors with their proper title and thus to upset their delicate negotiations. The antidote, prescribed repeatedly, lies in self-effacement even to getting rid of such expressions as "certainly, undoubtedly, etc." (75).

Playing the self-effacement game creates additional risks—weakening self-esteem, undermining integrity, suppressing truth, widening much further the gap between public and private morality imposed by the necessity of being a social animal. As a child of the Enlightenment Franklin early fell back on the value of reason.

He finally realized that reason alone could not always decide moral issues. A couple of generations earlier that realization would have been one of his basic assumptions. Earlier thinkers assumed reason had a dual nature to cope with two different bodies of knowledge—knowledge of the physical world and knowledge of the metaphysical, or spiritual, world. In its spiritual aspect, called Right Reason as distinct from just plain "reason," this faculty provided a direct line to God's will in an age when virtue consisted of bringing one's will into conformity with the divine will. That is how one could know Truth. Other means were through the church, the Scriptures, or nature. But in the so-called Age of Reason, religious means lost authority to reason in its physical aspect as thinkers argued that Truth was knowable from evidence of the physical world alone.

The system, old-fashioned in Franklin's day, came under attack by his philosopher friends like Voltaire in France and David Hume in Scotland. For them, virtue consisted of bringing one's will into conformity with common sense. They believed that human nature was much the same in all nations in all ages. They thus rejected religion as being too specific and rejected its moral authority, transferring that authority to individual conscience, a secular substitute for Right Reason. One problem was, as Franklin pointed out, history showed that very few "act with a View to the Good of Mankind" (77).

That gap between private and social morality was to be bridged by another substitute for Right Reason, a general "principle of Benevolence" (77). This regard for the welfare of others was supposed to develop, as Franklin demonstrates, along with human conscience and human reason. But as he also demonstrates, the attempt to find a substitute for Right Reason only added to the trials of a developing mind. His error in writing the London pamphlet on liberty and necessity was in using the wrong kind of reason to tackle moral problems. The feeling that came to him on seeing Miss Read miserable because of his giddiness is an example of Right Reason at work. Whatever it is called, the goal was the same: the right kind of response, the right kind of thinking, leading up to doing the right thing.

Even if he could do right all the time, however, this in itself would not constitute virtue. Governor Keith thought he was doing right all the time when he made those empty promises that caused so much misery. By contrast, consider the choices that Franklin makes when he decides to return home with Denham instead of taking the fun trip with Wygate, or when he takes Miss Read as his wife though it means risking liberty and property if her husband is still alive. Despite immediate pleasure or self-interest, he still chooses to do the right thing because the process of choosing required the exercise of Right Reason, which, like any other human faculty, developed with practice.

Franklin uses still another substitute for Right Reason when he refers to a virtue not on his list of thirteen virtues, prudence, defined as the virtue that unites intellectual ability and moral excellence. His future mother-in-law displays prudence when dissuading them from too early a marriage: "It was thought most prudent by her Mother to prevent our going too far at present" (29). A neat simplification of this virtue would put it: "No right thinking without right action, no right action without right thinking."

From this point of view, then, the story is all over. Franklin set out to show the conducing means he used for achieving fame, fortune, and felicity. With the prudence developed from contact with models like Denham and Fothergill he has at least found the way to felicity, which traditionally means acting in accordance with virtue. Denham and Fothergill make the rule about imitating Jesus and Socrates specific: Denham applies the magnanimity of Socrates in not letting circumstances control him but instead by controlling circumstances, paying off his debtors in full with interest. Fothergill applies the magnanimity of Jesus in countless everyday projects, no matter how trivial for someone as exalted as the physician of the royal family, all to improve the human condition.

More important, they represent potential rather than actual perfection. Both reveal weaknesses discussed before: Denham neglects to leave Franklin a legacy in a written will in the story, although he did leave a written will in real life. Fothergill's advice causes negotiations to be delayed for a year, keeping Franklin in London much longer even than feckless Lord Loudon kept him in New York. Men, being human, must be fallible. Franklin could never aspire to be Socrates or Jesus, but aspiring to be a Denham or a Fothergill is within reach of a full-time practicing human being who applies Right Reason to the task.

Even the common folk had their version of Right Reason: John

Mason's pop-psychology piece of 1754, *Treatise of Self-Knowledge* said: "One part of that rule which God hath given us to judge of ourselves by, is right reason by which I mean those common principles . . . which are confirmed by the common consent of all the sober and thinking part of mankind, and may be easily learned by the light of nature" (1811 ed., 120–21). Mason, however, had scripture playing a larger role than Franklin would have allowed. The episode best illustrating Franklin's view would be the spokesman for the Dunkers explaining why they did not put their beliefs in writing. Michael Welfare tells Franklin, "It had pleased God to enlighten our Minds" so that they could see that some of their earlier doctrines had been "Errors, and that others which we had esteemed Errors were real Truths" (97). He goes further, confessing that they believe God continues to give them more light: "Our Principles have been improving, and our Errors diminishing." Even so, "We are not sure that we are arriv'd at the End of this Progression, and at the Perfection of Spiritual or Theological Knowledge." The "light" that Welfare describes is the best illustration Franklin gives us of Right Reason at work. Immediately following this passage is the remarkable analogy illustrating religious thinking blinded by dogma: "Like a Man travelling in foggy Weather. Those at some Distance before him on the Road he sees wrapped up in the Fog, as well as those behind him, and also the People in the Field on each side; but near him all appears clear.—Tho' in truth he is as much in the Fog as any of them" (97).

This passage, in turn, forecasts the conclusion of his diplomatic voyage to London. After the terrible storm at night, the morning enables them to take soundings. They find to their surprise that they are close to shore, "but a thick Fog hid the Land from our Sight. About 9 o'clock the Fog began to rise, and seem'd to be lifted up from the Water like the Curtain at a Playhouse" (142). Except for the sociable image of the theater, this could have been written by Franklin's younger contemporary, the great romantic poet William Wordsworth, describing the activity of what his masterpiece, *The Prelude,* calls "Imagination in her highest mode," Right Reason. This is not to claim Franklin for the romantics, only to show that he shared with his contemporaries, both common folk and uncommon poets and philosophers, a confidence in the mind's capability of grasping order in the moral universe no less than in the physical universe around them.

BACK TO BASICS

Although it is silly to speak of Franklin as a romantic, I do believe his private morality places him in the tradition of Christian Humanism, and thus closer to the more celebrated moralist among his contemporaries, Samuel Johnson, than to his friends Hume and Voltaire in their eagerness to transfer the seat of moral authority from religion to some kind of universal common sense that was unfortunately limited to the philosophical elite.

Though enlightened as his philosophical friends, Franklin retained the respect for religion he absorbed with his mother's milk. Aside from the frequent references and allusions to scripture in the *Autobiography,* a section is given over to copying excerpts from his notebook. These consist of quotations from scriptural, classical, and modern sources, a fusion typical of Christian humanists—of whom Milton would be the finest example. In fact, Milton was one of his chief authorities Franklin turned to in planning for the Philadelphia Academy in 1749. We ought not to be surprised, then, to find Franklin "conceiving God to be the Fountain of Wisdom" and therefore praying to Him to "increase that Wisdom which discovers my truest Interests" and concluding by offering "my kind Offices to thy other Children, as the only Return in my Power for thy continual Favors to me" (71). This is bringing the business of God right down to men's bosoms.

This ability is what he admired in the preacher Hemphill, whom he continued to support even after it was discovered that those admirable sermons of his were plagiarized. In contrast to Hemphill's sermons were those of the official preacher whose deadly dogmatism drove Franklin home to create his own worship. Franklin always held religious principles: "I never doubted, for instance, the Existence of the Deity, that he made the World, and govern'd it by his Providence"

(65). This is faith. He also has the virtue of charity: he believed "That the most acceptable Service of God was the doing Good to Man." He does seem to have a problem with the hope of everlasting life, as revealed when he states his belief, "That our Souls are immortal; and that all Crime will be punished and Virtue rewarded whether here or hereafter." He cleared up this "whether here or hereafter" question before dying.

In a justly celebrated letter to an old friend that he wrote in March 1790, Franklin explained his belief in the religious system—though not the divinity—of Jesus and also talked about his creed for the last time. The phrasing is consistent with his earlier statements except for this statement: "That the soul of Man is immortal, and will be treated with Justice in another Life respecting its Conduct in this" (BEW 1,179). No more doubt about "whether here or hereafter," for he was getting close enough to see for himself. The afterlife is another "question I do not dogmatize upon, having never studied it, and think it needless to busy myself with it now, when I expect soon an Opportunity of knowing the Truth with less Trouble."

Thus with expediency and self-interest in the here and now out of the way, he embraces the theological virtues at the heart of Christian humanism: faith and hope and especially charity. In his earlier pamphlet on education, written a half-century earlier, he had asserted, "Doing Good to Men is the only Service of God in our Power" (*P* 3:419). This idea he believed down to the end: "That the most acceptable Service we render to him is doing good to his other Children" (BFW 1,179)—once more anchoring the burden on Earth here and now. Because of that anchor he accepted human evil as well as human good, confident that we have the potential to afford them both as the cost of living.

Of the characters in the *Autobiography* only Riddlesden comes close to being purely evil, and we never hear whatever happened to him. Runner-up George Webb, more self-indulgent than evil, also vanishes without a trace in the story. For Franklin's view of human evil, then, entertain this little-known reminiscence by his close friend, Joseph Priestley. Here Franklin tells about a religious cult of "enthusiasts" in Philadelphia who believed that a violent death guaranteed that they would get into heaven; thus many of them tried to commit murder in order to be hanged. One cultist set off early one morning determined to shoot the first person he met. It was a Quaker who greeted him so civilly he was quite disarmed. Meeting nobody else he went back to town, stopped in at a pool hall, and watched a game in progress. "There he stood for some time resting on his gun," says Priestley quoting Franklin. "At last one of the players struck the ball into the pocket: 'That was a good aim,' said his antagonist. 'But this is a better' said the cultist, as he raised his gun and shot him dead. . . . He declared his motive triumphantly, and was hanged.

" 'And what steps did the Government take?' I asked Dr. Franklin. 'Why,' said he, 'the sect was very small, and it was thought better to hang them up as they committed such crimes than to interfere publicly to crush them.' "[9]

Chapter 7

WHAT WAS FRANKLIN REALLY LIKE AT THAT AGE?

The *Autobiography* is the sole source for most of what we know about Franklin's early life. Given his Socratic role-playing, it would be nice to be able to check everything he says about those days against actual life records. He says, for example, that on his visit to London he was approached by Sir Hans Sloane, who wanted to buy his asbestos purse, but one of his own letters shows that Franklin himself made the overture. This kind of misremembering should be expected forty-five years after the event. When he had his papers handy, he was able to correct such mistakes, as he did in correcting the dates on the epitaph he composed for his parents' grave. For the most part, his story is generally consistent with public records, contemporary reports and anecdotes, and his own correspondence written during the period covered by the *Autobiography*.

Records of the Old South Church and of the town of Boston concur that he was baptized on the day he was born—not unusual in a time of high infant mortality. The fact lends credence to an anecdote in which Franklin asserts that his mother attended services in the morning, went home across the street to deliver baby Ben, then brought him back for baptism before the afternoon services—thus he attended church all the first day of his life (*BFL* 113). Everything we know about his mother would indicate that she was eminently capable of that performance. In one of her few surviving letters she congratulates Franklin on being elected alderman of Philadelphia: "I am glad to hear that you are so well in your toun for them to chuse you alderman alltho I dont know what it means nor what the better you will be of it besides the honor of it" (*P* 4:199).

The very few surviving letters from his father also support Franklin's characterization of him. In one instance he supplies information that Franklin will later say he received not from his father but from an uncle, who may have been a duplicate source: "In queen Mary's days," says Josiah Franklin, "they kept their bible fastened under the top of a joint-stool that they might turn up the book and read in the bible, that when any body came to the dore they turned up the stool for fear of the aparitor, for if it was discovered, they would be in hazard of their lives" (*P* 2:230–31).

Contemporary reports of the days before he made his electrical discoveries raise more questions about than clarify Franklin's story. One vexing tale offers a quotation from him about his first London adventure, claiming that he received a gift of twenty guineas from Bostonian Zabdiel Boylston, then in London for a reception by the king and honors from the Royal Society—all this for having carried out successful inoculation against smallpox during Boston's epidemic of 1721. What is astonishing about this story? Dr. Boylston had been the target of Franklin's satires in the *New-England Courant* four years earlier, when the Franklins' newspaper led the opposition against inoculation. Now, according to the anecdote, "His fatherly counsels and encouragement" saved Franklin from ruin (*BFL* 161).

Without corroborating evidence, that kind of anecdote only teases us to conjecture why Franklin did not even mention Boylston's publicized presence while both were in London. In another twenty-seven years, Franklin would also be honored by the Royal Society, a parallel that would have fit neatly into the design of his story. Franklin had to be satisfied with the Copley Medal instead of a reception by the king, but there can be no doubt that his fame surpassed Boylston's enormously.

What Was Franklin Really Like at That Age?

The Copley Medal, awarded at a meeting of the Royal Society in November 1753, was reported in the next month's issue of the mass-circulation *Gentleman's Magazine* and in American newspapers like the *Maryland Gazette* in March. They printed excerpts from the speech by Lord Macclesfield: "The publick spirit, the modesty, the goodness and benevolence of the man has long been conspicuous, and the effects of them long felt in the country where he resides,"[10] with the *Gentleman's Magazine* providing an illustration of the medal itself. Franklin did not attend the ceremony but at least could see his award. More to our purpose, the *Maryland Gazette* also took the occasion to praise his "Goodness and Benevolence of Heart, his modest affectionate Temper, his public Spirit, and all his silent private Virtues, which can only be fully known in the Country where they have been felt" (21 March 1754). The writer was doubtlessly Franklin's friend and former journeyman Jonas Green.

Franklin's name was also being made known to officials back in London. Before his notorious disaster, General James Braddock had written to them that Franklin was "almost the only Instance of Ability and honesty I have known in these provinces."[11] And at home his name was heard in the nation's pulpits. Thomas Prince, though proud of fellow-Bostonian Franklin, blamed his lightning rod for causing earthquakes: "In Boston are more erected than any where else in New England; and Boston seems to be more dreadfully shaken."[12]

With popularity came notoriety, particularly with respect to Pennsylvania politics. Allied with the Quaker-dominated legislature, Franklin had assumed leadership against efforts of the proprietors to evade taxes on their extensive holdings. But the proprietory party had powerful penmen, too. One, William Smith, had been recruited by Franklin to head the Pennsylvania Academy. By the mid-1750s he had become an anonymous adversary in the press. This is an excerpt from one of his pamphlets in 1756 vilifying Franklin in anticipation of the legislature sending him to London: "He once was as fit a Party Tool as any upon the Continent; but he has now unhappily obtained *too much Reputation* to be of any great Service. . . . He has lately appeared in the Gentleman's Magazine, as an artful Moderator; and he there evidences so happy a Disposition, as not to regard sacrificing a little Truth, in order to palliate some aggravating Circumstances." The *Gentleman's Magazine* reference is to an article in which Franklin argues the legislature's side anonymously. Thanks to Smith's identification, Franklin has now acquired an international reputation as a sneaky politician.

A random sampling of reactions to his being appointed legislative agent show his politics subverting his fame:

> They talk of Sending the Electrician home [to England] which is a new delay. He Jumps at going. I am told his office [of deputy postmaster general] shakes. However though he would not go but to Support this falling interest of his own, he is artfully Insinuating that he goes on his Countrys Service. Most certain I am that he will go at his Countrys Expence for he is wicked enough to Blind the People. (8 February 1757; *P* 7:110n)

> I think I wrote you before that Mr. Franklin's popularity is nothing here, and that he will be looked very coldly upon by great People, there are very few of any consequence that have heard of his Electrical Experiments. (14 May 1757; *P* 7:111n)

> B. Franklin has not yet been able to make much progress in his affairs. Reason is heard with fear, the fairest representations are considered as the effects of superior art; and his reputation as a man, a philosopher and a statesman, only serve to render his station more difficult and perplexing. (12 June 1758)[13]

That last statement is particularly significant because it comes from Franklin's great friend Fothergill in a routine report to Quakers back in Pennsylvania. That same report warns: "Great pains had been taken, and very successfully, to render him odious and his integrity suspected to those very persons to whom he must first apply. These suspicions can only be worn off by time and prudence." Ten months later, on 9 April 1759, he reports Franklin's success: "B. Franklin has acquired the confidence and esteem of many persons in high station, and by his clear and solid reasoning has in some degree recovered a favorable ear."[14]

Franklin's powers of persuasion worried the proprietors' people back in Pennsylvania who warned that he "is a very artful, insinuating fellow, and very ready at expedients; I wish he may not, by the council of Dr. Fothergill, or otherwise—be able to infuse wrong notions, of things, into Mr. Penn's breast, and deceive him, by false accounts" (18 March 1758; *P* 7:363n). The effect of their negotiations showed that the Pennsylvanians had nothing to fear on that score. The proprietor called Franklin's report of their meeting "a most impudent Paper, and a vile misrepresentation of what passed," concluding, "I will not have any conversation with him on any pretence" (5 July 1758; *P* 7:363n–364n).

Meanwhile, back in Philadelphia, William Smith opened a second front, this time accusing Franklin of having plagiarized his "discoveries in electricity" from his neighbor Ebenezer Kinnersley—whose name, says Smith, Franklin mentions but without acknowledging how much of the work was his (*American Magazine*, 1758, 630). Kinnersley replied at once in the *Pennsylvania Gazette,* pointing out that in reporting the work, Franklin always credited his friends whether they had done any work or not. Kinnersley said Franklin habitually used the plural—"We have found out, or we discovered, etc." As for his own part, Franklin was entitled to "the united Merit of all the Electricians in America, and perhaps in all the World" (*P* 8:189–90).

IN HIS OWN WRITE: THE JOURNAL OF 1726

Since so many of these reports seem skewed by special pleading for or against Franklin, we come back inevitably to his own writings as evidence of the way his mind worked during the years covered by the *Autobiography.* The most important of these are the documents he mentions in the *Autobiography,* as if he assumed they would be made available with the text some day. The journal he wrote on the voyage from London to Philadelphia in 1726 is the best case in point—he notes, in passing, "For the Incidents of the Voyage, I refer you to my Journal" (40). The manuscript has disappeared, but transcripts are available in *Papers of Benjamin Franklin* 1:72–99 and earlier editions.

Excerpts are worth reprinting here to show the then state of his mind forty-five years before he wrote the *Autobiography*. The journal covers the period 22 July–11 October 1726, while Franklin awaited a favorable wind for Philadelphia aboard ship, often becalmed.

Friday 22 July

Yesterday in the afternoon we left London, and came to an anchor off Gravesend about eleven at night. I lay ashore all night, and this morning took a walk up to the Windmill Hill, whence I had an agreeable prospect of the country for above twenty miles round, and two or three reaches of the river with ships and boats sailing both up and down, and Tilbury Fort on the other side, which commands the river and passage to London. This Gravesend is a *cursed biting* place; the chief dependence of the people being the advantage they make of imposing upon strangers. If you buy any thing of them, and give half what they ask, you pay twice as much as the thing is worth. Thank God, we shall leave it tomorrow. . . .

Sunday 24 July

Now whilst I write this, sitting upon the quarter-deck, I have methinks one of the pleasantest scenes in the world before me. 'Tis a fine clear day, and we are going away before the wind with an easy pleasant gale. We have near fifteen sail of ships in sight, and I may say in company. On the left hand appears the coast of France at a distance, and on the right is the town and castle of Dover, with the green hills and chalky cliffs of England, to which we must now bid farewell. Albion, farewell!

[Despite this romantic farewell, Franklin and his mates wait another two weeks before getting a favorable wind. Bored and needing exercise, they go ashore, exploring the neighborhood around Portsmouth.]

Wednesday 27 July

Portsmouth has a fine harbour. The entrance is so narrow that you may throw a stone from fort to fort; yet it is near ten fathom deep and bold close to: but within there is room enough for five hundred, or for aught I know a thousand sail of ships. . . .

[After describing the ships in the harbor, the shipyards, docks, and suburbs, he notes a tale about a former tyrannical governor, Sir John Gibson, as a springboard for moralizing on leadership:] The people of Portsmouth tell strange stories of the severity of one Gibson, who was governor of this place in the Queen's time, to his soldiers, and show you a miserable dungeon by the town gate, which they call "Johnny Gibson's Hole," where for trifling misdemeanors he used to confine his soldiers till they were almost starved to death. 'Tis a common maxim, that without severe discipline it is impossible to govern the licentious rabble of soldiery. I own indeed that if a commander finds he has not those qualities in him that will make him beloved by his people, he ought by all means to make use of such methods as will make them fear him, since one or the other (or both) is absolutely necessary; but Alexander and Caesar, those renowned generals, received more faithful service, and performed greater actions by means of the love their soldiers bore them, than they could possibly have done, if instead of being beloved and respected they had been hated and feared by those they commanded.

[With a moderate wind, they reach Cowes in the Isle of Wight where they must wait another two days. Franklin spends much of one day playing checkers.]

Friday 29 July

It is a game I much delight in; but it requires a clear head, and undisturbed; and the persons playing, if they would play well, ought not much to regard the *consequence* of the game, for that diverts and withdraws the attention of the mind from the game itself, and makes the player liable to make many false open moves; and I will venture to lay it down for an infallible rule, that if two persons *equal* in judgment play for a considerable sum, he that loves money most shall lose; his anxiety for the success of the game confounds him. Courage is almost as requisite for the good conduct of his game as in a real battle; for if the player imagines himself opposed by one that is much his superior in skill, his mind is so intent on the defensive part that an advantage passes unobserved.

[That morning, he and friends went ashore walking about four miles to the town of Newport, then to Carisbrooke Castle, where Charles I had been imprisoned and which Franklin describes with precise detail:] Having crossed over the brook that gives name to the village, and got a little boy for a guide, we went up a very steep hill, through several narrow lanes and avenues, till we came to the castle gate. We entered over the ditch (which is now almost filled up, partly by the ruins of the mouldering walls that have tumbled into it, and partly by the washing down of the earth from the hill by the rains) upon a couple of brick arches, where I suppose formerly there was a drawbridge. An old woman who lives in the castle, seeing us as strangers walk about, sent and offered to show us the rooms if we pleased, which we accepted. This castle, as she informed us, has for many years been the seat of the Governors of the island. . . .

[The visitors, skeptical about a well said to be bottomless, experiment with it:] It is now half filled up with stones and rubbish, and is covered with two or three loose planks; yet a stone, as we tried, is near a quarter of a minute in falling before you hear it strike. But the well that supplies the inhabitants at present with water is in the lower castle, and is thirty fathoms deep. They draw their water with a great wheel, and with a bucket that holds near a barrel. It makes a great sound if you speak in it, and echoed the flute we played over it very sweetly.

[The castle has only seven guns maintained by an old man doubling as keeper of the castle and seller of ale at the gatehouse; he has only six muskets besides, and one of them Franklin notices is missing a firelock. The old man tells them about a former governor and Franklin moralizes.] At his death it appeared he was a great villain, and a great politician; there was no crime so damnable which he would stick at in the execution of his designs, and yet he had the art of covering all so thick, that with almost all men in general, while he lived, he passed for a saint. What surprised me was, that the silly old fellow, the keeper of the castle, who remembered him governor, should have so true a notion of his character as I perceived he had. In short I believe it is impossible for a man, though he has all the cunning of a devil, to live and die a villain, and yet conceal it so well as to carry the name of an honest fellow to the grave with him, but some one by some accident or other shall discover him. Truth and sincerity have a certain distinguishing native lustre about them which cannot be perfectly counterfeited, they are like fire and flame that cannot be painted.

[Still waiting a favorable wind, the ship sails to Yarmouth where Franklin and his friends visit a monument in the local church, giving occasion for more moralizing, now on vanity.]

Saturday 30 July

It was erected to the memory of Sir Robert Holmes, who had formerly been governor of the island. It is his statue in armour, somewhat bigger than the life, standing on his tomb with a truncheon in his hand, between two pillars of porphyry. Indeed all the marble about it is very fine and good; and they say it was designed by the French King for his palace at Versailles, but was cast away upon this island, and by Sir Robert himself in his life-time applied to this use, and that the whole monument was finished long before he died, (though not fixed up in that place) the inscription likewise (which is very much to his honour) being written by himself. One would think either that he had no defect at all, or had a very ill opinion of the world, seeing he was so careful to make sure of a monument to record his good actions and transmit them to posterity.

[The remainder of this entry is worth giving in full without interruption for what it tells us about Franklin's sense of right and wrong at this time. Students of literature will also wish to compare it with a similar episode in Wordsworth's *Prelude* telling how he felt upon stealing a boat.]

Having taken a view of the church, town, fort, (on which there is seven large guns mounted) three of us took a walk up further into the island, and having gone about two miles, we headed a creek that runs up one end of the town, and then went to Freshwater church, about a mile nearer the town, but on the other side of the creek. Having stayed here some time it grew dark, and my companions were desirous to be gone, lest those whom we had left drinking where we dined in the town, should go on board and leave us. We were told that it was our best way to go straight down to the mouth of the creek, and that there was a ferry boy that would carry us over to the town.

But when we came to the house the lazy whelp was in bed, and refused to rise and put us over; upon which we went down to the water-side, with a design to take his boat, and go over by ourselves.

We found it very difficult to get the boat, it being fastened to a stake and the tide risen near fifty yards beyond it: I stripped to my shirt to wade up to it; but missing the causeway, which was under water, I got up to my middle in mud. At last I came to the stake; but to my great disappointment found she was locked and chained. I endeavoured to draw the staple with one of the thole-pins, but in vain; I tried to pull up the stake, but to no purpose: so that after an hour's fatigue and trouble in the wet and mud, I was forced to return without the boat.

We had no money in our pockets, and therefore began to conclude to pass the night in some hay-stack, though the wind blew very cold and very hard. In the midst of these troubles one of us recollected that he had a horseshoe in his pocket which he found in his walk, and asked me if I could not wrench the staple out with that. I took it, went, tried and succeeded, and brought the boat ashore to them.

Now we rejoiced and all got in, and when I had dressed myself we put off. But the worst of our troubles was to come yet; for, it being high water and the tide over all the banks, though it was moonlight we could not discern the channel of the creek, but rowing heedlessly straight forward, when we were got about half way over, we found ourselves aground on a mud bank, and striving to row her off by putting our oars in the mud, we broke one and there stuck fast, not having four inches water.

We were now in the utmost perplexity, not knowing what in the world to do; we could not tell whether the tide was rising or falling; but at length we plainly perceived it was ebb, and we could feel no deeper water within the reach of our oar. It was hard to lie in an open boat all night exposed to the wind and weather; but it was worse to think how foolish we should look in the morning, when the owner of the boat should catch us in that condition, where we must be exposed to the view of all the town.

After we had strove and struggled for half an hour and more, we gave all over, and sat down with our hands before us, despairing to get off; for if the tide had left us we had been never the nearer, we must have sat in the boat, as the mud was too deep for us to walk ashore through it, being up to our necks.

At last we bethought ourselves of some means of escaping, and two of us stripped and got out, and thereby lightening the boat, we drew her upon our knees near fifty yards into deeper water, and then with much ado, having but one oar, we got safe ashore under the fort; and having dressed ourselves and tied the man's boat, we went with great joy to the Queen's Head [tavern] where we left our companions, whom we found waiting for us, though it was very late.

[Finally finding a favorable wind, they leave land Tuesday 9 August and for the next week have alternating calms and fair breezes. A minor storm brews aboard ship, however, when one of the cardplayers is found marking his cards.]

Friday 19 August

Yesterday complaints being made at a Mr. G——n one of the passengers had with a fraudulent design marked the cards, a Court of Justice was called immediately, and he was brought to his trial in form. A Dutchman who could speak no English deposed by his interpreter, that when our mess was on shore at Cowes, the prisoner at the bar marked all the court cards on the back with a pen.

[Franklin interrupts his narrative to analyze the culprit's stupidity in marking them so openly:] I have sometimes observed that we are apt to fancy the person that cannot speak intelligibly to us, proportionably stupid in understanding, and when we speak two or three words of English to a foreigner, it is louder than ordinary, as if we thought him deaf, and that he had lost the use of his ears as well as his tongue. Something like this I imagine might be the case of Mr. G—

—n; he fancied the Dutchman could not see what he was about because he could not understand English, and therefore boldly did it before his face.

[The accused maintains his innocence, claiming to have marked only an imperfect deck which he had then given to the cabin boy, but the court calls another eyewitness.] Another evidence being called, deposed that he saw the prisoner in the main top one day when he thought himself unobserved, marking a pack of cards on the backs, some with the print of a dirty thumb, others with the top of his finger, etc. Now there being but two packs on board, and the prisoner having just confessed the marking of one, the court perceived the case was plain. In fine, the jury brought him in guilty, and he was condemned to be carried up to the round top, and made fast there in view of all the ship's company during the space of three hours, that being the place where the act was committed, and to pay a fine of two bottles of brandy.

But the prisoner resisting authority, and refusing to submit to punishment, one of the sailors stepped upaloft and let down a rope to us, which we with much struggling made fast about his middle and hoisted him up into the air, sprawling, by main force. We let him hang, cursing and swearing, for near a quarter of an hour; but at length he crying out murder! and looking black in the face, the rope being overtort about his middle, we thought proper to let him down again; and our mess have excommunicated him till he pays his fine, refusing either to play, eat, drink, or converse with him.

[The plight of small creatures seems worthy of a journal entry without moralizing, as in a brisk gale a bird comes aboard.]

Sunday 21 August

Towards night a poor little bird came on board us, being almost tired to death, and suffered itself to be taken by the hand. We reckon ourselves near two hundred leagues from land, so that no doubt a little rest was very acceptable to the unfortunate wanderer, who 'tis like was blown off the coast in thick weather, and could not find its way back again. We receive it hospitably and tender it victuals and drink;

but he refuses both, and I suppose will not live long. There was one come on board some days ago in the same circumstances with this, which I think the cat destroyed.

[The excommunicated cardshark asks to be taken back into society, providing a springboard for meditating on a then especially apt topic, boredom; reflecting how frustrating a long ocean voyage was to a young man with Franklin's enormous store of nervous energy.]

Thursday 25 August

Our excommunicated ship-mate thinking proper to comply with the sentence the court passed upon him, and expressing himself willing to pay the fine, we have this morning received him into unity again. Man is a sociable being, and it is for aught I know one of the worst punishments to be excluded from society.

I have read abundance of fine things on the subject of solitude, and I know 'tis a common boast in the mouths of those that affect to be thought wise, "that they are never less alone than when alone." I acknowledge solitude an agreeable refreshment to a busy mind; but were these thinking people obliged to be always alone, I am apt to think they would quickly find their very being insupportable to them.

I have heard of a gentleman who underwent seven years close confinement, in the Bastile at Paris. He was a man of sense, he was a thinking man; but being deprived of all conversation, to what purpose should he think? For he was denied even the instruments of expressing his thoughts in writing.

There is no burden so grievous to man as time that he knows not how to dispose of. He was forced at last to have recourse to this invention: he daily scattered pieces of paper about the floor of his little room, and then employed himself in picking them up and sticking them in rows and figures on the arm of his elbow-chair; and he used to tell his friends, after his release, that he verily believed if he had not taken this method he should have lost his senses.

One of the philosophers, I think it was Plato, used to say, that he had rather to be the veriest stupid block in nature, then the possessor of all knowledge without some intelligent being to communicate it to. [The quotation he has in mind is probably from Cicero's *Offices I* where the argument is against gaining knowledge for its own sake and for applying it to civic responsibilities—principles he will later take to heart. For now, he is more concerned with his own isolation:] What I have said may in a measure account for some particulars in my present way of living here on board. Our company is in general very unsuitably mixed, to keep up the pleasure and spirit of conversation: and if there are one or two pair of us that can sometimes entertain one another for half an hour agreeably, yet perhaps we are seldom in the humour for it together.

I rise in the morning and read for an hour or two perhaps, and then reading grows tiresome. Want of exercise occasions want of appetite, so that eating and drinking affords but little pleasure. I tire myself with playing at [checkers], then I go to cards; nay there is no play so trifling or childish, but we fly to it for entertainment. A contrary wind, I know not how, puts us all out of good humour; we grow sullen, silent and reserved, and fret at each other upon every little occasion.

'Tis a common opinion among the ladies, that if a man is ill-natured he infallibly discovers it when he is in liquor. But I, who have known many instances to the contrary, will teach them a more effectual method to discover the natural temper and disposition of their humble servants. Let the ladies make one long sea voyage with them, and if they have the least spark of ill nature in them and conceal it to the end of the voyage, I will forfeit all my pretensions to their favour.

[The irritation from inactivity appears in succeeding journal entries, terse notes on trying to catch dolphins—except for this poetic entry.]

Tuesday 30 August

This evening the moon being near full, as she rose after eight o'clock, there appeared a rainbow in a western cloud to the windward of us. The first time I ever saw a rainbow in the night caused by the moon.

What Was Franklin Really Like at That Age?

[The tedium of the voyage affects his writing so that entries are reduced to cryptic notes, "Wind still West, nothing remarkable" and "Bad weather, and contrary winds," until they finally catch a couple of dolphins, providing a diversion.]

Friday 2 September

We caught a couple of dolphins, and fried them for dinner. They eat indifferent well. These fish make a glorious appearance in the water: their bodies are of a bright green, mixed with a silver colour, and their tails of a shining golden yellow; but all this vanishes presently after they are taken out of their element, and they change all over to a light grey. I observed that cutting off pieces of a just-caught dolphin for baits, those pieces did not lose their lustre and fine colours when the dolphin died, but retained them perfectly.

[The effect of this diversion is reflected in Franklin's entering a whimsical fish tale:] Every one takes notice of that vulgar error of the painters, who always represent this fish monstrously crooked and deformed, when it is in reality as beautiful and well shaped a fish as any that swims. I cannot think what should be the original of this chimera of theirs (since there is not a creature in nature that in the least resembles their dolphin) unless it proceeded at first from a false imitation of a fish in the posture of leaping, which they have since improved into a crooked monster with a head and eyes like a bull, a hog's snout, and a tail like a blown tulip. But the sailors give me another reason, though a whimsical once, viz. that as this most beautiful fish is only to be caught at sea, and that very far to the Southward, they say the painters wilfully deform it in their representations, lest pregnant women should long for what it is impossible to procure for them.

[A week later, they have become adept at catching the dolphins, finding that three of the fish will suffice for the twenty-one persons aboard. One entry bears upon the episode in the *Autobiography* telling how he left his vegetarian diet by rationalizing that fish eat other fish. This entry expresses surprise in that fact of nature.]

Friday 9 September

This afternoon we took four large dolphins, three with a hook and line, and the fourth we struck with a fizgig [harpoon]. The bait was a candle with two feathers stuck in it, one on each side, in imitation of a flying-fish, which are the common prey of the dolphins. They appeared extremely eager and hungry, and snapped up the hook as soon as ever it touched the water. When we came to open them, we found in the belly of one, a small dolphin half digested. Certainly they were half famished, or are naturally very savage to devour those of their own species.

[Aside from catching dolphins and watching a shark with its pilot fish, the tedium of the voyage is broken only by such excitement as whipping the cook for using too much flour and "several other misdemeanors" not mentioned. But then company appears, Franklin grows poetic once more.]

Friday 23 September

This morning we spied a snail to windward of us about two leagues. We shewed our jack upon the ensign-staff, and shortened sail for them till about noon, when she came up with us. She was a snow [a small ship] from Dublin, bound to New York, having upwards of fifty servants on board, of both sexes; they all appeared upon deck, and seemed very much pleased at the sight of us.

There is really something strangely cheering to the spirits in the meeting of a ship at sea, containing a society of creatures of the same species and in the same circumstances with ourselves, after we had been long separated and excommunicated as it were from the rest of mankind. My heart fluttered in my breast with joy when I saw so many human countenances, and I could scarce refrain from that kind of laughter which proceeds from some degree of inward pleasure.

When we have been for a considerable time tossing on the vast waters, far from the sight of any land or ships, or any mortal creature but ourselves (except a few fish and sea birds) the whole world, for aught we know, may be under a second deluge, and we (like Noah and his company in the Ark) the only surviving remnant of the human race.

[The momentary euphoria hardly overcomes the now-routine irritability reflected first in cynicism then in revulsion at the indentured servants packed into the other ship:] The two Captains have mutually promised to keep each other company; but this I look upon to be only matter of course, for if ships are unequal in their sailing they seldom stay for one another, especially strangers. . . .

I find our messmates in a better humour, and more pleased with their present condition than they have been since we came out; which I take to proceed from the contemplation of the miserable circumstances of the passengers on board our neighbour, and making the comparison. We reckon ourselves in a kind of paradise, when we consider how they live, confined and stifled up with such a lousy stinking rabble in this sultry latitude.

[His cynicism proves unfounded the next day.]

Saturday 24 September

Last night we had a very high wind, and very thick weather in which we lost our consort. . . . About nine o'clock we spied our consort, who had got a great way a-head of us. She, it seems, had made sail in the night, while we lay-by with our main yard down during the hard gale. She very civilly shortened sail for us, and this afternoon we came up with her; and now we are running along very amicably together side by side, having a most glorious fair wind.

> "On either side the parted billows flow,
> While the black ocean foams and roars below."

[In an amazing feat of memory, young Franklin is quoting from Pope's translation of the *Odyssey* (13:102–3), a part of which appeared in 1713. He makes only a few misquotes. The original went: "Back to the stern the parted billows flow, / And the black Ocean foams and roars below." His quoting poetry at all reflects mood swings.]

Sunday 25 September

Last night we shot a-head of our consort pretty far. About midnight having lost sight of each other, we shortened sail for them: but this morning they were got as far a-head of us as we could see, having run by us in the dark unperceived. We made sail and came up with them about noon; and if we chance to be a-head of them again in the night, we are to show them a light, that we may not lose company by any such accident for the future.

The wind still continues fair, and we have made a greater run these last four-and-twenty hours than we have done since we came out. All our discourse now is of Philadelphia, and we begin to fancy ourselves on shore already. Yet a small change of weather, attended by a westerly wind, is sufficient to blast all our blooming hopes, and quite spoil our present good humour.

[The fair wind continues as the ships run "on lovingly together." Franklin wagers a bowl of punch that they will reach Philadelphia in a week. On Wednesday 28 September, however, the wind shifts—"we must bear it with patience"—and so Franklin begins to experiment with a species of tiny crab he finds growing on sea weed.]

Wednesday 28 September

I have resolved to keep the weed in salt water, renewing it every day till we come on shore, by this experiment to see whether any more crabs will be produced or not in this manner. I remember that the last calm we had, we took notice of a large crab upon the surface of the sea, swimming from one branch of weed to another, which he seemed to prey upon; and I likewise recollect at Boston, in New England, I have often seen small crabs with a shell like a snail's upon their backs, crawling about in the salt water; and likewise at Portsmouth in England.

It is likely nature has provided this hard shell to secure them till their own proper shell has acquired a sufficient hardness, which once perfected, they quit their old habitation and venture abroad safe in their own strength. The various changes that silk-worms, butterflies, and several other insects go through, make such alterations and metamorphoses not improbable.

[The crab experiment lasts only two more days, but the entries give insight into the way he approaches experiments—starting with a theory, proving it out, broadening its application. He put specimens "into a glass phial filled with salt water (for want of spirits of wine) in hopes to preserve the curiosity till I come on shore." On Saturday, 1 October, their consort goes her own way, and Franklin grows more anxious for home.]

Sunday 2 October

I cannot help fancying the water is changed a little, as is usual when a ship comes within soundings, but 'tis like I am mistaken; for there is but one besides myself of my opinion, and we are very apt to believe what we wish to be true.

Monday 3 October

The water is now very visibly changed to the eyes of all except the Captain and Mate, and they will by no mean allow it; I suppose because they did not see it first.

Tuesday Night

This afternoon we have seen abundance of grampuses, which are seldom far from land; but towards evening we had a more evident token, to wit, a little tired bird, something like a lark, come on board us, who certainly is an American, and 'tis likely was ashore this day.

Thursday 6 October

This morning abundance of grass, rock-weed, etc. passed by us; evident token that land is not far off. . . . 'Tis very near calm: we saw another sail a-head this afternoon; but night coming on, we could not speak with her, though we very much desired it; she stood to the Northward, and it is possible might have informed us how far we are from land. Our artists [experts] on board are much at a loss. We hoisted our jack to her, but she took no notice of it.

Friday 7 October

We were in hopes of seeing land this morning, but cannot. The water, which we thought was changed, is now as blue as the sky; so that unless at that time we were running over some unknown shoal our eyes strangely deceived us. All the reckonings have been out these several days; though the captain says 'tis his opinion we are yet an hundred leagues from land: for my part I know not what to think of it, we have run all this day at a great rate; and now night is come on we have no soundings. Sure the American continent is not all sunk under water since we left it.

Sunday 9 October

We have had the wind fair all the morning: at twelve o'clock we sounded, perceiving the water visibly changed, and struck ground at twenty-five fathoms, to our universal joy. After dinner one of our mess went up aloft to look out, and presently pronounced the long-wished for sound, *Land! Land!*

In less than an hour we could descry it from the deck, appearing like tufts of trees. I could not discern it so soon as the rest; my eyes were dimmed with the suffusion of two small drops of joy.

[Even at this great hour, problems in communicating with other ships prove frustrating.]By three o'clock we were run in within two leagues of the land, and spied a small sail standing along shore. We would gladly have spoken with her, for our captain was unacquainted with the coast, and knew not what land it was that we saw.

We made all the sail we could to speak with her. We made a signal of distress; but all would not do, the ill-natured dog would not come near us. Then we stood off again till morning, not caring to venture too close.

Monday 10 October

This morning we stood in again for land; and we, that had been here before, all agreed that it was Cape Henlopen [Delaware]. About noon we were come very near, and to our great joy saw the pilot-boat come off to us, which was exceeding welcome.

He brought on board about a peck of apples with him; they seemed the most delicious I ever tasted in my life: the salt provisions we had been used to, gave them a relish.

[Almost home at last, Franklin explodes in a burst of joy unique in the annals of this master of self-control.]

Tuesday 11 October

This morning we weighed anchor with a gentle breeze, and passed by Newcastle, whence they hailed us and bade us welcome. 'Tis extreme fine weather. The sun enlivens our stiff limbs with his glorious rays of warmth and brightness. The sky looks gay, with here and there a silver cloud. The fresh breezes from the woods refresh us, the immediate prospect of liberty after so long and irksome confinement ravishes us. In short all things conspire to make this the most joyful day I ever knew.

[He regains his composure enough to recognize the practicality of one more day's delay:] As we passed by Chester some of the company went on shore, impatient once more to tread on *terra firma*, and designing for Philadelphia by land. Four of us remained on board, not caring for the fatigue of travel when we knew the voyage had much weakened us.

About eight at night, the wind failing us, we cast anchor at Redbank, six miles from Philadelphia, and thought we must be obliged to lie on board that night: but some young Philadelphians happening to be out upon their pleasure in a boat, they came on board and offered to take us up with them: we accepted of their kind proposal, and about ten o'clock landed at Philadelphia, heartily congratulating each other upon our having happily completed so tedious and dangerous a voyage. Thank God!

Whether we take those last two words as a sigh or a prayer, the journal corroborates the picture presented by the *Autobiography* of a twenty-year-old Franklin still somewhat giddy and subject to self-indulgence that sometimes clouds his judgment—as when he accuses the ship's officers of not agreeing with his estimated arrival time because they had not thought of it first. Yet the mood swings from despair to joy are surely to be expected from a young person of such enormous nervous energy cooped up in a small ship for three months with little to do except play cards, fish for dolphins, and write in journals.

His scientific observations of sea life and his wry observations of human life at sea (in both senses of the pun) show a sharp eye for detail we already knew he possessed from his early satires. The journal reveals a view of his own temperament in that same detail. In moments of calm he loves to moralize from human events. Other times, he overflows with powerful feelings otherwise hidden in the *Autobiography* and even in correspondence with his family. The journal thus gives us a unique measure of how much it actually cost him to tame his natural temperament.

OTHER REVEALING WRITINGS OF THE PERIOD

It is thus even more regrettable that we no longer have the plan "for regulating my future Conduct in Life" that the *Autobiography* says was included in the journal—"the most important Part" (40). He says that he adhered to it pretty faithfully "to quite thro' to old Age." So we can assume it was the fully developed plan now in part 2 that was to be even more fully developed as the "Art of Virtue." All that remains, however, is a nineteenth-century version of its preface and an outline of topics cut to fit an article in a biographical magazine of 1815–17. This preface is worth reprinting here to show certain germs he will develop later respecting the need to order his life so he can live "like a rational creature":

> Those who write of the art of poetry teach us that if we would write what may be worth the reading, we ought always, before we begin, to form a regular plan and design of our piece: otherwise, we shall

be in danger of incongruity. I am apt to think it is the same as to life. I have never fixed a regular design in life; by which means it has been a confused variety of different scenes. I am now entering upon a new one: let me, therefore, make some resolutions, and form some scheme of action, that, henceforth, I may live in all respects like a rational creature. (*P* 1:99–100)

The analogy of life and the act of writing foreshadows the start of the *Autobiography.*

The resolutions, too, foreshadow the guidelines he will set for himself and others over the course of his career. Here they are tailored specifically to his own problems:

1. "It is necessary for me to be extremely frugal for some time, till I have paid what I owe." Besides the money he owed Thomas Denham for his passage, he also owed Samuel Vernon the money he had collected for him but had allowed John Collins to spend. Both of these debts were cleared.

2. "To endeavour to speak truth in every instance; to give nobody expectations that are not likely to be answered, but aim at sincerity in every word and action—the most amiable excellence in a rational being." To speak truth "in every instance" would be unlikely for someone who practiced the Socratic method of dissembling. Other than that, the resolution would apply to such engagements as Governor Keith talked him into or as he himself talked Miss Read into with so much sorrow. As my earlier chapters show, he did try to practice truth, honesty, and integrity following his return from London.

3. "To apply myself industriously to whatever business I take in hand, and not divert my mind from my business by any foolish project of growing suddenly rich; for industry and patience are the surest means of plenty." This germ of "The Way to Wealth" differs in not being satiric, especially coming upon his return from suffering the effects of Keith's scheme and James Ralph's dream of poetic fame. Recall also that he has turned down a diversionary tour of Europe with his London pal Wygate and the chance to turn a pretty penny by giving

swimming lessons to the aristocracy. One troublesome question: the *Autobiography* and the public record both show that he returned as a clerk in Denham's mercantile house rather than as a printer. Doubtlessly, this is what Franklin means in the preface to this plan, speaking of "entering upon a different scene."

4. "I resolve to speak ill of no man whatever, not even in a matter of truth; but rather by some means excuse the faults I hear charged upon others, and upon proper occasions speak all the good I know of every body." The shining example of this resolution is his final dismissal of Governor Keith as a person whose worst fault was in giving promises when he had no promises to give. His consistent practice of not saying anything bad about anybody is reflected in the *Autobiography*, with a couple of exceptions: the villain Riddlesden who ruined Deborah Read's father and whose letter shows up in the London mailbag Franklin searches and Fernando John Paris, the proprietors' lawyer who accuses him of lacking candor. Even brother James's harsh treatment is partially rationalized: "He was otherwise not an ill-natur'd Man: Perhaps I was too saucy and provoking" (17). The claim that he adhered to the whole plan thus seems valid indeed—at least for the next forty-five years.

Among other private writings of the period, the Junto notes of the early 1730s reveal similar concerns. The "queries" that were to be read at each meeting include:

6. "Do you know of any fellow citizen, who has lately done a worthy action, deserving praise and imitation? or who has committed an error proper for us to be warned against and avoid?"

7. "What unhappy effects of intemperance have you lately observed or heard? of imprudence? of passion? or of any other vice or folly?"

8. "What happy effects of temperance? of prudence? of moderation? or of any other virtue?" (*P* 1:257).

The emphasis on seeing good as well as evil in human behavior of course undergirds the design of the *Autobiography*. Likewise, some of the notes for papers to be presented at the Junto meetings foreshadow themes that will be developed there, as the theme of deception:

What Was Franklin Really Like at That Age?

> And if in the Conduct of your Affairs you have been deceived by others, or have committed any Error your self, it will be a Discretion in you to observe and note the same, and the [Damage], with the Means or Expedient to repair it.
>
> No Man truly wise but who hath been deceived. (*P* 1:262.)

The practice of correcting Errata seems to have had an early start along with a wary lookout for confidence men.

His writings for the *Pennsylvania Gazette* and the *Almanac*, because they were addressed to the public, are less indicative of his personality. His newspaper for 13 December 1736 carried a pathetic notice contradicting a rumor that his little four-year-old son had died from a smallpox inoculation: he announced that he had intended to have little Francis inoculated but had delayed until too late. The newspaper for 19 October 1752 carried his directions for making his famous kite experiment to demonstrate that lightning and electricity are the same. It does not, alas, describe the way he himself did it, or where or when. *Poor Richard's Almanac* for 1753 did, however, give exact directions for applying the results of the experiment: "How to secure Houses, etc. from Lightning," the first published description of lightning rods.

Again, then, we return to private correspondence by him or about him for the best measure of what he was really like. The critical negotiations with the proprietors in which both sides had different ideas of what was meant by "reasonable" may be seen from both points of view. Reporting to the Pennsylvania legislature, 14 January 1758, Franklin says they disagreed about William Penn's right to give Pennsylvanians a strong legislature, and he quotes Thomas Penn:

> They who came into the Province on my father's Offer of Privileges, if they were deceiv'd, it was their own Fault; and that He said with a Kind of triumphing laughing Insolence, such as a low Jockey might do when a Purchaser complained that He had cheated him in a Horse. I was astonished to see him thus meanly give up his Father's Character and conceived that Moment a more cordial and thorough Contempt for him than I ever before felt for any Man living— (*P* 7:326)

From his point of view, Thomas Penn called Franklin's report a "most impudent" and "vile misrepresentation of what passed." The proprietor and his brother had merely meant to say that their father's charter went beyond the powers allocated to him by the king. He intended to show Franklin's letter to officials "to shew how well disposed this Man is to settle differences" (*P* 7:363n–364n). In this atmosphere the wonder is that they carried out any negotiations at all. We can thus understand how even Franklin could lose his well-tended temper.

Most pertinent of all to the composition of the *Autobiography* is the report Franklin sent to his wife in early September 1758, describing how he and his son had visited the ancestral home at Ecton, the visit that initiated the genealogical sketch leading to his memoirs. One passage in particular seems a source for the sketch, as it tells how the rector's wife, "a goodnatured chatty old lady," reminisced about Uncle Thomas, the relative whom Franklin was supposed to resemble. "He died," added Franklin to her report, "just four years before I was born, on the same day of the same month" (*P* 8:138).

Some private documents from years later than those covered in the *Autobiography* are invaluable for showing his state of mind during the times he composed the work. Of these, one curiosity is the set of notes made by his landlord in Passy, Louis LeVeillard, during the time Franklin was working on part 2. Excerpts can be compared with Franklin's own outline especially for seeing the emphasis differing in what he wrote himself and what his old friend wrote down:

> In 1752 he is, without asking for it, named to represent the city in the Assembly, and leaves the clerkship to his son William Franklin. He is continued to 1764 until being sent as envoy to England in 1757.
>
> In 1753 he is made postmaster general for America. The Royal Society gives him a gold medal and elects him to membership without his asking for it. He has received the same honor from a great many academies in Europe. (*BFAW* 635)

My favorite for comparison, however, is the last entry he made in the journal he kept on his final voyage, the one bringing him home from his diplomatic triumphs in Europe. Comparing this entry with the last entry in the journal of 1726, one month short of sixty years earlier, needs no comment:

Wednesday 14 September 1785

> With the flood [tide] in the morning came a light breeze, which brought us above Gloucester Point, in full view of dear Philadelphia! when we again cast anchor to wait for the health officer, who, having made his visit and finding no sickness, gave us leave to land. My son-in-law came with a boat for us; we landed at Market Street wharf, where we were received by a crowd of people with huzzas, and accompanied with acclamations quite to my door. Found my family well. God be praised and thanked for all his mercies! (*BFAW* 654)

Even in this private journal Franklin's well-cultivated humility shines through. In reporting the gala reception, the *Pennsylvania Gazette* added to the people's "joyful acclamations," "a discharge of cannon" and a joyful pealing of bells.[15] Who could have blamed him for reminiscing once again about his first entry into Philadelphia as he had in the start of his story: "I have been the more particular in this Description of my Journey, and shall be so of my first Entry into that City, that you may in your Mind compare such unlikely Beginning with the Figure I have since made there" (20).

NOTES

1. Henry Cabot Lodge, *George Washington*, 2 vols. (Cambridge: Houghton Mifflin, 1899), 1:309.

2. Richard D. Mosier, *Making the American Mind* (New York: King's Row Press, 1947), 14.

3. *Atlantic Monthly* 64 (1889):713.

4. Vernon L. Parrington, *The Colonial Mind, 1620–1800* (New York: Harcourt, Brace, 1927), 178.

5. D. H. Lawrence, "Benjamin Franklin," *English Review* 27 (December 1918):405.

6. D. H. Lawrence, *Studies in Classic American Literature* (London: Secker, 1924), 19–20.

7. J. A. Leo Lemay, "Franklin and the Autobiography," *Eighteenth Century Studies* 1 (1968):185–211.

8. Mitchell Breitwieser, *Cotton Mather and Benjamin Franklin: The Price of Representative Personality* (Cambridge: Cambridge University Press, 1984), 235.

9. P. W. Clayden, ed., *The Early Life of Samuel Rogers* (London: Smith, Elder, 1887), 267.

10. *Gentleman's Magazine* 23 (December 1753):587.

11. James Thorpe, ed., *The Autobiography of Benjamin Franklin* (San Marino, Calif.: Huntington Library, 1976), 9.

12. Thomas Prince, *Earthquakes the Works of God* (Boston: D. Fowle, 1755), 8.

13. Betsy Copping Corner and C. C. Booth, *Chain of Friendship* (Cambridge: Harvard University Press, 1971), 35.

14. Ibid., 36.

15. *Pennsylvania Gazette*, 21 September 1785, 3.

SELECTED BIBLIOGRAPHY

Primary Works

Major Editions of Franklin's Works

Oeuvres de M. Franklin. 2 vols. Edited by Jacques Barbeau-Duborg. Paris: Quillau, 1773.

Political, Miscellaneous, and Philosophical Pieces. Edited by Benjamin Vaughan. London: J. Johnson, 1779.

Philosophical and Miscellaneous Papers Lately Written. Edited by Edward Bancroft. London: C. Dilly, 1787.

Works of the Late Dr. Benjamin Franklin. 2 vols. Edited by George Greive. London: G. G. J. and J. Robinson, 1793.

Works of Dr. Benjamin Franklin in Philosophy, Politics, and Morals. 6 vols. Edited by William Duane. Philadelphia: W. Duane, 1808–18.

Memoirs of the Life and Writings of Benjamin Franklin. 3 vols. Edited by William Temple Franklin. London: H. Colburn, 1817–18.

Works of Benjamin Franklin. 10 vols. Edited by Jared Sparks. Boston: Hilliard, Gray and Company, 1836–40.

Writings of Benjamin Franklin. 10 vols. Edited by Albert H. Smyth. New York: Macmillan, 1905–7.

Papers of Benjamin Franklin. Edited by Leonard W. Labaree, Whitfield J. Bell, Jr., William B. Willcox, and others. New Haven: Yale University Press, 1959– .

Benjamin Franklin Writings. Edited by J. A. Leo Lemay. New York: Library of America, 1987.

Selected Bibliography

Individual Works

Dissertation on Liberty and Necessity, Pleasure and Pain. London: [n.p.], 1725.

Modest Enquiry into the Nature and Necessity of Paper-Currency. Philadelphia: New Printing-Office, 1729.

Poor Richard 1733. An Almanack. Philadelphia: B. Franklin, 1732 (and annually to 1747).

A Defense of the Rev. Mr. Hemphill's Observations. Philadelphia, 1735.

An Account of the New Invented Pennsylvania Fire-Places. Philadelphia: B. Franklin, 1744.

Plain Truth. Philadelphia: B. Franklin, 1747.

Poor Richard Improved . . . 1748. Philadelphia: B. Franklin, 1747 (and annually to 1758).

Proposals Relating to the Education of Youth in Pensilvania. Philadelphia: [n.p.], 1749.

Experiments and Observations on Electricity, Made at Philadelphia in America. London: E. Cave, 1751.

Supplemental Experiments and Observations on Electricity. London: E. Cave, 1753.

Some Account of the Pennsylvania Hospital. Philadelphia: B. Franklin and D. Hall, 1754.

New Experiments and Observations on Electricity. London: D. Henry and R. Cave, 1754.

Father Abraham's Speech. Boston: B. Mecom, 1758.

Editions of Franklin's *Autobiography*

Mémoires de la Vie Priveé de Benjamin Franklin. Translated by Jacques Gibelin. Paris: Buisson, 1791. Part 1 only.

Private Life of the Late Benjamin Franklin. Translated by Alexander Stevens. London: J. Parsons, 1793. Translates the *Mémoires* back into English, as does the *Works* published by G. G. J. and J. Robinson in the same year.

Autobiography of Benjamin Franklin. Edited by John Bigelow. Philadelphia: Lippincott, 1868. First complete printing.

Benjamin Franklin's Memoirs: Parallel Text Edition. Edited by Max Farrand. Berkeley: University of California Press, 1949. Four versions from: manuscript, William Temple Franklin edition of 1817–18, Louis LeVeillard French manuscript, and *Mémoirs* of 1791.

Autobiography of Benjamin Franklin. Edited by Leonard Labarree, R. L. Ketcham, H. C. Boatfield, and H. H. Fineman. New Haven: Yale University Press, 1964. Preliminary edition for the papers of Benjamin Franklin project.

Autobiography of Benjamin Franklin: A Genetic Text. Edited by J. A. Leo Lemay and P. M. Zall. Knoxville: University of Tennessee Press, 1981. Traces genesis of the manuscript and prints all revisions along with documents Franklin meant to have included.

Autobiography: Norton Critical Edition. Edited by J. A. Leo Lemay and P. M. Zall. New York: W. W. Norton, 1986. First completely annotated edition.

Secondary Sources

Biography

Aldridge, Alfred Owen. *Benjamin Franklin: Philosopher and Man.* Philadelphia: Lippincott, 1965. Survey of ideas.

Becker, Carl L. *Benjamin Franklin, a Biographical Sketch.* Ithaca: Cornell University Press, 1946. A reprint of the article in *Dictionary of American Biography.* Supplemented by corrections by Carl Van Doren in *William and Mary Quarterly* (3d ser. no. 4 [1947]:233–34), still the best brief biography.

Cohen, I. Bernard. *Benjamin Franklin, His Contribution to the American Tradition.* Indianapolis: Bobbs-Merrill, 1953. An amusing survey of Franklin's lighter writings.

Crane, Verner W. *Benjamin Franklin and a Rising People.* Boston: Little, Brown, 1954. Franklin's part in creating our civilization and culture.

Fleming, Thomas, ed. *Benjamin Franklin, a Biography in His Own Words.* New York: Newsweek, 1972. Though slickly presented, solidly based on the papers of Benjamin Franklin.

Lopez, Claude-Anne. *Mon Cher Papa: Benjamin Franklin and the Ladies of Paris.* New Haven: Yale University Press, 1966.

Lopez, Claude-Anne, and Eugenia Herbert. *The Private Franklin.* New York: W. W. Norton, 1975. Franklin through the eyes of his immediate family.

Tourtellot, Arthur B. *Benjamin Franklin: The Shaping of Genius.* Garden City, N.Y.: Doubleday, 1977. Covers his boyhood in Boston.

Van Doren, Carl. *Benjamin Franklin.* New York: Viking, 1938. Best biography.

Selected Bibliography

Modern Criticism of the *Autobiography*

Biedler, Philip D. "The Author of Franklin's *Autobiography*." *Early American Literature* 16 (1981)257–69. Relates it as "fictive" rather than "mythic" against older tradition.

Breitweiser, Mitchell R. *Cotton Mather and Benjamin Franklin: The Price of Representative Personality.* Cambridge: Cambridge University Press, 1984. Examines absence of commitment as a view of self contrasting with "genial ironic contempt for human frailties."

Dauber, Kenneth. "Benjamin Franklin and the Idea of Authorship." *Criticism* 28 (1986):255–86. Celebrates bringing readers, author, and culture into a happy integration envied by American writers ever after.

Dawson, Hugh L. "Franklin's 'Memoirs' in 1784: The Design of the *Autobiography* Parts I and II." *Early American Literature* 12 (1978):286–93. Theorizes from the outline that parts 1 and 2 were intended to be complete work.

England, A. B. "Some Thematic Patterns in Franklin's *Autobiography*." *Eighteenth Century Studies* 5 (1972):421–30. Examines the balance of form, characters, and style as resolving conflict between senses of order and disorder.

Griffith, John. "The Rhetoric of Franklin's *Autobiography*." *Criticism* 13 (1971):77–94. Focuses on the binocular point of view combining past and present, internal and external.

LeMay, J. A. Leo. "Benjamin Franklin, Universal Genius." In *The Renaissance Man in the Eighteenth Century*, 1–44. Los Angeles: William Andrews Clark Library, 1978. Sees the *Autobiography* as expressing the individualism, free will, and optimism of "the first completely modern world."

Mott, Frank L., and Chester Jorgenson. Introduction to *Benjamin Franklin: Representative Selections*, xiii–cxli. New York: American Book Company, 1936. After half a century still the most judicious critical introduction to its style and substance in the context of the eighteenth century.

Parker, David L. "From Sound Believer to Practical Preparationist." In *The Oldest Revolutionary: Essays on Benjamin Franklin*, 123–38. Edited by J. A. Leo Lemay. Philadelphia: University of Pennsylvania Press, 1976. Shows how his view of human nature enabled making self-interest a virtue. Other essays in this collection should be noted.

Sappenfield, James A. *A Sweet Instruction: Franklin's Journalism as a Literary Apprenticeship.* Carbondale: Southern Illinois University Press, 1973. Concludes with analyzing part 1 as self-contained, differing from remainder.

Schueller, Malini. "Authorial Discourse and Pseudo-Dialogue in Franklin's *Autobiography*." *Early American Literature* 22 (1987):94–107. Theorizes about it creating moral-utilitarianism an ethical duty for an emerging nation.

Shea, Daniel B., Jr. *Spiritual Autobiography in Early America*. Princeton: Princeton University Press, 1968. Contemplates problem of writing a nonspiritual autobiography; sees mix of naive perfectionism and skeptical empiricism.

Spengemann, William C. *The Forms of Autobiography*. New Haven: Yale University Press, 1980. Commonsensical appeal for seeing the *Autobiography* in the religious tradition descending from Saint Augustine through Dante and Bunyan.

Weintraub, Karl J. "The Puritan Ethic and Benjamin Franklin." *Journal of Religion* 56 (1976):223–37. Sees Franklin as secularizing the Puritan ethic into a "pragmatic utilitarian ethic."

Zall, Paul M. "The Manuscript and Early Printed Texts of Franklin's *Autobiography*." *Huntington Library Quarterly* 39 (1976):385–402. Groundbreaking survey of textual history, showing how the complete manuscript finally reached print—though not as Franklin intended it.

INDEX

Addison, Joseph, 31–32
American character, 16
American dream, 9
American Philosophical Society, 6
Andrews, Rev. Jedediah, 61, 84
Art of Virtue, 61–65, 108–10
Assembly, Pennsylvania, 36, 111–12
Autobiography, Franklin's: aim, 5,
 8, 24, 26, 63; composition, 4,
 5, 12, 21–22, 26, 57, 66;
 editions, 12, 18–19, 39; form,
 5, 21; influence, 7, 9;
 manuscript, 12, 21–22;
 patterns of plot, 22, 29–30, 37,
 38, 57, 67; revisions, 21, 57,
 67–71, 78; role playing in, 21,
 24
Austen, Jane, 42

Beatty, Rev. Charles, 43, 61
Bigelow, John, 15
Bond, Thomas, 53
Boston, 1, 38, 51, 59, 71, 87
Boylston, Zabdiel, 88
Braddock, Gen. Edward, 33, 39, 42,
 61, 65, 66, 89
Breitweiser, Mitchell, 19
British Critic, 15
Burlington old lady, 38
Burton, Richard (or Robert), 4

Christian Observer, 15
Clifton, John, 53
Clinton, Gov. George, 75
Collins, John, 39, 43, 45–46, 51,
 65, 73
Collinson, Peter, 76–77
Constitution of the United States, 5,
 35
Crouch, Nathaniel. *See* Burton,
 Richard (or Robert)

Declaration of Independence, 5, 35
Decorum: in writing, 36–37; in
 behavior, 38, 71
Deism, 3, 4
Demosthenes, 25
Denham, Thomas, 40, 71–72, 77,
 81, 82
Dennie, Joseph, 16
Denny, Gov. William, 6, 33, 37, 75–
 76
Dickinson, John, 70
Drinking, 9, 36, 75
Dunbar, Gen. Thomas, 66

Ecton, 26
Eighteenth Century Studies, 18
Electricity, 1
Encyclopedia Britannica, 8
English Review, 17

Errata: 9, 32; listed, 68–69, 71
Ethics, 9, 37, 71–72

Farrand, Max, 18
Folger, Peter, 27, 61
Fothergill, Dr. John, 39, 77–79, 82, 90–91
Franklin, Abiah (mother), 27, 87–88
Franklin, Benjamin: ancestry, 23, 26–27; career, 30, 36; bawdy reputation, 13–15, 29–30; diplomacy, 24; government service, 5–6, 24, 112; journalism, 1, 2, 9, 24, 31–34, 50, 53; journal-keeping, 91–108; sexuality, 12–13
Franklin, Deborah (wife), 26, 33, 41, 59, 60, 65, 68–70, 72, 79, 82
Franklin, James (brother), 31, 40, 65, 68–69
Franklin, Josiah (father), 26–28, 39, 44, 49, 57, 71, 88
Franklin, Thomas (uncle), 27
Franklin, William (son), 5, 23–24
Franklin, William Temple (grandson), 15

Gentleman's Magazine, 89–90
Gilder, Jeanette Leonard, 7
God: service to, 81; tenders help, 26; theory of (BF's), 84
Godfrey, Thomas, 59, 72
Great Awakening, 4
Green, Jonas, 89

Habitforming virtues, 59–64
Harry, David, 34
Hemphill, Rev. Samuel, 31, 84
Herbert, Lord Cherbury, 4–5
Human nature, 22, 58–61, 66
Humanism, Christian, 10, 66, 84–86
Hume, David, 81

Humility. See Socrates
Hutchinson, Gov. Thomas, 13

Indians, 36, 45
Industry, 9

Jesus, 63–64, 67, 82, 85
Junto, 74–75, 110–11

Keimer, Samuel, 8, 34, 39–41, 50, 65, 73
Keith, Gov. William, 38–40, 43, 65, 69, 70, 73, 76–77, 81
Kennedy, Archibald, Jr., 26
Kinnersley, Ebenezer, 91

Language: English vs. Latin, 3; BF's, 68, 70
Lawrence, David H., 14, 16–19
Lemay, J. A. Leo, 18
Libraries, U.S., 37
Lightning rods, 2
Lodge, Henry Cabot, 9
London, 1, 24, 33, 36, 38, 42, 51, 69, 71, 76–77, 83, 88, 91
London nun, 65
Loudoun, Gen. John Campbell, 42–43, 65

Mansfield, Chief Justice William, 38, 41
Marie Antoinette, Queen, 13
Mather, Rev. Cotton, 32, 61
Meredith, Hugh, 8, 40, 45, 47, 65, 72, 73, 74
Moral issues, 22, 84–86
Morality, practical value of, 9
Morris, Gov. Robert Hunter, 35, 55, 65, 75
Museum, The, 4

Newark (NJ), 7
New York, 7
New Yorker, 15

Index

Nollet, Abbé Jean Antoine, 35
Notes and Queries, 13

Osborne, Charles, 45, 47, 68

Paris, 13, 25, 49
Paris, Ferdinand John, 49
Parrington, Vernon, 16
Penn, Thomas, 36, 112
Pennsylvania Gazette, 2, 8, 78, 111, 113
Pennsylvania Magazine, 19
Philadelphia, 1, 5, 32, 38, 59, 69, 75, 86, 88, 91–92, 113
Plutarch, 65
Poetry: Folger's, 27; group, 45, 47, 68, 75. *See also* Ralph, James
Poor Richard's Almanac, 2, 62, 78, 111
Pride and Prejudice, 42
Priestley, Dr. Joseph, 85–86
Prince, Rev. Thomas, 89
Providence (God's), 25, 71

Quaker matron, 38
Quakers, 27, 34, 74, 77, 86, 90

Ralph, James, 32, 41, 43, 44, 45–49, 51, 58
Rationalizing, 51, 58, 60, 80–81
Reader's Digest, 7
Religion, BF on, 34–35, 58, 60, 61, 64, 71, 79–86
Riddlesden, William, 73, 85
Rochester, Earl of, 4
Rogers, John, 33, 70
Roosevelt, Franklin Delano, 7
Rouseeau, Jean Jacques, 18
Royal Society, 88–89

Scott, Sir Walter, 32
Self-indulgence, 9, 51, 80
Self-interest, 60, 65, 66, 67
Shirley, Gen. William, 55
Slavery, Society for abolishing, 6
Sloane, Sir Hans, 87
Smith, Rev. William, 89–91
Society for Political Enquiry, 6
Socrates: 30, 49–66; method, 79, 80, 82, 87
Spectator, 31

T, Mrs., 41, 58, 65, 68–70, 72, 79
Tarts, 38
Treaty of Paris, 5

Updike, John, 15

VanBuren, Abigail, 14
VanDoren, Carl, 17–18
Vanity: BF's, 7; as desirable, 25
Vernon, Samuel, 68
Virtues: promotion of, 5; practice of, 59–64, 79; as habit, 61–64; listed, 15, 62–63
Voltaire, François Marie Arouet, 81
Voyages, 25, 59, 91–108

Wall Street Journal, 15
Walpole, Horace, 4
Webb, George, 65, 73–74
Welfare, Michael, 34, 83
Whitefield, Rev. George, 34, 44, 52, 60
Wordsworth, William, 83
Wotton, Henry, 4
Wygate, John, 73, 82

ABOUT THE AUTHOR

P. M. Zall is currently consultant to library docents at the Henry E. Huntington Library, San Marino, California. He has collaborated with J. A. Leo Lemay on two editions of the *Autobiography of Benjamin Franklin* and has himself edited Franklin's humorous anecdotes as *Ben Franklin Laughing* (1980). His editions of British and American humor cover the earliest in print down to *Mark Twain Laughing* (1985), including *Abe Lincoln Laughing* (1982) and *George Washington Laughing* (1989). He is also a recognized Wordsworth scholar, most recently co-editor of Wordsworth's very early book, *Descriptive Sketches* (1985). He retired in 1986 after forty years of teaching at Cornell and Cal State Los Angeles.

.

LE PORT
DES ABSENTS

DU MÊME AUTEUR

aux mêmes éditions

Bonne chance quand même !
Le peuple impopulaire
Le chalutier Minium
Les amoureux d'Euville

ÉPHRAÏM GRENADOU/ALAIN PRÉVOST

Grenadou paysan français

ALAIN PRÉVOST

LE PORT
DES ABSENTS

roman

ÉDITIONS DU SEUIL
27, rue Jacob, Paris VIe

A la mémoire de Alan R. Stuyvesant

I

Mon père était vieux. Je m'en aperçus à la fin de la guerre, un jour de pluie. J'attendais à l'abri d'une porte que le gros d'une averse soit tombé. Un Américain me secoua l'épaule : *I got a son your age.* Il n'avait pas les cheveux blancs comme mon père. L'Américain se trompait. Dans mon anglais de lycéen je lui demandai :

— Quel âge a votre fils ?

— *Fifteen.*

Aucun doute, cela voulait dire quinze. Des garçons de quinze ans avaient donc des pères soldats ? Depuis plus de deux mois que nous étions libérés, je connaissais les grades des Américains ; celui-là était caporal. Il faisait la guerre, et pas comme les généraux d'un fauteuil l'autre. Son fils recevait des lettres ; le père y décrivait ses combats, ses conquêtes, les pays traversés. Mon père déplaçait sur une carte d'Europe des drapeaux de papier et un fil de laine rouge dont le zig-zag parcourait les steppes, la toundra, les déserts.

Les drapeaux avaient dépassé Rouen sans s'arrêter à la Chêneraie, sans même s'arrêter dans cette vallée que dominait la terrasse de notre maison. Mais pendant quelques jours nous avions suivi à la jumelle les Allemands en déroute. Ils traversaient le fleuve en barque ou sur des portes arrachées aux granges, sur des échelles ; ils ramaient avec des planches. Cet exode intéressait moins mon père que les dégâts

9

infligés à la cathédrale, au palais de justice, à Saint-Ouen et Saint-Maclou. Il nous reprenait les jumelles, les braquait sur la ville, buste en avant, veste agitée par la brise, inspectait chaque monument, chaque rue, annonçait d'un ton bref les ruines nouvelles.

Longtemps, ces bombardements avaient baigné le pied de notre colline. Nuit après nuit, jour après jour, les avions attaquaient Rouen et surtout Sotteville. La lueur des incendies descendait le courant de la Seine. L'ancien plan des quartiers anéantis n'était plus qu'une tache noire dans la brume du matin.

Rouen sous nos yeux pendant quinze mois et qu'une interdiction des parents plaçait à une distance infranchissable. Rouen dont nous suivions le feu d'artifice. Rouen où les Anglais brûlaient Jeanne d'Arc, où les bombes nous guettaient si nous désobéissions à mon père; Rouen dangereux comme un explosif, petit de la terrasse comme une maquette à portée de la main; Rouen vie et mort.

Peut-être la mort pour Fabien que mon père envoyait au lycée passer la première partie du baccalauréat après un an d'études à la maison. Juin 44. Ma mère et moi guettions deux jours de suite le ciel et ses bombardiers. Fabien mourrait-il ou serait-il bachelier? Quelle était donc cette vie, au pied de la colline, qui ne valait pas la peine d'être vécue sans baccalauréat?

Chez nous, pas une bombe perdue, pas un chêne blessé; quelques traces à peine subsistaient dans le fond du parc d'un cantonnement de Sénégalais. Cinq années de guerre et nous n'avions perdu que l'habitude des villes...

Quand, pour la première fois en quinze mois, je descendis la côte de Rouen, je fus moins étonné par les ruines que par les maisons debout : trottoirs et cafés, objets neufs des étalages, objets plus importants que les murs crevés, les caves au grand jour et les briques empilées par les survivants.

Ah, ces inconnus dans les rues, ces dizaines de couteaux de poche dans les vitrines, ces cinémas, ces restaurants, ces soldats américains, ces bijouteries !

— Regarde Fabien, trois coiffeurs dans la même rue !

— Bien sûr !

En six jours, nous vîmes cinq films ; tous des films de guerre américains. Des cargos éclataient au large de Mourmansk, des avions s'écrasaient sur les palmiers de Guadalcanal, des infirmières blondes et brunes soignaient des blessés mal rasés, et toujours, au début et à la fin de chaque film, dans les rues curieusement plates des villes américaines, des jeunes gens attendaient patiemment l'heure de s'engager dans la marine, dans l'aviation ou dans l'infanterie. Mon cœur éclatait, j'avais manqué une occasion héroïque. Je ne serais ni blessé, ni décoré. Je ne mériterais pas l'amour des infirmières. Je regrettais la guerre, finie pour moi. Je regrettais de ne pas être américain, de ne pas avoir vingt ans, de ne pas être soldat, aviateur, amputé, aimé. J'éprouvais envers les Allemands une haine jamais ressentie pendant l'occupation ; je haïssais même les Japonais. Pour la première fois de ma vie, je n'étais plus heureux, et pour la première fois aussi j'imaginais un monde divisé entre les bons et les méchants. Mon père avait refusé de m'envoyer au cathéchisme : cinq films m'en tinrent lieu. J'inventai pour les bons un paradis où Veronica Lake se laissait embrasser dans une voiture décapotable. Les méchants, caricatures épaisses explosant en plein vol, hurlaient des imprécations gutturales au milieu des brasiers.

Au lendemain de la Libération, voilà mes premières impressions de paix. L'automne fut chaud. Nous prenions notre petit déjeuner sur la terrasse. Les roses trémières gardaient longtemps la rosée du matin. Nos allées et venues de la maison à la table de pierre creusaient des sentiers dans l'herbe trop haute ; ma mère hésitait avant de la faire faucher, comme elle hésitait à nous envoyer chez le coiffeur, attendant que mon père se fâchât. On nous servait des œufs, de la soupe, de la compote de pommes. La peur des repas de midi au lycée doublait mon appétit.

Cheveux blancs de mon père : entre deux cuillerées je cherchais les mots pour lui demander son âge. Hier encore, cela eût été facile. Il nous l'avait sûrement dit d'ailleurs, et répété chaque année à son anniversaire sans que j'y prête attention. Aujourd'hui, après cette rencontre avec l'Américain, ma voix ne serait plus ordinaire ; mon père lèverait sur moi des yeux étonnés, inquiets.

Devant la maison Fabien s'énervait : " Dépêche-toi Grégoire, on va être en retard ! " Depuis la rentrée, il criait chaque matin que nous serions en retard. C'est qu'il voulait avoir le temps de jouer son jeu.

Fabien appelait ce jeu " la descente en flammes ". Sitôt quitté le mauvais chemin de la Chêneraie, quand nos bicyclettes trouvaient l'aisance du macadam et la vitesse de la grande côte de Rouen, Fabien se tournait vers moi :

— On descend en flammes ?

Nous devenions pilote allemand et américain. Nos cartables servaient de mitrailleuse et les coups de sonnettes valaient une rafale. Nous mourions dix fois, tantôt l'un, tantôt l'autre, pendant le quart d'heure qui nous séparait du lycée. Fabien avait institué des règles : ne tirer qu'au moment où notre bicyclette se trouvait dans un axe précis ; l'avion endommagé " s'écrasait " et, sans toucher nos freins, nous nous précipitions dans les fossés ou sur un buisson ;

parfois nous avions le temps de " sauter en parachute " pendant que la bicyclette abandonnée en pleine course roulait vers sa culbute.

Fin novembre, Fabien se cassa la cheville. Je restai seul. Seul sur la route et seul au lycée ou dans le parc; de huit heures du matin à six heures du soir, dix heures par jour de solitude. Jusqu'alors, Fabien avait imaginé tous nos jeux. Pirate, il commandait le chêne qui nous servait de navire. Explorateur, il m'emmenait au fond du parc civiliser les Sénégalais. Avec eux, nous avions partagé des poulets volés dans les fermes et cuits à la broche entre deux pierres; mais les Allemands tuèrent nos nègres un soir du printemps '40 aux environs d'Yvetôt. Fabien devint dompteur : je fus son lion, son ours, son éléphant des Indes. Chef Sioux, il m'initia aux mystères de la tribu; je courais la nuit à travers le parc où les branches et la peur me fouettaient le visage. Nous cherchions de l'or sur les rives de la Seine. Nous nagions entre les crocodiles. Fabien ré-écrivait l'histoire et nous aidions Vercingétorix à vaincre les Romains. Partout, de l'Afrique à l'Asie, du passé au présent, de l'Atlantique à l'océan Indien, Fabien commandait, décrétait, légiférait, rédigeait les rapports ou le livre de bord. Sans lui, je dus trouver mon propre jeu; j'inventai l'amitié.

— *How is your son ?*

Sur un trottoir de Rouen j'avais reconnu l'Américain rencontré sous l'averse. " Quelles nouvelles de son fils ? " Il sortit des photos. Au début, je m'étonnais qu'il comprît mes phrases. Le lendemain, ce fut un docker que j'interpellai devant une vitrine de cannes à pêche.

— Elle est belle, cette grande-là !

— Drôlement ! Mais c'est pas cette année qu'on ira à la pêche !

— Moi, j'ai jamais pêché.

Cette fois, il me jeta un coup d'œil.

— Vrai ! Vous les mômes, avec la guerre, vous connaissez rien à tout ça !

Le soir, à la sortie de l'étude, je flânais dans les rues de Rouen, ma bicyclette près de moi. Quand je remarquais un passant arrêté, je rattachais mon lacet de soulier.

— Ah, quel beau temps !

Hommes ou femmes aux visages engourdis par l'attente se réveillaient et regardaient le ciel. Les meilleurs jours portaient de gros nuages blancs.

— Croyez qu'il va pleuvoir ?

A cette question, les figures s'animaient. Tête levée, front plissé, mon passant cherchait la réponse. Un dialogue s'engageait. La France était donc moins éloignée que l'Amazonie ? Ses habitants moins sauvages que les Zoulous ? Je découvris d'abord les vêtements : vestes serrées à la taille, étoffes usées aux coudes et aux poignets, écharpes passées deux fois autour du cou dont les bouts s'arrêtaient sous les bretelles des salopettes, ceintures de cuir trop longues (souvenirs et espoirs de temps meilleurs), bérets amidonnés d'intempéries, robes courtes, galoches cloppe cloppe sur le trottoir. Et je découvris ensuite les mains, usées comme des outils, cassées aux ongles, arrondies de travail, que l'huile noire des moteurs graissait dans tous leurs plis. Mains soignées des commerçants, bien au chaud dans les poches des tabliers, n'apparaissant qu'avec un mouchoir et vite replongées à l'abri du froid.

Les jours raccourcissaient. Je quittais maintenant le lycée à la nuit tombante mais la technique acquise remplaçait l'absence de ciel; plus besoin de regarder les nuages, j'avais déjà tant d'amis ! Chaque soir j'en croisais une demi-douzaine, je les saluais, je m'arrêtais. Foule de visages inconnus que je pouvais à volonté surprendre d'un sourire. Ma maigreur leur faisait pitié. Une femme m'offrit un ticket de cent grammes sur sa carte de pain. Braves gens : le lait, la viande leur avait manqué toute la guerre pendant que sur ma colline je mangeais à ma faim, ravitaillé par les fermiers de mon père... et ils m'offraient encore du pain !

Mon ami américain me présenta ses camarades. Leurs uniformes créaient une race à part : épagneuls, dockers, nègres, percherons, soldats, paysans, j'apprenais que les races contiennent des infinités de visages qui flottent sur la panoplie habituelle de l'origine ou du métier. Bouches fines, larges, souples, épaisses, souriantes, arrondies ou tristes, et les regards, lumière sur les étoffes vertes et kaki, sous le casque kaki; deux taches de lumière dont l'intensité et la couleur évoquaient un nom : Sam, Bill, le lieutenant, Dick, Tex, George, Harry. Sam, brouillard de sous-bois, père d'un fils de mon âge; Bill, aux yeux jaunes comme des phares de voiture; le lieutenant, lueur à contre-jour derrière ses lunettes; Dick, après-midi gris; Tex, ciel d'été; George, des yeux comme des bougies; Harry, ciel d'été aussi, mais d'un été moins violent que Tex, un été du Nord. Toutes ces lumières sur l'uniforme, s'allumant s'éteignant dans une baraque brune et verte, parmi des lits gris-vert aux couvertures de terre. Les jeeps, les motos, jusqu'aux lampes de poche avaient cette couleur de campagne et une odeur d'usine.

Je passais mes jeudis après-midi en Amérique ; trois heures dans le bureau du lieutenant comme interprète. Les phrases d'anglais se décomposaient en mots ; en expressions qui reformaient à volonté des phrases nouvelles. On me prêtait des romans policiers : *Black Jack*, *Killing Time*, *A Hole in One*. Avec cette langue toute neuve, je recevais chaque substantif comme un cadeau. D'abord, je ne comprenais rien aux dialogues rapides, tronqués des formules officielles de la grammaire. Puis des bribes de phrase, des phrases entières devinrent familières. D'abord étranger à la vie de la maison, j'appris les habitudes en même temps que le vocabulaire. Quand ils riaient d'une plaisanterie jetée de l'autre bout de la pièce, je pouvais rire aussi. Je comprenais mieux la langue et ceux qui la parlaient, au point que j'en fus gêné car je découvris un mépris des usages français. Usages jamais remarqués : nous étions sales, nos rues étroites, les tas de fumier puaient à la porte des fermes, les hommes urinaient le long des murs... Un jour, je leur parlai de mon oncle américain. Aussitôt ils m'entourèrent. Ils s'interpellaient, ouvraient des portes, s'annonçaient la nouvelle : " Le gosse a un oncle américain. "

— Où habite-t-il ?

— Est-il marié ? A-t-il des enfants ?

— Fait-il la guerre ?

— Comment s'appelle-t-il ?

Aucun d'entre eux, bien sûr, ne connaissait mon oncle. Pourtant mon prestige monta. Grâce à lui, je devenais leur cousin, presque un des leurs.

Le jeudi après-midi nous partions à moto. Les Harley-Davidson, pataudes et lestes comme des percherons, roulaient à travers les collines, entre les haies des chemins creux. Rouen, Yvetôt, Le Havre : assis sur le porte-bagage, accroché des deux mains à la ceinture de Tex, les jambes enfoncées dans les sacoches de cuir, j'arbitrais les courses. Le paysage normand n'existait plus. Avec une lenteur exaspérante, la motocyclette de Dick rattrapait celle de George, la nôtre, perdait de nouveau vingt mètres dans un virage dont nous sortions triomphants; mon regard revenait alors au paysage qui basculait. La peur me faisait crier, voix perdue dans le hurlement des sirènes.

Police militaire : mes amis prenaient tous les droits. Ils doublaient les convois, vérifiaient les papiers des tanks, arrêtaient les camions. Souvent nous vidions les bordels : des soldats récalcitrants se laissaient assommer sans douleur. Par mon intermédiaire, le lieutenant reprochait aux putains de ralentir l'effort de guerre. Mon père ne s'inquiétait pas : j'aurais une meilleure note d'anglais au baccalauréat. Il comprenait aussi mon innocence sans limite, avec raison car je m'étonnais que dans ces étranges bistrots des femmes soient encore en robe de chambre si tard dans l'après-midi.

D'ailleurs, Marie Godefroy me préoccupait plus qu'elles. " Trois minutes ! " Je lui avais crié " Trois minutes ! " Les roues avant se réparent plus vite que les roues arrière. Je renversai le vélo, j'ôtai la roue, le pneu, tout en comptant à haute voix : " Vingt-six, vingt-sept, vingt-huit. " A partir de cent cinquante, je fus obligé de compter plus lentement; comme toujours, j'avais des ennuis avec le raccord de ma pompe. Mais à cent soixante-treize, je lui présentai la bicyclette : " Sept secondes d'avance. " Elle pleurait encore.

— C'est réparé, voyons !
Qui était-elle ? Treize ans ? Un cartable sur le porte-bagages.
— Vous allez au lycée ?
Elle ne répondit pas. Évidemment elle allait au lycée.
— Où habitez-vous ?
— Chez mon grand-père.
Pas de mouchoir. J'arrachai une page dans un cahier :
— Tenez ! Vous ne pouvez pas aller au lycée comme ça. On va être en retard.
Enfin, elle remonta sur son vélo. Je la suivis.
— Qui c'est, votre grand-père ?

17

— M. Godefroy.

Son grand-père ? L'ami de mon père ? Que mon père était vieux !

— Je le connais bien, votre grand-père. L'année dernière, comme on n'allait plus au lycée à cause des bombardements, c'est lui qui nous a fait les maths et la physique, à Fabien et à moi.

Elle ne disait rien.

— Fabien, c'est mon frère. Il est en philo, mais il s'est cassé la cheville... Je suis en première... Et vous ? Vous habitez près de chez nous. Nos parents se connaissent. Enfin, nos parents et vos grands-parents. On se reverra. Comment vous appelez-vous ?

— Marie Godefroy.

Deux fois je lui fis répéter son nom, tant elle parlait doucement. A chaque virage elle freinait. Sûrement nous serions en retard.

Quand j'annonçai à la maison ma rencontre avec la petite-fille de M. Godefroy, ma mère me demanda :

— Comment est-elle ?

— Elle a des nattes.

Je ne la revis pas pendant plusieurs jours.

J'avais cette semaine-là un bien plus grand sujet de préoccupation : Fabien et moi, nous ne nous aimions plus. Il me disait : " Je ne t'aime plus ", chaque fois que je traversais le salon; ou bien, sur sa chaise longue, il se retournait pour ne pas me voir.

Pourtant j'avais imaginé la grande aventure : ensemble nous partirions pour l'Amérique, ensemble nous ferions fortune. Comme d'habitude, c'était le soir avant de m'endormir. Un soir nous cultivions des milliers d'hectares de blé, un autre nous trouvions de l'or et du pétrole. Dans les villes, nous nous imposions par notre intelligence. Les gens nous saluaient le long de ces rues curieusement plates. Une guerre éclatait : Fabien dans un avion, moi dans l'autre, toujours en équipe, décorés le même jour au cours de la même cérémonie. Sam, Bill, Tex, Dick, George, Harry, tous là. Le lieutenant, devenu général, épinglait la croix. Dans une voiture décapotable, Veronica Lake souriait. Jamais de pluie dans cette Amérique-là. On y passait sans transition des chevaux aux voitures, des villes aux forêts interminables. J'acceptais la neige, nous chassions les loups. Nous voyagions en avion ou en canoë. Gratte-ciel et cabanes de bois, amitiés rapides et jamais oubliées...

Fabien m'interrompait dès les premières phrases :

— Et quelle langue on parlera ?

— L'anglais bien sûr !

Il répondait d'un éclat de rire exaspérant, sa nouvelle invention ; cri d'opéra, cri de rage qui me rendait méchant.

— Tu voudrais que je reste avec toi jeudi pour t'apporter tes livres, te changer tes disques, pour que j'écoute tes poèmes...

Fabien serait poète. C'était ça son jeu. Lui poète et moi journaliste... à Paris. Autant dire la banlieue de Rouen, à moins de deux heures de train. Là nous ferions de la copie toute la journée. A quoi bon partir alors ? Pourquoi pas toute une vie de lycée...

— Pas encore en Amérique ? me criait Fabien chaque fois qu'il me voyait.

Il me jetait une de ses béquilles à la figure.

— Voyons les garçons, disait ma mère.

Elle me tirait par le bras jusqu'à Fabien pour que nous nous embrassions.

— Puisque ton frère est invalide, disait encore maman, tu devrais jouer plus souvent avec lui.

Quel mot exaspérant ! Étions-nous d'âge à jouer ?

— Grégoire préfère mendier du chocolat aux Américains !

— Sale rouquin !

— Grégoire !

Ma mère en colère. Mon père riait : avant d'avoir les cheveux blancs, il était roux comme Fabien.

— Je croyais que les rouquins avaient le pire caractère... Grégoire doit avoir l'âme rousse, malgré sa tête noire.

La situation s'améliora dès que Fabien put retourner à son piano. La jambe sur un tabouret, il jouait des heures. Pendant les vacances de Noël, sa musique me poursuivit dans toute la maison. Mon père, ma mère surtout, étaient trop contents de ses progrès pour être gênés.

Fabien suivait aussi des cours par correspondance. Malgré tout, il passerait son deuxième baccalauréat en juin. Mon père l'aidait pour la philosophie, l'histoire, la géographie; M. Godefroy pour les mathématiques et les sciences.

M. Godefroy arrivait par tous les temps sans manteau, sans même un cache-col, alors que mon père s'enveloppait d'une cape, l'hiver. Mon père portait des gilets de velours côtelé qui gonflaient ses costumes aux poches déjà déformées par ses blagues à tabac et ses pipes. Les vestes de M. Godefroy tombaient droit sur un pantalon aux plis toujours renouvelés. Sitôt le cours de Fabien terminé, ils s'installaient tous les deux près de la cheminée pour leur partie d'échecs. Mon père allumait le feu. Quand M. Godefroy venait à la maison, j'avais une corvée de bois supplémentaire. Le lendemain, je disais à Marie :

— Votre grand-père nous a rendu visite, hier après-midi.

A peine si j'entendais sa réponse. J'aurais pourtant aimé connaître ses paroles pour les retenir, elle parlait si rarement ! Fille presque sans paroles et presque sans visage.

Je la suivais chaque matin; pour elle, j'avais changé mes habitudes, quand je m'étais aperçu qu'elle partait plus tôt que moi. Du chemin, je la voyais venir, je l'attendais, je me rapprochais d'elle, je lui posais des questions précises pour obtenir une réponse :

— Avez-vous reçu une lettre de votre mère ? A Paris, est-ce qu'il y a des jardins ?

Chaque jour, à partir de janvier, le soleil était un peu plus haut dans le ciel. Ses rayons frappaient à l'horizontale la côte que nous descendions vers la ville encore dans l'ombre. Marie bien droite sur son ancienne bicyclette de femme à guidon relevé, aux poignées de bois, deux nattes claires ramenées de part et d'autre du cou, devant les épaules. Moi, légèrement en retrait, maigre et noir sur ma bicyclette vert d'herbe. Sans la guerre, j'aurais eu droit à un pantalon; la rareté des tissus me condamnait aux culottes courtes, plus courtes encore à cause d'une brusque crise de croissance. Je restais courbé sur mon guidon de course, humble et aérodynamique, capable de descendre la côte tellement plus vite qu'elle et conscient de ne jamais oser la rattraper.

Avec Marie sur la pente de Rouen... Le soleil brillait sur le tronc humide des chênes, puis quelques prairies d'un vert très pâle où paissaient trois vaches à droite, un cheval à gauche; enfin, le premier café, *le Bout du Monde*, encore dans l'ombre, et les premières baraques de bois construites à la hâte pour remplacer les maisons détruites. Je quittais Marie sur les quais, m'échappais vers la gauche, vers le lycée de garçons, pédalant alors de toutes mes forces.

Le soir, je revenais rarement avec elle. Je n'oubliais pas mes amis les passants, vieilles filles aux coudes pointus qui m'offraient leur toutou à caresser, crémières dont la voix m'accrochait du fond des boutiques, ouvriers silencieux qui ne souriaient que pour me dire bonjour, vieillards aux gants de laine. Sans connaître leur nom, j'apprenais leurs marottes. Tous, ils possédaient un animal, un enfant, un cousin haut placé, une armoire, une maladie, un souvenir, un espoir, une crainte, une plainte ou une haine dont l'évocation les animait. Leur vie s'étalait autour de cet unique monument qu'ils décrivaient avec passion et minutie. Je compatissais, j'admirais, j'encourageais. De six à sept, chaque soir, je soupirais ou riais avec eux, toujours émerveillé de leurs monotonies. Enfin, ils avaient un auditeur patient ! Un aveugle me reconnaissait à la sonnette de mon vélo. Une demoiselle m'offrit le chapelet de son père, tué dans les bombardements. Un quincaillier voulait que je devienne son employé ; j'épouserais sa fille et j'hériterais sa boutique.

Souvent, je montais jusqu'aux baraquements des Américains. Je leur rendais des livres, ils m'en prêtaient d'autres que je lisais la nuit. *Gone with the Wind*, *Grapes of Wrath*, *For whom the Bell Tolls*, tantôt à plat ventre, tantôt sur le dos, les pieds entortillés dans les draps défaits, je me disais : " Encore dix pages, encore une heure, encore un paragraphe."

Au lycée, mes camarades s'étonnaient : de médiocre, je devenais bon élève, pas seulement à cause de l'année d'études avec mon père et M. Godefroy... je craignais une mauvaise note qui nuirait à ma liberté. Pour gagner du temps, j'apprenais tout, même sans comprendre, étonné de m'apercevoir que tôt ou tard je comprenais enfin ce que j'avais appris.

L'immobilité me faisait peur. Je cherchais le mouvement. J'aurais pu aussi me casser une jambe, rester comme Fabien sur une chaise longue, ne jamais connaître les Américains, Marie, les passants des rues de Rouen. La crainte des occasions manquées me hantait : où serait l'aventure ce soir ? A la sortie du lycée ? Dans la rue ? Sur les quais ? Avec les

soldats ? Le dimanche et le jeudi matin à la maison me paraissaient interminables. Comment Fabien pouvait-il rester là,
entre ses livres et son piano ? Je traversais le salon, il préten-
dait ne pas m'entendre et je pouvais l'observer : il cachait
sa bouche sous ses doigts, geste nouveau qui enfermait quel
sourire ou quelle amertume ?

Un jour qu'il avait laissé entrouverte la porte de sa chambre,
j'y entrai. Une chambre plus belle que la mienne, bien sûr
puisqu'il était l'aîné ; deux fenêtres, une cheminée, une vraie
bibliothèque avec des portes grillagées, tout ce que je n'avais
pas. Mais j'y reconnaissais le désordre, notre désordre :
pantalon de pyjama sur le parquet, chaussettes sales sur la
cheminée, lit défait, papiers et livres en vrac sur le bureau
avec une chemise et un cahier, JOURNAL dessiné à la main
en lettres majuscules. Au salon, il jouait du piano. J'ouvris
le cahier :

10 *novembre*. La semaine dernière, les arbres étaient encore
jaunes et rouges. Maintenant, après trois jours de vent, les
feuilles sont tombées et j'ai toute cette couleur au bout du
pied, je la remue...

23 *décembre*. Musset m'emmerde. " Beau chevalier qui
partez pour la guerre. " Il récitait ça dans les salons avec
la mèche sur l'œil. Il devait avoir l'air fin ce jeune
homme...

5 *janvier*. Quel changement de vie pour une mauvaise
chute. Mais que pèse un changement parmi tous les change-
ments qui s'agitent ? Une vie transformée : à peine de quoi
se retourner pour voir. A la place de Grégoire, j'en ferais
peut-être autant, surtout qu'il n'est qu'un gamin...

" Gamin toi-même ! " Que savait-il de ce que je pensais,
de ce que je vivais ?

En bas, le piano se tut et je fermai le journal. Je rencontrai

Fabien dans l'escalier; il montait à reculons, assis de marche en marche, traînant ses béquilles derrière lui.

— Tu veux que je t'aide ?

— T'inquiète pas !

Si seulement il avait voulu m'écouter ! J'y serais allé cent fois, à Paris, même journaliste, pour lui faire plaisir... s'il avait accepté de m'accompagner de temps en temps en Amérique, de découvrir du pétrole, de partager lui aussi mon aventure.

Cette Amérique me poursuivait jusque chez moi. Un jeudi matin, une lettre de tante Laura. Ma mère appelait toute la famille et l'ouvrait solennellement. L'oncle Henri se battait dans le Pacifique. Maman pleurait : son petit frère... Pour elle, la guerre recommençait. Nous la consolions.

— Tu t'en souviens, Fabien, de tante Laura ?

— Bien sûr !

Fabien croyait se souvenir de tout. Maman lisait la lettre en anglais et lui seul n'écoutait pas. Il n'était pas très fort pour les langues étrangères. Tante Laura demandait si nous étions tous vivants. Elle promettait un colis avec du sucre et du café. Elle demandait deux photos de la famille : une pour l'oncle Henri, l'autre pour elle. Nous pouvions lui répondre en français; elle comprenait très bien le français, même si elle ne l'écrivait pas.

— Pourquoi qu'elle n'envoie pas sa photo ? demanda Fabien.

Nous nous passions l'enveloppe. Nous regardions cette première lettre d'un pays qui n'avait pas subi la guerre. Une deuxième libération. L'encre, le timbre, le papier venaient d'Amérique. Enveloppe bleue, transparente et solide; décidément, les Américains savaient tout faire, des avions, des guerres et du papier transparent...

On m'expédia à Rouen. Une heure plus tard, j'étais de retour avec une pellicule. Papa époussetait son appareil, tout était prêt. Fabien demanda : " Qui va prendre la photo ? " J'allai chercher M. Godefroy.

Dans un autre bois de chêne, leur maison avait aussi sa pelouse, mais pas de roses trémières ; une pelouse régulièrement tondue. Les fenêtres, les portes peintes en vert sombre ; ma mère, elle, croyait à la peinture grise. Entre les deux maisons, je ne voyais que des dissemblances : quatre marches à leur perron, trois au nôtre. Que mon univers était petit ! La différence d'âge entre deux glycines me dépaysait. A peine si je saurais maintenant distinguer sur une photographie la maison des Godefroy de la nôtre : toitures d'ardoises, murs de briques roses, linteaux et jambages de pierre, vieilles maisons tenues par des plantes grimpantes, par des racines, terrées sous verdure. Maisons presque identiques que transformaient les habitudes des deux familles. Pas une feuille morte ne traînait sur la pelouse des Godefroy. Chez eux, l'intérieur des cheminées était verni ; chez nous, les cendres et les bûches à demi calcinées attendaient la prochaine flambée. Chez nous, pas de tapis sur les parquets et les carrelages. Chez eux, je ne m'entendais pas marcher. Marie m'entendait-elle ?

Assise près d'une fenêtre, en partie cachée par le dossier d'un fauteuil, elle lisait un roman. Je reconnaissais la forme des pages, l'espace blanc autour du texte gris et, au cœur même des lignes, le nom de l'héroïne : Marthe. Ainsi, Marie lisait un livre dont j'avais parlé quelques matins plus tôt, preuve qu'elle m'écoutait. Fierté suivie de peur — elle s'ennuierait — puis de honte ; le personnage du *Diable au corps* me parut sale, vicieux. Marie croirait que je pensais à elle comme il pensait à cette femme. Une semaine plus tôt, je

pleurais en lisant Radiguet. Maintenant, il me dégoûtait.
J'étais souillé moi-même. Je paierais pour cette faute, je
changerais de vie, je courrais dans les bois le matin, prendrais
deux douches froides par jour, apprendrais par cœur des
phrases pures. Pour chasser les mauvaises pensées, je me
répéterais : " le torrent lave les pierres ", " les fleurs de lin
se tournent vers le soleil ", " la brise d'hiver... "

— Grégoire ! Qu'est-ce que vous faites là ?

Elle avait claqué le livre entre ses mains. Marie debout
devant moi; je n'osais pas la regarder; je ne voyais que ses
jambes, chaussettes grises dans des chaussons bleus.

— C'est beau, dit Marie.

— Quoi ?

— Ton roman.

Elle me le montra du doigt, jeté sur la table, titre en l'air,
gracié par ce verdict, et moi aussi gracié, muet, heureux
d'entendre la voix de M. Godefroy.

— Tu as encore maigri Grégoire ! Ou alors tu grandis...

— Nous aurions besoin de vous pour une photo.

Il me libérait de ma paralysie. Ma voix redevenait naturelle. Mes jambes me portaient vers lui. Je lui expliquai la
lettre, je lui racontai l'oncle dans le Pacifique, la tante américaine, chaque mot pour Marie, qu'elle sache que nous
n'étions pas des paysans, que nous passions, en quelque sorte,
les frontières. Je me retournai vers elle le temps d'un au revoir,
accompagnant son grand-père, deux hommes sur la pelouse
et moi le plus grand malgré mes culottes courtes. Nous
regardait-elle par la fenêtre ? Avait-elle déjà repris le livre ?

— Dépêchez-vous, dépêchez-vous ! Il y a justement du
soleil ! nous cria maman quand nous arrivâmes.

J'essayais de ne pas faire attention à eux pour conserver
plus longtemps le souvenir de Marie.

— Où prenez-vous les photos ?

— Sur le perron, répondit mon père.

Pour une fois, il ne portait pas sa cape et répétait :

— ... Dépêchez-vous, je vais attraper froid.

" Ton roman. " Me tutoyait-elle pour la première fois ? Si j'avais seulement levé les yeux, j'aurais enfin vu son visage en plein jour, la couleur de ses yeux...

Maman ne voulait pas du perron, la glycine était effeuillée.

— Tu crois qu'en Amérique, ils ne savent pas que les glycines perdent leurs feuilles ? Allons, je vais sûrement attraper froid.

Fabien proposa la buanderie. " Idiot ! " Maman suggéra le salon, tous assis autour de la cheminée.

— Pas assez de lumière...

— Mais on allumerait le feu !

Marie disparaissait. Je n'entendais même plus sa voix. A peine si j'entrevoyais les chaussettes grises... Nous marchions dans l'herbe humide, vers le petit perron du studio. Photographie sur fond de lierre, papa distribua la famille : Fabien à gauche, puis maman, lui et moi.

— Un rouquin, une noire, un rouquin blanc, un noir...

— La photo n'est pourtant pas en couleur ! disait maman.

— Non, mais je sépare les Engivane des Cahan !

Fabien ricanait :

— C'est vrai que Grégoire ressemble aux femmes de la famille...

— Fabien se fait photographier avec ses béquilles ?

— Ah non ! dit maman.

— Comment voulez-vous que je me tienne ?

— Fabien, pose la main sur l'épaule de ta mère et jette ces béquilles ridicules.

Fabien protestait. Papa criait plus fort :

— Tu veux que j'attrape une bronchite ?

— Je te revaudrai ça, me dit Fabien en jetant ses béquilles. Nous attendions le soleil.

Photo prise, la famille se retrouva dans le salon et je m'aperçus que maman portait un chapeau, Fabien une cravate, papa son costume anglais vert. Pendant que je cherchais M. Godefroy, ils s'étaient rhabillés et ne savaient plus que faire de leur élégance en attendant le déjeuner. Assise sur une moitié de fauteuil, les mains sur les genoux, maman racontait le départ de l'oncle Henri pour l'Amérique :

— ... parce qu'il a toujours détesté les guerres. Oh, il comprenait bien que l'Allemagne envahirait l'Europe. Il voulait que nous partions avec lui. Aux États-Unis, disait-il, Italiens, Allemands, Anglais ont trouvé leur creuset. Voilà l'avenir ! Pauvre Henri qui fait la guerre maintenant ! Grégoire lui ressemble, vous savez, il sera aussi grand et maigre que son oncle.

Mon père débouchait une vieille bouteille de porto et M. Godefroy, verre en main, écoutait maman :

— Tout ira bien. Tout ira bien, la guerre est presque finie.

Sur la console, la petite enveloppe bleue d'Amérique se dressait parmi les photos de famille. A peine touchait-elle à nos habitudes : papa fumait sa pipe; assis au piano, Fabien lisait une partition. Pourtant, tout semblait changé, leurs vêtements, leur recueillement. Papa et M. Godefroy ne jouaient pas aux échecs, ils n'avaient pas allumé le feu, le piano restait silencieux. Je pensais que ce genre de lettres ne devraient être ouvertes que le dimanche.

A déjeuner, il y eut une scène. Maman n'avait pas eu le temps de penser aux hors-d'œuvre, on servit du potage. Fabien refusa d'en manger.

— A midi ! Qu'est-ce que vous voulez que je mange de la soupe aux poireaux à midi ?

— Tu devrais avoir honte ! Tu ne sais pas que des millions de Chinois crèvent de faim ?

— Alors envoie-leur ma soupe ! cria Fabien.

L'assiette traversa la table, tomba devant mon père, se cassa. Fabien quitta la salle à manger, béquilles, jambes, bras dans tous les sens, une araignée.

— Reviens tout de suite !

Mon père se levait, s'asseyait, se relevait.

— Fabien n'a peut-être pas tort, dit-il enfin. Sauf d'avoir jeté l'assiette.

— C'est donc les Chinois qui ont tort ?

A moi de me lever. Mais je ne savais pas me mettre en colère. Par hasard j'avais trouvé le mot juste. Je me rassis en claquant ma chaise, à peine. " Les gens crèvent de faim, on se moque d'eux. " Manque de conviction. Je me sentais ridicule dans le silence. Le silence durait. Au fromage, maman dit :

— Le Pacifique n'est pas loin de la Chine !

Mon père alla chercher une carte.

— Si tu veux, je ferai plus attention aux communiqués. Nous mettrons des drapeaux sur les îles reconquises.

Au début de l'après-midi, j'emportai la pellicule à Rouen, puis je montai voir les Américains. Le lieutenant m'appela dans son bureau pour une lettre à traduire. Pauvre lettre de pauvre, défigurée par les fautes d'orthographe, une femme protestait contre une bagarre, des soldats avaient cassé une douzaine de verres, des chaises et des carreaux dans son café. Elle demandait des dédommagements, implorait une protection. Le lieutenant prenait des notes. Je me disais : " Est-ce comme ça, la guerre ? " J'imaginais mon oncle portant les excuses officielles du gouvernement américain à une bistrote polynésienne.

— Ce qu'ils sont bêtes, me dit le lieutenant quand je lui parlai de mon oncle. L'armée a un type qui connaît la France et ils l'envoient dans le Pacifique. *That Pacific is a son of a bitch !* Ce Pacifique est un fils de putain.

Il répétait " un fils de putain ", " un fils de putain ". Derrière ses lunettes, à contre-jour, ses yeux se fermaient.

— Il a des enfants, ton oncle ?

— Une petite fille.

— Après la guerre, tu devrais y aller, Grégoire.

Le lieutenant était le seul à m'appeler Grégoire. Les autres Américains m'appelaient " Graig ". Il ôta ses lunettes et ses yeux devinrent minuscules. J'aurais préféré qu'il m'appelle " Graig ", lui aussi.

— C'est ta maison ?

Je reconnus la carte postale. Mon père en avait des centaines qu'il envoyait en guise de lettres.

— Ton père me remercie des cigares...

— Oui, c'est notre maison.

— En Amérique, presque toutes les maisons sont neuves... pas anciennes et jolies comme la vôtre.

Assis derrière son bureau, le lieutenant jouait avec ses lunettes. Quand il avait quelque chose à me dire, mon père s'asseyait derrière son bureau et jouait avec une règle.

— En Amérique, Grégoire, à New York, à Boston, à Philadelphie, beaucoup d'enfants n'ont jamais vu la campagne, jamais vu une vache. Tu sais ça Grégoire ? Tu as de la chance, toi. Demande à Sam qui a un fils de ton âge, son fils joue dans les rues et il ne sait pas ce que c'est qu'un champ de blé, ou un champ de neige.

Depuis que le lieutenant avait enlevé ses lunettes, je ne

trouvais plus son regard, je ne trouvais que ses yeux. J'essayais de ne pas entendre, mais je ne savais pas ne pas entendre et des milliers d'enfants jouaient sous mes yeux dans les rues plates et blanches de l'Amérique. Quelques chats maigres comme les chats de Rouen, leurs seuls animaux puisqu'ils n'avaient jamais vu une vache...

— Tu aimes l'Amérique, Grégoire ?

Si mon père m'avait demandé : " Aimes-tu Marie Gode-froy ? ", je n'aurais pas rougi davantage.

— Tu devrais aller en Amérique, Grégoire. Je t'aiderai même à aller là-bas, dans l'université où j'enseigne. C'est pour que tu ne sois pas déçu que je te parle de ta maison, de ta chance. L'Amérique n'est pas comme au cinéma.

Mon père disait aussi : " Les romans se lisent, ils ne se vivent pas. "

— Si tu vas en Amérique, tu aideras les Américains à comprendre les Français, et quand tu reviendras en France...

Je n'écoutais plus. Je ne voulais pas être français en Amérique. Je voulais être américain comme George, Harry et les autres. Et je ne voulais pas revenir en France... Sans cela, pourquoi partir ? Je voulais que le lieutenant se taise. Ses mots m'offensaient. S'il souhaitait que j'aille en Amérique, pourquoi me décourager avec la laideur et la pauvreté ? A quoi songeait-il ?

Jusqu'à ce matin-là, je n'avais jamais pensé partir pour l'Amérique ; j'en avais rêvé, c'est autre chose. En rendant mon rêve possible, le lieutenant le détruisait. D'un espoir léger, malléable, il fabriquait une réalité.

" J'irai ailleurs, pensais-je : au Chili ou en Chine... "

Serais-je donc condamné à partir pour l'Amérique, mais sans gloire, seulement pour étudier ?

— Je te donnerai mon adresse à l'université, disait le

lieutenant. Si tu as de bonnes notes en France, je t'obtiendrai une bourse. Ton oncle t'aidera aussi. La guerre sera bientôt finie.

Découragé, je traversai Rouen. Je n'écoutais pas la voix des passants. Je voulais voir Fabien. Peut-être me convaincrait-il d'aller à Paris avec lui ? L'Amérique...

Après-midi silencieux. J'entendais les pneus de ma bicyclette sur la route, sur le chemin, et sitôt la maison en vue j'entendis le piano de Fabien. Musique sans rythme, suite de notes claires alourdies par des accords graves, désordonnés. Improvisait-il ? Je me promenais devant la maison, n'osant plus, ne voulant plus entrer. Pas de place pour moi dans cette musique. Quelques semaines avaient donc suffi pour nous diviser ? " Nous voilà, disent les livres, à la croisée des chemins. " Fabien vers Paris, et moi malgré tout vers les États-Unis.

Avec la nuit tombante, les images inventées depuis des semaines reprenaient leur force. Elles défilaient au pied de la terrasse sur la Seine recouverte d'un tapis d'hiver. Elles se présentaient sans étiquettes, sans chronologie, sans mesure ; ne restaient que les couleurs : espérances grises comme l'acier américain, les forteresses volantes, les liberty ships, grises comme la pluie de Normandie, la route de Rouen, grises comme la houle de l'Atlantique, les rochers attentifs, l'heure des contre-attaques, les larmes des veuves, grises comme ces rues blanches d'Amérique ternies par le regard à contre-jour du lieutenant, grises comme les robes d'hiver de ma mère ; espérances vertes du printemps à la Chêneraie, des courses à travers bois, des forêts de London et de Curwood, vertes sur le fond blanc des neiges, vertes en Amazonie, sur les îles du Pacifique et dans les jungles de Birmanie ; espérances rouges de l'avion en flammes, du soleil couchant ou levant, de la gloire un jour, des brasiers lâchés au courant de la Seine, drapeaux rouges du front de Russie, roses trémières sur notre terrasse, rideaux du salon, fil de laine rouge divisant les steppes, blessures, sacrifices et révoltes.

Le défilé se termina dans la nuit. Les nuages s'éteignirent et la ville s'alluma, le long des quais d'abord, puis quelques boulevards en pointillé. Là-bas, le lycée, mes passants, mes Américains. Quelle distance ! Serait-elle infranchissable ? Oui, si je la portais en moi... et je vivais de cette douceur : la bonté de ma mère, la beauté des arbres de la Chêneraie, la tranquillité de notre colline. Vues de la terrasse, guerre et misère n'étaient que des couleurs nuancées par la lumière changeante du ciel. " Tu as de la chance, Grégoire ", disait le lieutenant.

Alors, comment partir ? Il faudrait se quitter soi-même... Mais déjà les conseils du lieutenant, la bénédiction de mon père et une infinité de souvenirs m'accompagneraient dans cette Amérique où l'oncle Henri m'attendait. A quoi bon ? Je ne partirais jamais puisque je n'avais plus rien d'improbable à espérer.

Ce désespoir passager ne dura que quelques jours. Le verglas m'en sauva.

Un verglas transparent sous les reflets du soleil. Chaque brin d'herbe, chaque arbre gardait sa couleur enveloppée ; jusqu'au ciel d'un bleu pâle que le froid recouvrait d'une pellicule lumineuse. Plus de vent, plus d'insectes, plus d'oiseaux. Finis les soupirs et les murmures. Le paysage craquait dans le silence et j'entendais sans peine ce que disait Marie.

Je la suivais d'une fraction de pas, les mains tendues. Sans la toucher, je portais Marie jusqu'à Rouen, prêt à empêcher sa chute. Pourrais-je seulement l'aimer encore si elle tombait ? Et quand elle tomba, le soulagement que rien ne soit brisé : ni ses chevilles, ni sa dignité puisqu'il faisait nuit. Une heure pour descendre à Rouen, une heure pour remonter. Six jours de verglas et cinq fois j'accompagnai Marie ; c'était officiel. Mme Godefroy avait fait cette requête à ma mère parce qu'elle craignait " pour la petite, seule à pied ". Dans un sac à dos je portais les deux cartables. Le jour se levait. Je me voyais bien plus grand qu'elle ; elle si mince, même avec son manteau. Bientôt, je distinguais les couleurs : fichu rouge sur la tête, écharpe verte, manteau vert à col de velours noir sur lequel étaient posées les nattes jaunes, immobiles malgré le mouvement des épaules. Quand elle me parlait, elle tournait à peine la tête.

— Ce matin-là, disait-elle, je ne pleurais pas à cause du pneu crevé. Je pleurais parce que papa et maman me manquaient et parce que j'avais peur de grand-père et grand-mère. Depuis la guerre, je ne les avais pas revus... Je ne savais pas, moi, qu'ils seraient si vieux ! Comme je ne pouvais pas pleurer devant eux, j'avais attendu d'être seule.

— Quel âge a votre père ?

— Il aura trente-huit ans le 17 février.

Nous marchions sur le bas-côté, moins glissant que la route. En bas, Rouen fumait ; la fumée ne changeait pas de forme, épaississait seulement, prise aussi par le gel.

Le soir, en remontant la côte, je marchais loin de Marie, craignant de la toucher par mégarde dans la demi-obscurité. Chaque soir la lune décroissait, il faisait plus sombre.

— Grand-père est certain qu'à la nouvelle lune, le vent changera.

— Quel vent ?

— Le vent du verglas.

— Les Américains ont repris l'offensive.

— Alors, la guerre va finir et je rentrerai à Paris !

— Et nous ne nous verrons plus ?

— Vous m'écrirez, Grégoire.

Marie s'arrêta. Elle se tourna peut-être vers moi ; je crus voir son visage.

— D'ailleurs, vous pouvez m'écrire maintenant.

Nous arrivions chez ses grands-parents et elle expliqua :

— Pas par la poste. Vous me donnerez les lettres de la main à la main.

En chantant, je rentrai, à la Chêneraie. Je chantais mal ? Tant mieux. " Tu as de la chance Grégoire. " Demain, j'écrirais à Marie. Pour lui dire quoi ? Tout ce que je voudrais ; ce serait tellement plus facile que de lui parler ! Je lui expliquerais que j'aimerais la suivre comme je l'avais suivie cette semaine, la suivre à Paris, où elle voudrait. Et l'Amérique ? Comprendrait-elle ? Pourquoi pas ? Un jour...

A travers les arbres, je voyais les fenêtres allumées de notre maison. D'habitude, on fermait les volets à la tombée de la nuit ; quel dommage ! La lumière éclairait quelques branches figées de glace. Derrière cette immobilité, la chaleur du salon. J'entendais quelques notes de piano, les plus aiguës. Mélodie tronquée qui retrouvait sa continuité au fur et à mesure que je me rapprochais.

Fabien jouait du Bach. Facile à reconnaître, Bach, toujours la même chose. Pauvre Fabien ! Même piano, même musique, même Bach. S'il savait que Marie...

— Grégoire ?

Il continuait de jouer en me regardant par-dessus son épaule :

— Maman a reçu des nouvelles.

— Eh bien ?

— L'oncle Henri est tué.

— Ah ?

Que dire d'autre ? Fabien m'examinait. Qu'espérait-il donc ?

— Bien sûr, tu ne te souviens pas de lui, toi !

— Où est maman ?

— Avec papa dans leur chambre.

Il se retourna vers le piano, continuant sa musique. Pouvait-il jouer en pensant à autre chose ? De l'escalier, je l'observai un moment, puis j'hésitai : aller voir ma mère ? La porte de Fabien était ouverte, son Journal sur le lit.

17 *janvier* : Dans cinq jours, le docteur me déplâtre. Dans un mois je retourne au lycée, après les vacances de Mardi Gras. J'étais si bien seul ! Enfin, plus que quelques mois... (*suite*) Maman vient d'apprendre la mort de son frère, son " petit " frère. Grande douleur de maman à laquelle je ne peux pas participer. Je ne me souviens pas de lui. Grégoire fera-t-il semblant ? Au fond, j'aurais préféré une sœur.

Pendant plusieurs jours, je me récitai des lettres à Marie. Je n'en écrivis aucune. J'écrivis à tante Laura. La phrase du lieutenant me revenait devant la feuille blanche : " *That Pacific is a son of a bitch !* Ce Pacifique est un fils de putain ! " Cela ne consolerait pas notre tante car elle devait être inconsolable comme maman. Maman demandait à Fabien de lui jouer du piano, elle pleurait quand il s'arrêtait. " Aimez-vous maintenant ! " nous disait-elle. Elle me prenait comme confident : " C'est toi qui ressembles le plus à Henri, même tes yeux. "

Papa me fit lire sa lettre à tante Laura : " parce que tu connais mieux que moi les habitudes américaines ". En sept pages il racontait comment il avait connu, aimé, compris l'oncle Henri : " ... de vingt-huit ans plus jeune que moi,

Henri aurait pu être mon fils et je l'ai souvent traité comme un fils... Il aimait tellement notre Normandie, les chiens, les chevaux, la culture. Son intelligence ne lui permettait pas de rester comme moi humblement caché. J'ai voulu qu'il évite mes erreurs et je l'ai poussé à poursuivre ses études. Brillant, il savait rester simple... Ce grand garçon dont l'idéal était la paix mais qui n'a pas reculé devant la guerre... " Pauvre tante Laura, après une lettre pareille, elle ne pourrait jamais plus se consoler.

Même les soldats américains ne me parlaient plus que de l'oncle Henri. Ils me demandaient l'orthographe de son nom, sa date de naissance, la date et le lieu de sa mort. Enfin, ils apparurent un dimanche à trois heures, lieutenant en tête, tous avec casque blanc et gants blancs, étonnés que nous soyons encore à table. " En Amérique, nous déjeunons plus tôt ! " expliqua Dick. " Traduis-le en français, Graig ", répétait Sam. " Dis à tes parents qu'en Amérique on déjeune à midi et demi. "

Le lieutenant fit un discours : cette cérémonie était l'idée de ses hommes, approuvée par le commandant et le colonel ; ma mère pouvait donc considérer leur visite comme un hommage que l'armée américaine rendait à son frère. Je traduisis. George donna à ma mère deux petits drapeaux, l'américain et le français attachés ensemble avec du crêpe, qu'elle posa sur la cheminée. Elle ne pleurait pas. Elle portait une de ses robes d'hiver en laine grise. A cette époque on ne s'achetait pas de vêtements de deuil ; depuis des années on ne s'achetait pas de vêtements. Cependant, maman portait son deuil sur cette robe habituelle et j'en cherchais le signe : un ruban noir ? Seulement les cheveux noirs contre le front clair. Que ma mère semblait jeune ! Et pourtant l'expression du visage suffisait à faire des cheveux de maman un voile de deuil. Sa voix différente aussi. Elle priait les soldats de s'asseoir et ils se répartissaient à travers le salon, dans les sofas et les fauteuils, sur les chaises, leur casque blanc sur les genoux comme un bol vide.

— Nous n'avons plus de café, dit ma mère. Voudriez-vous une infusion ?

Tex me remit un paquet.

— Dis à ta mère, Graig, que la sœur d'un héros américain ne doit pas manquer de café.

Derrière le piano, Fabien jouait des mélodies sur son plâtre. Nous écoutions.

Nous écoutions aussi la pluie. Avec la nouvelle lune, le vent avait changé. J'imaginais les pensées de Fabien. Pour la première fois, il rencontrait mes Américains. Oh, comme il devait se réjouir de les voir si mal à l'aise dans notre salon ! Il ne comprendrait pas ; il ne voudrait pas comprendre. Il jouait du Bach sur son plâtre, mais son demi-sourire n'allait pas avec la musique.

Le lendemain, je lus dans son Journal :

(*suite*) Visite des fameux Américains du pauvre Grégoire. Belle troupe d'élite endimanchée. On se serait cru au cinéma (Hollywood-spécial-héros-mort). Belle série de clichés. Enfin, le ridicule ne tue pas. La preuve !

Quel salaud ! Je l'aurais juré... Ces types qui ne songeaient qu'à nous plaire ! S'était-il seulement mis à leur place, Monsieur le poète ? Et si je lui jetais son Journal à la figure ? Bonne occasion de lui casser la gueule...

En bas, il jouait une musique innocente, du Mozart sans doute. Je posai soigneusement le cahier sur la cheminée où je l'avais trouvé. Un jour je lui revaudrais ça... Un jour il aurait besoin de moi... Un jour...

Je descendais l'escalier. Fabien à son piano, chemise entrouverte ; cheveux sur la figure, le cou, les oreilles, perruque rousse de deux mois sans coiffeur ; mains sales, ongles sales, même son plâtre gris sale.

— Grégoire, tu veux me rendre un service ?

Comme d'habitude, il ne s'arrêtait pas de jouer.

— Tes Américains, ils ont de sacrées bottines. Juste ce qu'il faudrait pour tenir ma cheville. Tu ne voudrais pas leur en demander une paire ? Ils ont l'air si brave...

— Dis donc, tu pourrais prendre un bain !

— T'en fais pas, sitôt ce maudit plâtre enlevé... D'accord, pour les bottines ?

— Sûr, sûr. J'essayerai.

Ce fut presque trop facile. Avec le lieutenant, je visitais un hôpital militaire, ancien château dans les blés en herbe et les frênes. Ici, les soldats portaient l'uniforme du sang, peignoirs rouges, visages aussi blancs que les bandages, paquets rouges dans les petites voitures poussées par des infirmières.

— Je voulais te demander, Grégoire, qu'est-ce qu'il a, ton frère ? Dimanche, j'ai remarqué sa jambe...

— Sa cheville.

— S'il a besoin d'une visite ici...

Je parlai des bottines.

— Naturellement, dès ce soir !

Fabien trouverait cela tout naturel. Je m'imaginais rentrant à la maison : " Voilà tes bottines... " " Bien sûr ! "

— Grégoire, puisque nous parlons de cette visite, l'autre dimanche... Je sais que ta famille... enfin, ce sont des gens sophistiqués mais généreux. Ton père et ta mère auront compris que mes soldats sont comme des gosses. Même toi Grégoire, tu es plus mûr qu'eux. Oui ! Je veux parler de cette séance enfantine (" *childish* ", il dit bien " *childish* ") avec les drapeaux. Leur idée évidemment. Une douce, touchante et enfantine idée... Ils n'ont pas l'habitude de l'étranger, ni de la mort, ni du monde.

Nous remontions dans la jeep. Ciel d'une douceur prématurée, mi-pluie, mi-soleil. La voiture suivit une route étroite à travers des labours et des blés. Partout des alouettes accrochées à la lumière par des battements d'ailes précipités. J'imaginais leur chant.

— Nous n'avons pas d'alouettes en Amérique, dit le lieutenant.

... Pas d'alouettes, pas de vaches, pas de maisons comme la nôtre...

— Tu connais Shelley ? Quand tu viendras à Princeton, je t'apprendrai à aimer Chaucer, Shakespeare, Keats, Shelley : *Hail to thee, blithe spirit ! Bird thou never wert...*

Il récita plusieurs poèmes, professeur en uniforme, presque un imposteur. A peine si je l'écoutais. Je pensais à George avec ses petits drapeaux, à Tex avec son café, à Dick, Bill, Harry et Sam, père d'un fils de mon âge et pourtant aussi " childish " que les autres... Eh bien, je les aimais. Tant pis pour le lieutenant, pour Fabien, pour tous les compliqués. Je préférais les gosses, leurs motos, leur rire, leur joie aussi simple que leur tristesse. J'aimais leur douce, touchante et enfantine idée. Ce n'est pas moi qui aurais honte d'eux, même si je devais apprendre à Princeton des poèmes sur les oiseaux. La voilà donc, mon aventure... apprendre du Shakespeare... Mais un jour, pendant les vacances, un jour je prendrais une motocyclette et je traverserais leur pays d'un océan à l'autre, à travers les plaines, les forêts et les déserts, par-dessus les Rocheuses. Puisqu'ils étaient des gosses, je jouerais avec eux. Dans les villages et les villes, j'arrêterais les passants : " Quel beau temps, n'est-ce pas ? " Paysans, ouvriers et bourgeois, nègres et indiens, marins et cow-boys. D'une côte à l'autre, ils apprendraient à reconnaître ma moto rouge. Pays taillé pour la vitesse, pays jeune pour les jeunes. Ici, pays vieux pour les vieux. Qui me comprenait ? Pas même mon frère. Seule Marie me comprenait, et encore... elle comprenait un Grégoire sur mesure, un Grégoire inventé pour elle, un Grégoire copié.

Je me disais : " Grégoire, tu n'aurais peut-être pas dû. " Mais le temps pressait. Bientôt Fabien reprendrait sa bicyclette ; finies les promenades quotidiennes avec Marie. Je devais lui écrire avant, tout de suite.

Chère Marie,
Cela vous étonne, que je veuille partir pour l'Amérique. J'aime tellement notre Normandie, les chevaux, la culture, les haies. C'est l'Europe et ses guerres que je veux quitter. Aux États-Unis, Français, Allemands et Italiens ont trouvé leur creuset...

Pourquoi pas ? Maman disait elle-même que je ressemblais à l'oncle Henri. Ses idées me convenaient aussi. Après cette première lettre, Marie m'avait dit :
— Vous êtes très gentil, Grégoire.
... et la veille des vacances de Mardi Gras, après ma troisième lettre :
— Vous reviendrez quand même en France ? Un jour ?
Je crois que ce sont ses dernières paroles, les dernières dont je me souvienne. Peut-être un matin m'a-t-elle appelé. " Grégoire ! " Un jet de surprise, mon nom inscrit en toutes lettres dans cette voix. Le temps de me retourner sur ma selle pour apercevoir sa silhouette sur la bicyclette démodée; à peine le temps d'un geste et Fabien disparaissait; je disparaissais aussi, comme lui caché par la fuite de la route, par

41

la pente de plus en plus raide. Quel effort pour le rattraper !
Quelle peine cette course avec un regret au ventre... " Adieu
Marie ! " ... avec la honte au ventre... " Comprenez-vous
que je doive le suivre ? " ... avec la peur... " Comprenez-
vous que s'il savait, s'il devinait, il se moquerait de nous ? ".
Quelques jours plus tard, après une partie d'échecs, M. Godefroy dit à maman qui lui servait son porto :

— La maison semble bien vide, sans ma petite-fille.

— Elle reviendra pour les grandes vacances...

— Oh, pas de sitôt. Mon fils est nommé à Rabat.

Puis ce fut au tour des Américains. Départ brusque et
sans au revoir. La veille de Pâques, j'étais monté leur rendre
visite, mais des soldats inconnus déchargeaient un camion
devant les baraquements. Je m'avançai, cherchant un visage
ami. L'un d'eux, mâchoire de boxeur et accent du Sud, cria
aux autres :

— Hey les gars, voilà un Français qui cherche un grand
garçon pour sa petite sœur !

Ils rirent.

— Si elle est aussi jolie que lui, j'en donne pas deux paquets de cigarettes.

Répondre en anglais ? Montrer que je connaissais leur
argot ? Demander au moins l'adresse de mes amis ?

Je m'en allai, mi-rage, mi-tristesse. Ainsi, ils avaient pu
filer sans me prévenir ? Que valait donc l'amitié ? Quant à
leurs remplaçants, cette vulgarité agressive... *childish*... le
lieutenant aurait dit " une enfantine attitude ".

Quelques jours plus tard, je reçus un paquet du lieutenant. Le cachet de la poste indiquait Colmar; je l'imaginai,
faisant la queue au guichet parmi les ménagères. Le paquet
contenait un pantalon de toile kaki et, dans une poche, un
papier avec son adresse à l'université de Princeton.

Retour du beau temps. De nouveau nous prenions notre petit déjeuner sur la terrasse, traçant un sentier neuf dans l'herbe nouvelle. Comme toujours, Fabien s'énervait :

— On sera en retard. Dépêche-toi !

Il n'avait pas réinventé de jeu, mais nous descendions trop vite vers Rouen. Faisions-nous seulement la course ? Jamais un défi au départ. A l'arrivée, le vainqueur se taisait. Bicyclette posée dans la cour du lycée, des frissons me prenaient et je revoyais Fabien sur la route, cheville brisée : ma cheville un jour. Je ne voulais pourtant pas lui dire : " D'accord, tu es plus gonflé que moi. "

Il le souhaitait trop. Pour rien au monde je ne l'admettrais. Depuis qu'il avait quitté ses béquilles, chaussé ses bottines et repris sa place habituelle parmi nous, un détail confirmait notre désunion : quelques centimètres, ma revanche, et quand je lui parlais mon menton arrivait à la hauteur de ses yeux. Je lui aurais enfin pardonné son mépris des Américains, Marie perdue. Je lui aurais tout accordé, sauf ma peur, mais il ne voulait que cela.

— Penses-tu à ton bachot Grégoire ? Encore deux mois !

Que le temps passait lentement !

— Grégoire, plus qu'un mois !

Début mai, l'armistice fut signé et ce soir-là nous regardâmes de la terrasse les feux d'artifice de Rouen. Fusées tricolores, souvenir joyeux des bombardements, on brûlait les cartouches et les bombes désormais inutiles.

Un matin, Fabien me tendit une carte postale de Marie, palmiers et minarets : " Tiens, c'est pour toi ! " Aucune moquerie dans sa voix. Avait-il seulement lu le texte ? " A chacun son Amérique. "

— C'est dans trois semaines, fils.

Vingt jours comme vingt lundis. Fabien ne jouait plus

43

de piano. Dates, formules, théorèmes, définitions, C. Q. F. D. Dans les livres, des pages d'insectes alignés s'envolaient à la première fatigue des yeux.

Après cette grande appréhension, la petite joie d'être reçu, puis la détresse du désœuvrement. Que faire ?

Sortir de la grisaille des livres, être ébloui par le soleil de juin. De la terrasse, à peine si l'on entrevoyait la Seine à travers le feuillage. J'écoutais une heure les rossignols ; je descendais à Rouen : les passants de la ville ne m'amusaient plus, je les connaissais tous et ils n'étaient plus des passants. Me promener à bicyclette ? Après les courses à moto... Et la campagne trop verte m'écœurait, champs de blé, d'orge et d'avoine, des paysans qui ne parlaient que le langage des chevaux : " Ho Dia Hue ! " J'attendais un orage qui rendrait à l'herbe son odeur.

Rêver bien sûr, mais à quoi ? Au passé ? A peine si je me souvenais du visage de Marie : une aventure vue de dos. Quant à l'avenir, une année de patience avant l'Amérique, et quelle Amérique ? Celle d'un professeur et d'un oncle mort.

Curieux été : je ne savais plus jouer, je ne savais pas encore m'intéresser. Cet ennui ne me venait pas tant du monde extérieur que de moi-même. Je le portais dans ma peau, il m'encombrait, ralentissait mes mouvements et ralentissait le temps. Mes idées ne m'importaient plus parce qu'elles ne m'étonnaient pas, je les devinais d'avance. " A moi la faute, me disais-je. J'ai appris à me connaître parce que je n'ai pas su changer assez vite. "

Enfin le dernier déjeuner de Fabien. Ses deux valises attendaient là-haut, dans sa chambre remise en ordre. Sur la nappe blanche on apportait le menu des grandes occasions. Déjeuner de soleil et de pluie ; je voyais à travers les fenêtres circuler des nuages tantôt blancs, tantôt gris, quelques gouttes de lumière aux vitres mouillées. Feu de bois et poulet rôti.

— Toi aussi Grégoire, plus vite qu'on ne le croit ! disait mon père.

Le vent secouait les feuilles des chênes et je calculais sa force d'après le nombre de carreaux parcourus à chaque balancement des branches.

— Aujourd'hui Fabien ! Dans un an Grégoire ! reprit mon père.

— Oui, mais c'est loin l'Amérique, dit maman.

— Oh, à peine plus loin, ma chère.

Une goutte de vin blanc sur la paroi du verre : tomberait-elle ? Vin d'avant-guerre remonté de la cave dans sa bouteille ternie. Tarte aux fraises : mon père et Fabien couvrirent leur tranche de crème fraîche, nuage de sucre en poudre.

— Le train est à quelle heure ?

Pas besoin de répondre. Papa le savait comme nous le savions tous depuis huit jours. L'or de sa montre posée sur la nappe. Une bouteille de champagne.

— Enfin il y aura la chasse cet automne...

Une nouvelle averse cribla les vitres. Des bulles traversaient la transparence des flûtes de cristal.

— Mes enfants...

Nous attendions. Papa dit " mes enfants " plusieurs fois, se leva et se rassit, ses mains posées à plat de chaque côté de sa flûte. Les taches de rousseur, les veines, les ongles. Son petit doigt touchait la montre.

— Souhaitons... enfin vous souhaiterez un jour... vous verrez quand vous aurez soixante-quatre ans... que cette vie que nous avons vécue ne soit pas une page d'histoire et que vous viviez des années comme les miennes, comme les nôtres. Bien sûr, vous travaillerez, alors que j'ai eu le bonheur et le malheur de ne pas travailler. Enfin, pas de bureau, quoi ! Quelques voyages à peine et beaucoup de bonheur...

Il tenait la flûte entre ses doigts et continuait de parler sans boire. Il décrivait une vie mystérieuse, examen permanent à réussir chaque jour. Il restait droit sur sa chaise ; entre son dos et le dossier, quelques centimètres d'espace, ou plutôt d'habitude, sa discipline.

II

Chapitre 1

Sur la houle froissée flottait un oiseau : mouette, goéland ? Pourquoi restait-il sur l'eau ? " Monte sur tes ailes ! Cherche un oiseau de ton espèce ! " Mer de septembre, soleil aux gouttes d'embrun dans le vent d'ouest, trois rayons sous les nuages. Lune entre les nuages. La proue d'une houle l'autre, d'un port l'autre, d'un jour l'autre. J'attendais une tempête. A quoi bon traverser la mer sans tempête ? Quelle est la vie moyenne d'une bulle d'écume ? Celle-ci ira-t-elle jusqu'à l'horizon ? Bulles de sillages, claires sur les taches sombres. Pluie entre les bulles, sur elles. Une pluie qui n'aura pas fait le voyage des rivières. Goutte d'eau à la mer. Eau douce gaspillée sur des bulles.

Sur le pont du *Colombie* j'évoquais ma famille au revoir plantée en rang de trois sur le quai du Havre. Cet après-midi-là je m'étais découvert assez d'orgueil pour cacher ma panique, sûr pourtant que partir n'en valait pas la peine : des illusions m'entraînaient loin de mes parents et je les abandonnais pour justifier quelques jeux d'enfant. A cent mètres, leur absence me laissait déjà un vide à pleurer. C'est que le navire me décevait et sur un voilier je serais parti joyeux, ratant ce beau souvenir de peine.

" Il verra New York avant Paris. "

" Qui ça ? "

" Engivane ! "

" Engivane n'a jamais vu Paris ? A dix-sept ans ?

" Il est allé directement de Rouen au Havre. "

On me regardait avec gentillesse.

" Voilà le monde moderne ", disait le général.

" Ça ne fait que commencer ", disait le polytechnicien.

" Il sera américain avant un mois ", disaient les femmes.

Certaines traces de démocratie laissées par la guerre subsistaient sur le *Colombie*, paquebot de la Transatlantique transformé en navire hôpital qui n'avait pas encore retrouvé ses classes. Les hommes couchaient dans un dortoir et prenaient leurs douches en commun. J'empruntais son savon au général ; des touffes de poils noirs parsemaient le dos du diplomate, le polytechnicien était cagneux ; un physicien nucléaire, montagnard pendant ses loisirs, remporta " le prix du moins répugnant ".

" L'autre, celui du plus répugnant, je me l'attribue ", expliquait l'organisateur du concours. Doigts dressés en forme de tulipe, il levait la main, et ses yeux, sa lèvre supérieure promettaient une réplique telle que personne ne le contredisait. Une minute de silence célébrait sa victoire, puis joues gonflées, Perrault exécutait une imitation de cor de chasse. Reprenant sa brosse, il astiquait sa peau dans tous les plis. " Croyez-vous, mon général, que cette obésité me fera dispenser du service militaire ? " Imitation de trompette. " J'en serais navré ! "

Enfin du mauvais temps s'annonça, ce que les officiers appelaient " des remous causés par la queue d'un ouragan ". Dans la salle à manger les garçons accrochèrent les tables et les sièges, de plus en plus de passagers manquèrent les repas. L'intimité grandissait. " Toujours bon appétit ? " On parlait Conrad. " J'ai beau être dans l'infanterie... " disait le général.

La même salle servait à toutes les récréations : les bridges

du général et du diplomate, le tournoi d'échecs du polytechnicien auquel je participais chaque soir. Au bout de la salle,
le bar et l'orchestre. Les dames se disputaient Perrault. Pied
petit, chaussures noires, son agilité à la valse malgré le roulis
confirmait son volume et j'oubliais mon échiquier pour l'observer avec envie, lui qu'entouraient des femmes parfum et
soie aux mains cassables. Une rousse lui parlait de la mer avec
des yeux gris. Il interpellait deux sœurs noisette : " Je m'appelle Charles Perrault de Peygues, *as in peg-leg, you know ?* "

L'après-midi, les femmes arrivaient par deux, s'asseyaient
par quatre. Des jupons, des genoux. Madame " Vous ne
dansez pas ? " assise entre deux valses. La femme du polytechnicien "... jamais, jamais allé à Paris ? "

Car toutes me connaissaient : " Bonsoir, Grégoire. " Aux
portes, aux escaliers, le long des couloirs elles répondaient
à mon salut mais je n'en connaissais qu'une, seule figure fami-
lière de ce navire avec son visage couleur de peau et sa robe
de laine, une femme de la race de ma mère. A cinq heures dix
elle m'accueillait au salon, " je vous attendais, Grégoire ",
et commandait le thé pour deux. Pékin, Changhaï, la dynastie
Han, Confucius, elle enseignait la philosophie chinoise à
Yale. Un profil oriental né à Châteauroux que j'appelais en
moi-même " Madame de Chine ".

— J'ai écrit à mon fils, Grégoire, et il téléphonera à Fabien.
Puisqu'ils aiment la musique, c'est facile.

Elle me parlait de ma famille, de ma maison, n'oubliant
rien de ce que j'avais raconté en quelques jours.

— Puisque votre père est frileux, Grégoire, envoyez-lui
des chemises de laine. Ils en fabriquent de très épaisses en
Amérique.

A la table voisine, une jeune fille tricotait des gants. Elle avait
ôté sa chaussure gauche et caressait le tapis avec son pied.

51

— Ils vous demanderont, à l'Université, quel métier vous avez choisi. Les armes ? Les sciences ? La politique ?

Je regardai autour de moi : le diplomate grondait le général qui n'avait pas joué trèfle, le polytechnicien éternua.

— Je ne sais pas, Madame.

— Alors tant pis. Dites la vérité. Le pire est de s'inventer une vocation.

Un pianiste jouait *le Petit Vin blanc*. Les passagers se rassemblaient au bar pendant que les garçons remplaçaient sur les tables les théières vides par des plats d'olives vertes... Des lumières s'éteignirent et un lecteur ferma son livre. Mes yeux rencontrèrent ceux de Madame " Vous ne dansez pas ? " qui ôta une cigarette de ses lèvres et sourit. Madame de Chine ramassait son sac et son ouvrage. Le polytechnicien m'appela :

— Si vous avez les blancs, quelle attaque ce soir ?

— Le pion de la reine.

Discussion sur les échecs. Autour de nous d'autres groupes s'étaient formés discutant politique, littérature, musique. J'enviais leur aisance, leur négligence quand ils s'interrompaient pour boire une gorgée de gin ou de whisky. Le bas d'une robe frôlait ma jambe et j'en oubliais les finesses du gambit du pion de la reine, distrait chaque fois que le tangage ramenait la robe contre mon genou. Dans trois jours, le *Colombie* arriverait à New York et je n'avais pas encore dansé...

Dehors la nuit cachait le vent. Je me promenais sur le pont du *Colombie* comptant les lignes de la houle, rangées blanches plus ou moins parallèles qui avançaient selon le rythme reconnu de cette robe que je venais de fuir. La cloche du dîner sonna, lointaine derrière les portes fermées. Là-bas à la Chêneraie, quelle heure ? Dix, onze ? Famille au revoir, famille bonsoir, quel dommage qu'ils n'aient plus d'enfant

pour leur tenir compagnie. Maman parlait d'une fille autrefois désirée, une sœur qui m'aurait appris à danser comme
Perrault, à parler comme lui aux filles. Après bonjour, quelle
phrase ? Moi qui savais si bien parler aux passants inconnus
de Rouen !

La houle tantôt claquait la proue, tantôt la caressait. Les
oiseaux de mer étaient-ils tous partis avant la tempête ? Partis
où ? Le vent sifflait dans ma bouche entrouverte, produi-
sant des notes différentes quand j'arrondissais mes lèvres en
cul de poule.

Du paquebot hôpital, toutes les cloisons restaient blanches
et le mobilier, quelques tableaux, des tentures ne suffisaient
pas à cacher cette blancheur.

Les peignoirs rouges des blessés américains rencontrés
à l'école d'Agriculture avaient-ils voyagés là ?

A la table voisine le général annonçait six piques. Tout en
bavardant avec Mme de Chine, le physicien nucléaire me donnait des tapes sur la tête :

— Avec son talent pour les échecs, ce garçon devrait faire
un scientifique. Qu'est-ce que vous étudierez à Princeton,
Grégoire ?

— Oh, sûrement des maths et de la littérature anglaise.
J'ai connu un lieutenant américain qui donne un cours sur
Chaucer à Princeton.

— Enfin, je ne m'inquiète pas pour vous. Bravo général !
Il était annoncé, ce chelem ?

Le pianiste jouait *Tea for Two*. Tantôt Mme de Chine me
regardait par-dessus ses lunettes, tantôt ses yeux retournaient
à l'ouvrage. Avec un fil de soie, elle piquait des points bleus

dans sa broderie. Nous nous connaissions assez bien maintenant pour apprécier ce silence. Après-demain le voyage
prendrait fin et cette femme était ma seule conquête, chère
vieille dame aussi tranquille que ma campagne... Costume
gris, un cigarillo, Perrault s'approcha, se pencha sur elle, lui
parlant avec son accent de la Drôme :

— Mon père sera bien content d'apprendre que nous
avons voyagé ensemble. Saviez-vous qu'il a pris sa retraite ?
Finie l'université, il est reparti à Peygues manger des lapaingues et des châtaignes. Il veut terminer son fameux livre sur
Malherbe.

— Vous viendrez me voir à Yale, Perrault. Avec Grégoire...

— Oui, oui. (La voix de ténor traînant sur le *i*.) Cher
Grégoire, je le néglige parce que je sais qu'à Princeton nous
aurons le temps. N'est-ce pas, Grégoire ? Chaque mataingue
nous prenons une douche ensemble. Nous sommes des garçons très propres. Vous m'excuserez... je vois une jeune fille
qui prétend (la main gauche monta en tulipe) que Kierkegaard est pessimiste. Elle a dû lire ça dans le Petit Larousse.

Les fesses de Perrault évitèrent les tables, traversèrent la
salle.

Mme de Chine venait de se lever ; elle chassait du revers
de la main quelques fils de couleur tombés sur sa robe, tout
en me parlant si doucement que j'avais du mal à trouver sa
voix dans la rumeur de la pièce.

— Je connais bien les Peygues. Ils sont des protestants de
la Drôme, riches avant la guerre d'un mariage américain
qu'ils ont dépensé. Quand vous serez à l'université, Grégoire,
vous vous occuperez de Perrault, n'est-ce pas ? Il aura besoin
de votre aide.

Comment ? Moi le pauvre Grégoire qui n'avait pas danse, aider Perrault ? Par quelle imposture avais-je pu faire croire que j'en serais capable ?

— Vous ne l'aimez pas peut-être ?

— Mais si...

— Il est bavard, comme certains timides.

Elle avait ôté ses lunettes et les rangeait dans leur étui. Quand le lieutenant ôtait ses lunettes, il parlait lui aussi à un autre Grégoire. La robe de laine grise s'éloigna, passa entre les robes de soie et de rayonne ; je distinguai un moment encore les cheveux blancs parmi les cheveux de couleur. Ma mère aurait-elle aussi des cheveux blancs à mon retour ?

Promenade sur le pont, déjà une habitude. Un vent tiède de fin d'été touchait à peine la mer calme comme une campagne à la tombée de la nuit. Heure tranquille pendant laquelle les passagers restaient cachés à l'intérieur du navire, rassemblés au salon, ville dissimulée où ils s'entassaient me laissant cette plaine d'eau verte. Si seulement j'avais rencontré une fille ici, j'aurais su lui parler dans ce presque silence et je lui aurais prêté ma veste puisque les gens de la ville ont toujours froid chez nous.

— Alors, Grégoire !

— Ah, bonsoir mon général !

— Un bol d'air frais pour l'appétit ?

— Oui, mon général ! Chaque soir...

— Dites-moi, Grégoire, qu'est-ce qu'on va étudier chez ces Américains ?... Et vous ne craignez pas de vous trouver seul là-bas ?

— J'ai une tante à New York, mon général.

— Ah, ces nouvelles générations ! Allons dîner !

Le retour des convalescents remplissait la salle à manger. On parlait encore Conrad. Revenues à ma table, les sœurs

noisette mangeaient du bout des lèvres. Le garçon leur
apporta des infusions de verveine. A laquelle aurais-je prêté
ma veste, là-haut, sur le pont ? L'aînée souriait plus souvent
que la cadette, plus de poitrine, plus de joie, moins de mystère.
L'aînée pour Fabien, la cadette pour moi.

— Vous êtes de Rouen, n'est-ce pas ?

L'aînée me parlait :

— Avant la guerre, nous passions nos étés à Étretat. Ce
n'est pas loin.

Falaises, marées, galets, pluies normandes et éclaircies,
nous échangions ces souvenirs. La cadette préférait les pâturages et les champs de lin du Pays de Caux, alors que l'aînée
connaissait tous les rochers de la côte. A la fin du repas,
quand nous quittâmes la table, je les pris chacune par le bras,
pensant " comme c'est facile ".

— Vous venez au salon ?

— Excusez-nous, Grégoire. Si nous n'avions pas été
malades...

— Bonsoir, Grégoire, à demain.

Je restai seul, debout et souriant pendant qu'une voix inté-
rieure hurlait " merde " ! à ces deux saintes nitouches. Une seule
danse... si l'une d'elles m'avait accordé une danse, j'aurais été
sauvé, justifié, j'aurais pu repartir là-bas de l'autre côté du salon où le polytechnicien et le savant préparaient l'échiquier.

L'orchestre avait à peine commencé à jouer que trois
couples dansaient déjà. Je surveillais la porte, mais les femmes
arrivaient toutes par deux, suivies d'un mari ou d'un homme,
heureux amant peut-être. Les mains humides, je me promenais en rythme parmi ces couples, marchant tantôt la valse
et tantôt le fox-trot. Perrault avait la rousse aux joues de
plume. Me la prêterait-il seulement une danse, une moitié
de tango lent et facile ?

— Vous ne dansez pas, Grégoire ?

— Mais si...

Madame " Vous ne dansez pas ? " rentrait dans mes bras. Je remuais au hasard. " La musique ", dit-elle. Je reconnus l'air du *Sentimental Journey* souvent entendu chez les Américains de Rouen et quelques paroles de la chanson me revinrent : *Seven, that's the time I leave, at seven...* Madame " Vous ne dansez pas ? " me poussait, me tirait, murmurait " Pa-Pim-Pa-Pan Pa-Pim-Pa-Pan ", me serrait contre elle et je respirais ses cheveux teints en blonds, aux racines noires. Presque tous les autres couples dansaient les yeux fermés. J'essayais de ne penser à rien mais chaque fois je perdais le rythme, Madame " Vous ne dansez pas ? " me rappelait à l'ordre " Pa-Pim-Pa-Pan Pa-Pim-Pa-Pan ".

Elle ne me lâchait plus. Des valses : " Pa-pa-Pim, Pa-Pa-Pim, Pa-Pa-Pim, Pa-Pa ". Des tangos : " Pa-Pim-Pa-Poum, Pa-Pim-Pa-Poum, Pa-Pim-Pa-Pèrrre ". Des pasos-dobles : " Ta-ta-Ti, Ta-Ta-Ter, Ta-Ti-Ta-Ti-Ta-Ter ". En deux heures j'appris à danser, mais quand je regagnai ma cabine je tremblais de fatigue et je dus prendre une douche. Toute la nuit, cette voix me poursuivit : " Pa-Pim-Pa-Pan ". Le savant ronflait, le général toussait, Perrault fut le dernier couché et se déshabilla dans le noir en chantonnant.

Après le petit déjeuner, comme je sortais de la salle à manger, un garçon de cabine m'appela :

— Monsieur Engivane, on vous demande au numéro cent trente.

Cent quarante-huit, cent trente-six, cent trente-deux, cent trente. " Entrez ! " Là, sous le hublot, allongée sur sa couchette, Madame " Vous ne dansez pas ? "

— Poussez le verrou, Grégoire. La porte ferme mal.

Petit Chaperon Rouge. " C'est pour mieux te manger, mon enfant ! "

— Comme c'est gentil d'être venu, disait-elle. Asseyez-vous là !

De la main elle tapota la couchette. J'essayai de ne pas hésiter.

— Si gentil cette visite. Si bête d'être couchée quand il fait si beau !

Sous sa chemise transparente, je voyais tout.

— Il rougit !

Elle parlait à voix basse maintenant.

— Tu n'as jamais vu les seins d'une femme ?

Elle riait.

Dans la cabine, ils étaient tous là à me regarder : ma mère, mon père, Fabien, le lieutenant et Marie Godefroy.

Chapitre 2

" Il y a des hommes là-dedans ? "

Tiges de béton doré au soleil. Quelle moisson ! Les habitants ressembleront à la Statue de la Liberté, géants sous robe de bronze. Assis au pied de l'île, ils jouent de ces orgues pour nous accueillir : O O O... U U U... A A A... sirènes.

Le *Colombie* remontait des flaques de pétrole, drapeaux liquides sur l'eau plate. Déjà l'Amérique nous entourait. Je tenais les sœurs noisette chacune par le coude, regrettant à la fois que ce voyage ne dure pas dix jours de plus et que le bateau soit si lent à s'approcher des quais. Madame " Vous ne dansez pas ? " distribuait hâtivement son adresse. Le général répétait : " Sacré pays ! Quand je pense que je vois ça pour la première fois... Sacré pays ! " Ainsi, le général et moi avions le même âge à cet instant, deux nouveau-nés du nouveau monde par ce bel après-midi de septembre.

Passerelle jetée, la confusion commença. A la douane, aux passeports, le temps s'épaississait au fur et à mesure que la distance diminuait et je mis deux heures pour franchir les derniers mètres, heureux de n'avoir qu'une valise car une grève des dockers condamnait les passagers à porter leurs bagages.

J'étais en Amérique. Je traversais une avenue au pavé gris où un agent de police bleu marine monté sur un cheval alezan surveillait les taxis jaunes et verts. Ma valise sur l'épaule je descendis une rue, une de ces rues curieusement plates des films. Où étaient donc les gratte-ciel ? Était-ce bien la même ville que celle vue du bateau ? Murs sales de briques roses, peinture jaune écaillée d'un bâtiment où pendait d'une fenêtre à l'autre une lessive de culottes roses et de caleçons bleus. Contre une palissade, des débris de planches et un cageot plein de ferraille rouillée et de fragments de bouteilles. Valise sur l'autre épaule maintenant, j'avançais de détail en détail, d'objet en objet, pas à pas et tout était nouveau, les boîtes à ordure et les boîtes aux lettres, les carrefours avec leurs perspectives d'angles droits jalonnés de feux verts et rouges.

Enfin, je découvris les habitants, trois hommes qui chargeaient un camion, deux femmes assises sur des marches de pierre qui épluchaient des carottes. J'entendis des cris dont je reconnus la tristesse : premières récréations de l'automne, cris flottant au hasard comme des feuilles mortes, l'école qui recommence après l'été. Dans un terrain vague, mi-terre mi-bitume, des garçons se renvoyaient un ballon ovale, cheveux roux, cheveux noirs, pantalons de toile bleue, maillots de corps blancs illustrés de dessins multicolores.

Le lieutenant essuyait ses lunettes. " Tu as de la chance, Grégoire ! Demande à Sam qui a un fils de ton âge. Son fils joue dans les rues. "

Et ceux-là, ont-ils jamais vu une vache ?

Le ballon tomba sur le trottoir, je le renvoyai à la main.

— *Have you ever seen a cow ?* As-tu jamais vu une vache ?

— *A what ?*

— *A cow.*

Il devait avoir dix ans. Il se tourna vers les autres.

— Hé gosses ! Vous savez ce qu'il demande ? Si j'ai jamais vu une vache.

— Une quoi ?

— Une vache !

Le ballon oublié roula jusqu'au trottoir. Les garçons approchaient, dix, treize, dix-sept ans. Un chien aboyait en bas de la rue. Une douzaine de garçons, des gros, des maigres, tous les mêmes dents blanches.

— ... des éléphants, des tigres, des lions au zoo, des singes.

— ... des vaches au cinéma. Dans les westerns, c'est plein de vaches.

— ... à la télévision.

Moi aussi moi aussi moi aussi moi aussi.

— Qui c'est ce type-là ?

— La valise !

— Hé gosses ! Vous avez vu son bonnet ?

— Pas un Américain, ce type-là !

Ils me suivaient le long du trottoir. " Son bonnet ! son bonnet ! " Ils s'arrêtèrent au bord de la Dixième avenue ; quand j'eus traversé, leurs cris disparurent derrière les camions et les autobus.

Combien de temps ai-je mis pour me rendre compte que je marchais au hasard ? Je m'aperçus d'abord qu'il faisait chaud, essuyant la sueur de mon front avec mon béret, ouvrant la valise pour y ranger ma veste, refermant la valise pour l'ouvrir encore et chercher dans une poche l'adresse de ma tante : 97 East 38 th Street... Je m'aperçus ensuite qu'il faisait nuit : disparus, les murs écaillés, la grisaille des trottoirs que remplaçait une propreté électrique dans la clarté jaune blanche et bleue des lumières au néon.

A qui demander mon chemin ? Je cherchais un flâneur mais tous les piétons allaient trop vite et je dus entrer dans une boutique pour me renseigner. D'une traite, j'arrivai à Broadway où la foule m'arrêta, et la lumière.

Le fond d'un bocal ! Air lourd comme l'eau, imbibé de teintes rouges, de mélanges violets et orange. Times Square, à droite. Le carré des temps. Pas de façades, des mots : SAUVAGE MIEUX MEILLEUR DOUX TERRIBLE RAPIDE FABULEUX INCROYABLE BON. Allumé, éteint, allumé, chaque mot tombait d'une couleur différente sur la foule de visages, sur la cohue de filles à bras le corps, de familles au ralenti, de garçons coude à coude. Nuques trempées de sueur, épongées d'un coup de mouchoir. Cigares à pleines dents. Je marchais invisible car ceux qui me bousculaient, que je bousculais, n'offraient pas de regard et seules m'observaient les affiches dont les sourires nous suivaient tous et chacun. Mangez-nous ! Buvez, fumez-nous ! Bouffées de métro, de gaz d'échappement, de viandes grillées par des nègres en blouse blanche.

Mais sitôt traversée la quarante-deuxième rue... plus personne, disparus, les néons et la foule. Bientôt, je serais chez ma tante. Je remis ma veste. Un homme en livrée promenait un caniche et son allure patiente accompagnait le galop frénétique du chien. Adresse en main, je lus au-dessus des portes les numéros : quatre-vingt-dix-sept, j'avais déjà sonné.

L'imbécile ! Trop tard maintenant pour réfléchir, pour se recueillir et mesurer le chemin parcouru depuis cette première lettre de tante Laura ouverte solennellement un jeudi matin à la Chêneraie. " Mais laisse donc le passé ! Quelqu'un va ouvrir, enlève ton béret... Ce que je suis sale ! Faudra-t-il parler tout de suite de l'oncle Henri ? Ne pas en parler du tout ? Bravo, Grégoire, c'est la première fois que tu sonnes à une porte et déjà tu t'affoles... "

— *Good evening*, Sir !

— *Good evening !*

Un domestique chauve habillé de noir me tendit sa main ;
je lui offris la mienne, mais il prit la valise. Une porte s'ouvrit
dans l'entrée :

— Vous voilà enfin, Grégoire ! Où étiez-vous donc ?

Quatre mètres de tapis beige à franchir jusqu'au tapis gris
du salon. Ils sont trois : une petite fille, un homme et ma tante.
Je lui embrasse les joues ou la main ? Maman a oublié de me
le dire. La main de ma tante, les joues de ma cousine : " Vous
êtes Jeanie ? "

Et le père de tante Laura : " Comment allez-vous ? "

— Jeanie devrait être au lit. Elle a voulu vous attendre.

— Elle ressemble à ma mère.

— Oui, à son père.

Voilà le moment de parler de lui. J'aurais dû préparer
une phrase. Dire quoi ? Rien de la mort surtout. Évoquer
un souvenir ! Lequel ? J'en ai si peu.

— Mais où étiez-vous Grégoire ? On vous a cherché au
bateau.

— Je suis venu tout droit. Je n'ai pas mis plus d'une
heure... une heure et demie.

— Une heure ? Mais votre taxi vous a emmené à Brooklyn !

— Quel taxi ?

— Vous êtes venu en taxi !

— Non, à pied.

— Comment, vous n'aviez pas d'argent ?

— J'aurais pu. Pas pensé... je n'ai jamais pris de taxi...

J'ai eu tort. J'ai raté mon arrivée, mon entrée. Mais je
sens au creux de ma main une chaleur et je sens des doigts
d'enfant dans mes doigts. Jeanie est contre moi. Je me
demande de quelle couleur sont ses yeux ? Cette question

devient capitale, comme si mon sort en dépendait, et je me penche vers elle :

— Quel âge as-tu ?

— Six ans et demi.

Pour me répondre elle m'a regardé et j'ai vu des yeux gris-bleu, les yeux de ma mère, les miens. Elle s'appelle Jeanie Cahan, ma cousine. Ça aide, d'être de la famille. Les rencontres sont tellement bêtes quand elles sont préméditées : un examen au lieu d'une aventure. Dans quelques semaines, quelques mois, les gestes de cette première rencontre paraîtront ridicules comme ces précautions d'un enfant aux yeux bandés qui cherche les obstacles, allonge les bras, lève les jambes, assourdi par les rires des spectateurs qui ont enlevé les chaises et les fauteuils. Mais notre spectateur est silencieux dans son uniforme de photographié. Bientôt deux ans que l'oncle Henri est mort. Tante Laura va-t-elle se remarier ? Voilà la question la plus importante dans ce salon, l'invisible meuble à ne pas cogner, là, entre les sofas et les tables. A moins que la question ne soit accrochée au mur près de ce Géricault où deux chevaux boivent l'ombre blanche d'un abreuvoir. Quelle couleur peut-il avoir, ce deuil ? S'use-t-il avec le temps ? Quand ils vieillissent, les chats noirs deviennent rouille et gris comme ce tapis où Jeanie s'est assise, orpheline dans une robe jaune. Pour la veuve une robe verte. Espérance ? Elle se penche sur Jeanie : toutes deux au centre du miroir. *Widow*, la veuve anglaise que je confondais avec *window*, la fenêtre. J'avais écrit " la fenêtre prend le deuil ", et le professeur amusait mes camarades avec ce contre-sens. J'avais imaginé des rideaux noirs. Ici les deux fenêtres portent de la soie grise.

— Vous avez faim, Grégoire ?

— Oui, je n'ai rien mangé depuis midi.

— Votre anglais est bon, dit le père de tante Laura. Un peu militaire, mais l'université arrangera votre accent.

Nous passions à table et, en s'asseyant, il dit :

— D'habitude nous dînons à huit heures.

Voilà ! D'une habitude l'autre, quelques milliers de kilomètres pour dîner une demi-heure plus tard. Tête en longueur, cravate verte et moustache jaune, le père de ma tante ressemblait à un malard posé sur la nappe bleue. Dans une coupe, des pivoines rouges. Fourchettes d'argent à trois fourchons, assiettes à salade, à beurre, à soupe, verres de cristal. Je regardais leurs mains et m'inspirais de leur lenteur, certain que le maître d'hôtel me surveillait pour savoir si j'avais l'habitude d'être riche. Hé bien oui ! La pauvreté, à Rouen, ne me l'avait jamais fait découvrir. Il fallait cette richesse plus grande pour me l'apprendre. Le lieutenant disait : " Tu as de la chance, Grégoire ! "

Cette chance continua le lendemain matin quand le maître d'hôtel apporta dans ma chambre un costume de l'oncle Henri à essayer. Il devait être presque aussi maigre que moi, cet oncle inconnu, car sa présence se faisait à peine sentir sur mon dos. Mes mains tombèrent facilement dans les poches où je trouvai un billet de chemin de fer. Qu'allait-il faire à Boston, l'oncle Henri ?

Ils me donnèrent tout : chemises, caleçons, chaussettes, costumes d'été, d'hiver et de demi-saison, tout sauf les cravates. Peut-être, tante Laura voulait-elle les conserver dans un coffret d'acajou, où bien encadraient-elles dans sa chambre la photo du mort ?

Je marchais dans les rues de New York et le costume transformait mon pas. La ville ne me semblait plus inconnue maintenant que j'étais habillé comme ses habitants. D'ailleurs je voyais à peine la ville car le costume m'accaparait, m'enveloppait d'un souvenir de naphtaline et d'un regret pour ce défunt que je remplaçais. Serait-il content de moi, s'il me voyait ? S'il nous voyait ? Ses gestes ressuscités par le mouvement : " Lève-toi, et marche ! "

— D'habitude, nous déjeunons à une heure, avait dit le père de tante Laura.

A midi, je rentrai donc à la maison. Dans le couloir, je rencontrai le maître d'hôtel, les bras chargés de mon linge sale. " Il sera lavé demain, Sir ! " Quelque chose dans sa voix me fit honte. Retour à l'humilité, à moi-même. Je me sentis mal à l'aise avec ce costume. J'hésitai devant le placard de ma chambre. Remettre les vieux habits ? Ils me paraissaient maintenant enfantins et pauvres mais je n'osais plus descendre, de peur de rencontrer ma tante, ainsi déguisé avec les vêtements de son mari.

A force d'hésiter, le temps passait. " Tant pis ! je verrai bien. " J'essayai de me rassurer, de retrouver en entrant au salon mon pas habituel. Un éclat de rire m'accueillit :

— Grégoire ! Vous ressemblez à un pasteur méthodiste !

Tante Laura près de la fenêtre. Je pensai, la Veuve Joyeuse... Quelle veuve ? Elle ne portait même pas de cheveux noirs comme l'orpheline, mais des cheveux clairs, couleur du tabac américain : Chesterfields, Lucky Strikes, Old Golds.

— *I am sorry !* Connaissez-vous seulement les pasteurs méthodistes ?

Son visage gardait des traces de rire. J'évitais les fenêtres, cherchant l'ombre et, à chaque pas, le pantalon me chatouillait les mollets.

— Merci pour les costumes.

— Oh non ! C'est mon père qui a vu tout de suite que vous étiez de la taille d'Henri.

Puis en français :

— Henri, ça lui ferait plaisir, n'est-ce pas ?

Elle parlait le français d'une voix plus grave que l'anglais ; la voix, le langage de son deuil.

— Pour sûr, vous ressemblez à Mister Henry, Master Gregory.

Le nègre posa cette phrase dans la chambre avec ma valise.

— *Thank you,* Slow !

— Mais vous êtes plus maigre et vous causez mieux l'américain. Il causait l'anglais, Mister Henry. L'anglais d'Angleterre.

Une branche d'orme à la fenêtre projetait sur les murs blancs de ma chambre une ombre verte, autre souvenir de la Chêneraie avec l'odeur de pierres humides et de bois des vieilles maisons. Le nègre nous avait conduit là. Sous sa casquette octogonale, des cheveux gris. Ses ancêtres venaient-ils du Niger ou du lac Tanganyika ? Sur les autoroutes de béton franchissant les marais et les fumées d'usine de la banlieue new-yorkaise, la Cadillac nous berçait entre les camions. Puis les routes se firent de plus en plus étroites jusqu'à un chemin terre et gravier au bout duquel se dressait une maison de pierre grise sur une pelouse verte, aussi simple qu'un dessin d'enfant.

— Au Port des Absents, nous dînons à huit heures moins le quart.

Avec l'index, le père de tante Laura effaçait sur sa main gauche une tache imaginaire. Je venais de le rejoindre au salon et il était debout devant la grande cheminée, front presque chauve auréolé par un bouquet de chrysanthèmes jaunes posé derrière lui.

— Appelez-moi uncle George. Nous nous verrons si souvent pendant quelques années. Je serai votre " loco parentis ". Vous avez fait du latin ?

Sur une table, dans un cadre de cuir, souriait la photo de famille envoyée il y a presque deux ans à tante Laura. Fabien, maman, papa et moi : " Jette ces béquilles ridicules ", criait mon père à Fabien. Mon père jouait avec une règle, le lieutenant essuyait ses lunettes, uncle George effaçait une tache imaginaire sur sa main.

— Vous savez, Grégoire, quand je dis " loco parentis " ça ne veut pas dire que c'est moi qui paie. Votre tante paie vos études. C'est son idée, une bonne idée bien sûr. Elle a l'argent que sa mère lui a laissé quand elle est morte et le Port des Absents est à elle. La maison de New York est à moi. Pas que ça fasse une grande différence, mais elle est si jeune, elle ne l'aurait pas expliqué. C'est mieux, quand tout est expliqué.

Il se tut quand Jeanie entra.

— Graig ! Demain, vous m'emmènerez en bateau ?

Penché en avant, uncle George bourrait sa pipe. Puisqu'il ne payait pas, ses habitudes paraissaient moins menaçantes, devenaient des manies vulnérables et bienveillantes. Belles dents sur le tuyau noir de sa pipe. Avec son foulard de soie verte et la raie dessinée à gauche dans ses cheveux gris, il était un jeune homme à la retraite plutôt qu'un homme âgé.

— Ton cousin t'emmènera en bateau, Jeanie, si tu mets ton gilet de sauvetage.

Jeanie fut mon guide au Port des Absents. Ne se souciant pas de l'ensemble, elle me montrait mille détails : un terrier de marmotte, un rocher surplombant où s'abriter en cas de pluie, le chêne abattu l'été dernier par une tempête... Assise à l'arrière du bateau, elle me disait d'aller à droite, à gauche et encore à gauche. La crique traversait les sept cents hectares de la propriété, descendait vers la mer entre deux rivages changeant au rythme des marées, tantôt beiges de boue et de roseaux, tantôt verts et gris d'arbres et de rochers. Car la roche avait autant d'importance que le bois dans ce paysage.

Gros cailloux éparpillés ou rangés parallèlement à la pente par les pionniers d'autrefois ; murs écroulés qui avaient cerné des pâturages, des jardins, des champs depuis longtemps abandonnés pour les plaines fertiles du Middle West.

" Plus vite, Graig ! " criait Jeanie. Après dix coups de rame le rythme ralentissait. Je voulais que dure aussi longtemps que possible cette découverte puisque ce matin seulement le Port des Absents m'était neuf. Neuf moi-même puisque j'étais venu là.

— Regarde Graig ! Médor nous attend. Plus vite !

Avoir un Médor dans sa vie... Quand le nom passe du domaine public à un chien, à sa course, sa nage, sa manière de s'asseoir sur une fesse, à son pelage noir posé négligemment sur ses épaules. Déjà Médor se dressait contre ma poitrine à cette première rencontre et je faillis tomber à la renverse.

— Pour sûr, il vous a trouvé, disait Slow.

Le nègre avait troqué sa casquette de chauffeur pour une veste blanche de maître d'hôtel. Souliers vernis, visage verni coiffé perles (ses cheveux gris au soleil), il m'accueillait, les mains tendues :

— Master Gregory, je le savais je le savais vous sentez comme Mister Henry. Le garde, il avait juste lâché Médor ce matin que Médor vous cherchait. Je connais son manège. Même sang, même odeur. Vous voyez, c'était le chiot de votre oncle. Dans la voiture, dans leur chambre, à la chasse, en ville. C'est une chose de ressembler à un homme, une autre d'avoir son odeur et Mister Henry, c'était un brave homme. Hein Médor ? Sent-il pas comme lui ? Faut qu'on lui montre alors nos coins, les coins à brochets, à canards, à lapins. Il est dans la famille, le jeune Français. Tu lui chercheras des sarcelles bleues, tu les poseras sur la neige devant lui et, comme Mister Henry, il te grattera l'oreille.

Nous montions vers la maison, Jeanie et le chien devant, Slow près de moi qui portait ses phrases dans la paume claire de ses mains. Je me disais : " Médor a senti les costumes, tout simplement ", et cette logique me révoltait ; pensée vicieuse indigne de la joie des autres, indigne surtout de l'image d'Épinal : belle enfant, brave nègre, bon chien. Je ne voulais pas les trahir, jolis comme une leçon de morale.

Et quelle morale ! Gosse de riche, chien de riche, nègre de riche : heureux généreux chaleureux, nous dînions souvent ensemble à la cuisine, chaque fois que tante Laura et uncle George " sortaient ". Alors, Slow quittait sa veste blanche. En bras de chemise, il nous fricassait un poulet, nous composait des gâteaux à la framboise.

— Votre oncle Henry, le père de Jeanie ici, il adorait les framboises.

A quatre pattes derrière un buisson, nous guettions les lapins. De la poche arrière de Slow sortait un pistolet. Aucun bruit sauf le frémissement de la queue de Médor dans l'herbe sèche.

— Apporte Médor !

En quelques bonds, il attrapait l'animal blessé, le posait dans mes mains.

— Pour sûr, il a reconnu son maître, disait Slow.

Je regrettais les soirs officiels quand uncle George et tante Laura dînaient à la maison. Ils avaient souvent des invités, avocats, agents de change de Wall Street, hommes d'affaires qui habitaient aussi New York et cette campagne du New Jersey. Tante Laura me présentait :

— Voilà le neveu d'Henri, Grégoire Engivane.

On me versait un, deux cocktails.

— Il doit s'y habituer, disait uncle George. Il entre à Princeton dans quelques jours.

Je m'y habituais mal. Où donc étaient " mes " Américains : Sam, Bill, Dick, Tex, George, Harry ? Ils parlaient de la pluie et du beau temps dans un monde que je comprenais. Les invités d'uncle George parlaient de leurs affaires, de leurs amis, de la politique. Je ne connaissais que les noms de Roosevelt, Staline, de Gaulle et j'avais vite compris qu'ils n'aimaient pas ceux que je croyais être les héros de la guerre. Churchill seul les étonnait et ils plaignaient ces pauvres Britanniques qui s'étaient privés d'un tel chef par ingratitude.

Je les écoutais avec le sourire pour les remercier de la gentillesse dont ils faisaient preuve en me parlant. Et Paris ? Paris n'avait pas trop souffert, n'est-ce pas ? " Comment ! Vous n'y êtes jamais allé ? Un Français qui ne connaît pas Paris ? " Tante Laura venait à mon secours :

— Ses parents habitent une ravissante maison Louis XIII, en Normandie.

Debout contre une fenêtre, je regardais les oiseaux sur la pelouse : loriots orange et noirs, cardinaux rouges, geais bleus venus manger les graines que Slow jetait chaque soir au pied de l'orme. Je finissais mon premier cocktail. Tante Laura avait posé sa main sur le poignet d'un homme blond et bruni, un de ces Aryens dont les revues pétainistes publiaient des photos pendant la guerre. Remplacerait-il l'oncle Henri ? Justement tante Laura secouait la tête ; elle trop blanche à côté de l'athlète, et je lisais ses lèvres : " No, Roger ! " Cruche d'argent en main, uncle George

allait de fauteuil en fauteuil offrir un dernier cocktail avant
le dîner, dire quelques mots à chaque invité : à la robe bleu
pâle, au costume moutarde, à la robe champagne, au costume
gris et à la robe émeraude. Aucune de ces femmes ne me troublait comme les infirmières des films, le sourire disponible
leur manquait. " L'Amérique n'est pas comme au cinéma ",
disait le lieutenant.

— Et notre étudiant ?

Uncle George remplissait mon verre.

— Allons, un petit effort !

Au-dessus de la cheminée, une sarcelle empaillée s'envolait.
Tante Laura s'approcha. Je reconnus la voix de son deuil :

— Tu t'ennuies aussi, pauvre Grégoire ! Mais toi, tu es
un enfant. Le temps ne compte pas encore.

Chapitre 3

Se perdre ? Pourquoi pas ?

Oh, guère de risques de s'égarer sur ce " campus ", ce champ de l'université où les ormes géants, le lierre camouflaient la confusion des styles, gothique, colonial américain, victorien, moderne.

Mais se perdre dans la confusion des idées que l'uniforme des chemises blanches et des flanelles grises déguisait mal : athées, chrétiens, bourgeois, anarchistes, marxistes, boursiers, millionnaires, rebelles, snobs, athlètes, ivrognes : tous des puritains. Poètes de dix-huit ans, savants de vingt ans, jeunes débauchés, jeunes saints, les étudiants s'éparpillaient sur ces pelouses ensoleillées de l'automne transformées en marché des idées... et les mots classiques me revenaient, Agora, Forum où chacun se prenait pour Socrate et Diogène. Parler, lire, écrire : des mots et chaque mot éventré dès la première rencontre : " Qu'est-ce que cela veut dire la liberté, la foi, l'amour, l'avenir ? Ton dictionnaire, je m'en fous ! Qu'est-ce que tu veux dire ? "

— Je veux dire la liberté de m'asseoir dans l'herbe, la foi du charbonnier, l'amour vache, l'avenir de tout à l'heure...

Mes parades n'amusaient pas et je me rendis compte qu'il ne fallait pas rire. Ces puritains du verbe voulaient une confession, que je me livre comme ils se livraient à tous les coups. Corps à corps de la sincérité, jeu d'enfants qui ont déjà le droit de parler comme des hommes et ne craignent pas encore de le faire.

— Pourquoi es-tu venu en Amérique ?

— Pour apprendre l'anglais.

— Tu le parles déjà.

— On ne connaît jamais une langue !

— Alors, pourquoi n'apprends-tu pas le français en France ?

Je battais en retraite, moi joueur d'échecs, honteux d'avouer que j'étais venu par amour de Veronica Lake, par le hasard d'un lieutenant vivant et d'un oncle mort. L'esprit de l'escalier, la vérité ennoblie trop tard : " Je suis venu pour me dépayser... " Voilà la bonne réponse !

Le long d'une rue bordée de sycomores, je trouvai une maison de bois peinte en jaune avec des volets bleu pâle. Une femme toute petite m'ouvrit la porte et rit quand je demandai le lieutenant Harris.

— Vous voulez dire le professeur Harris, Grégoire.

Elle me connaissait. On m'attendait donc entre ces murs couverts de livres et ces jouets d'enfants éparpillés sur le tapis. On voulait tout savoir : ma famille, le voyage, tante Laura. Je leur racontai mes caleçons sales dans les bras du maître d'hôtel.

— Tu as maigri, Grégoire.

— Ce sont les costumes de l'oncle Henri qui flottent un peu.

— Aimes-tu ton logement, tes camarades de chambre ?

— A peine vus. Le très grand m'a dit : " Bonne jouar ", et puis il a ri cinq minutes. Le moins grand m'a invité à déjeuner chez lui dimanche. Mais c'est tellement différent de la France... Des garçons qu'on a jamais vus posent tout de suite des questions si personnelles. Ils me font un peu peur.

Le lieutenant me tendit une assiette, lueur à contre-jour derrière ses lunettes :

— Tu n'as pourtant rien à craindre, Grégoire. Tu es un garçon solide.

Au centre de la table, la cuiller plantée dans la glace à la vanille tombait doucement. Pourquoi le lieutenant me croyait-il solide ? Mme de Chine m'avait confié Perrault. Les gens ne sentaient-ils pas ma lâcheté ? Je deviendrais acteur, je portais déjà les costumes d'un mort.

Les enfants Harris montaient se coucher ; tour à tour ils m'embrassèrent, pyjama bleu, pyjama rose. Après cette cérémonie, le silence.

— Cela fait longtemps, depuis Rouen, Grégoire. Pas beaucoup plus d'un an, mais la distance... Au fond, je ne croyais pas que tu viendrais. Ces projets-là sont tellement incertains ! Pourquoi es-tu venu, Grégoire ? Que cherches-tu en Amérique ? Tu as dû réfléchir.

— Un dépaysement.

Nous entrions dans le salon. Du bout du pied, le lieutenant poussa les jouets dans un coin.

— Pourquoi pas ?

Il déboucha une bouteille de calvados, " elle aussi vient de Rouen ", et disposa deux verres sur le bras du sofa.

— Et que veux-tu étudier ? As-tu choisi ton métier ?

— Non !

Me trouvait-il solide, maintenant ? Il regardait le fond de son verre. Pour lire mon avenir ?

— Heureusement qu'il y a des garçons comme toi, Grégoire...

Mais pourquoi, pourquoi ?

— ... des garçons honnêtes, ou candides, ou naïfs. Si tu ne sais pas que faire, tu peux toujours réfléchir, c'est la littérature, la philosophie, les mathématiques, l'histoire. Avec tes deux bachots, tu entres ici comme étudiant de troisième année. Tu as deux ans pour lire, discuter. Le dépaysement viendra tout seul. Ne te presse pas et vois un peu l'Amérique. L'autre. Pas celle du maître d'hôtel de tes caleçons sales...

Après cette leçon, je retrouvai la nuit mouillée de brouillard, aux parfums aigus des buis sur fond de pelouse. Odeur de campagne et rythme de ville chaque fois que mes talons heurtaient le ciment des trottoirs. Perspective de réverbères à droite de la rue qu'un chien descendait au trot et, au détour d'une maison, la bibliothèque illuminée. " Se perdre là, se perdre aussi dans les paysages. Je suis libre, libre à chaque pas et j'ignore même ce que liberté veut dire... sauf que pour être libre, il faut se perdre. "

Un chant à plusieurs voix s'approchait, petit groupe de puritains de la boisson en perte d'équilibre sur leur chanson :

> Oh quelle tristesse
> Oh quelle tristesse
> Quelle tristesse quand le navire est descendu
> Vers le fond de...

Un des chanteurs tomba dans l'herbe. En essayant de le relever les autres tombèrent aussi, bouches ouvertes pour un air gai, mi-valse, mi-polka :

> Des maris, des épouses
> Des petits enfants ont perdu leur vie
> Quelle tristesse quand le grand navire a coulé.

Se perdre aussi parmi les hommes. Jouer leur jeu. Apprendre à être chrétien et athée, snob et rebelle. Porter des souliers blancs comme ces ombres que je croisais sur les pelouses. Voyage sur place : " mon nouveau cinéma, ma nouvelle aventure et je saurai bien ce qu'est la liberté à mon retour, si j'en reviens. "

Nous étions trois à nous partager un appartement dans Foulke Hall, tour gothique avec salle de bains et fenêtres ogivales à carreaux montés sur plomb. Du Port des Absents, Slow avait apporté un tapis, une lampe, un sofa qui, avec les meubles de mes deux camarades, formaient un appartement multi-style, beige, marron et gris. Trois bureaux dans le studio et trois lits dans la chambre à coucher... Je dormis mal les premières nuits car j'avais toujours été seul dans une chambre et ces présences nouvelles me fascinaient. Peut-on distinguer deux hommes à leur respiration ? Pendant des heures, j'écoutais dormir Peter Allan Stone et Peter Bull Graham : Peter A et Peter B. Le premier mesurait presque deux mètres et pesait cent kilos, le deuxième avait un front blanc entre des cheveux et des sourcils noirs. Mon lit grinçait. Je n'osais pas bouger de peur de réveiller mes camarades. Dans la nuit, une cloche sonnait encore. Quelques voix passaient sous notre fenêtre avec une chanson :

Nous sommes de pauvres petites brebis noires
Qui se sont perdues
Baaah Baaah Baaah
Nous sommes de pauvres petites brebis noires
Sorties du droit chemin...

Dans cette université sans femmes, la nuit appartenait aux puritains de la boisson. Interrompu dans ses rêves, Peter B

77

se retournait : " Tout de suite, j'arrive. " Voix éraillée de sommeil. A qui parlait-il ? Aux buveurs, à une femme, à Dieu peut-être ?

Avant de se perdre, mieux valait s'organiser et je m'inscrivis pour un cours d'histoire contemporaine, un cours de philosophie (esthétique), un cours sur Shakespeare, un cours de mathématiques. J'achetai des cahiers, de l'encre, des manuels, un dictionnaire et je me sentis neuf comme tout ce matériel. J'allai à la bibliothèque emprunter des livres et pour cette première visite je m'égarai : onze étages de livres, étages souterrains, livres enfouis, enterrés debout comme les morts les plus nobles, serrés les uns contre les autres sur leurs étagères métalliques et formant des couloirs sans jours ni nuits, sans saisons, que je suivais lentement, les yeux mi-clos pour favoriser le hasard qui me faisait prendre ce livre-là : il s'ouvrait et mon doigt indiquait une phrase : ... *that we should use our children, as we do our puppies...* Autre livre : *... may Congress make it a criminal offense against the United States — as by the 1 oth section of the act of 1898, it does —* ... Un autre encore : *Murmuraban los rocines a la puerta de Palacio...* Du russe, de l'allemand, de l'histoire, du japonais, de la musique, du français. Toutes ces voix dans le silence ! Cataloguées, classées dans ce silence ! Assis sur le carrelage, je feuilletais Rimbaud, Rivarol, Rivière, Rochefort.

Quand je sortis de la bibliothèque, il faisait nuit et j'avais passé cinq heures à choisir deux livres.

Peter A et Peter B habitaient ensemble depuis deux ans, j'étais donc leur nouveau. Les premiers jours, le temps passa trop vite pour une confrontation. Ils s'organisaient eux aussi, prenaient leurs repas dans un club, rendaient visite à leurs amis. C'est le premier samedi que nous nous retrouvâmes face à face, ou plutôt conscients les uns des autres, tous les

trois assis dans notre salon et je sentais bien que Peter B ne
lisait pas son journal, que Peter A cherchait une phrase. Je
cherchais moi aussi, mais que dire ? Être intelligent sans
paraître pédant, être familier sans devenir personnel, éviter
que ce premier silence se prolonge, éviter surtout le jeu de la
vérité.

— Montre-lui comment marche ton électrophone, dit
Peter B.

Il avait raison, les gestes d'abord et nous nous retrouve-
rions à travers ces objets, ces boutons (" en appuyant sur
celui-là, le disque s'arrête automatiquement "). Mieux valait
inventer une routine que des phrases...

— Graig, tu veux sortir trois verres et la bouteille de
whisky ? Je vais chercher de l'eau.

Peter A choisit un disque de Jelly Roll Morton et prit sa
clarinette : Ti-Taliata-Tip-Ta. Il accompagnait le pianiste,
quelques notes d'abord, de plus en plus sûr de lui. Un voisin
entra, puis d'autres étudiants dont un apportait un trombone.

— Appelez Bob ! Appelez Banjo Bob ! appelez Bob !

De bouche en bouche, le message descendait l'escalier et
bientôt notre concierge, notre nègre s'installa dans une fenêtre gothique avec son banjo.

— Buvez donc un coup !

— Voilà la trompette !

— On s'essaye avec *Chicago Mess Around* ?

— Vas-y, Banjo Bob. Donne le ton !

... Et le jazz occupa la pièce. Trombone-ours ; banjo-
singe ; clarinette-belette courant d'un meuble à l'autre, esca-
ladant les meubles, disparue, apparue ; trompette air et métal,
glissades en équilibre sur le rythme à banjo. Les murs s'écar-
taient à chaque décharge : Jéricho !

" Souffle homme ! Souffle ! " Visages ouverts ou fermés

pour la musique. L'indifférence piétinée. Alternance de mélancolie et de rage. " Go ! Go ! Go ! " Seul le poids du trombone empêchait la trompette de s'envoler. Bruits à l'emporte-pièce. Folie, prisonnière de la clarinette où les doigts se précipitaient. Trombone en colère. Banjo rit. " Chante homme ! Chante ! " Nègre troubadour dans sa fenêtre gothique, Banjo Bob :

> Le blues a sauté le lapin
> L'a couru sur plus d'un mille.
> Le pauvre type il s'est couché
> Pleurant comme l'enfant des villes.

Clarinette lapin, trompette lapin, banjo lapin dont les pattes détalaient, brûlaient, tous rattrapés par le trombone. Cordes, clefs d'argent, bois et cuivres, air et vibrations se vengeaient de la voix de l'homme. Chaque mot éventré cette fois par la musique, enfoui dans le rythme, ressorti, jeté contre les murs. Larmes de bois, larmes de cuivre, larmes de cordes, larmes de lapin. " Go ! Go ! Go ! Nous sommes tous frères et le vieux Banjo Bob est notre père ! " *New Orleans Stump, Saint Louis Blues, Frisco Ramble*, quel voyage ! *Snake Rag, Balling the Jack*. Plus vite ! " Souffle homme ! Souffle ! " *High Society* : la clarinette se vantait à faire pitié. Chaque air une histoire, une humeur. Chaque instrument un acteur : trombone farceur, trompette héros, clarinette coquette, banjo décors. Nouvel air et nouveaux rôles : trombone nigaud, trompette inquiète, clarinette douce, banjo va-t-en guerre... tous enlacés. Musique pour tous et chacun, à rire pour Bob, à sourire pour Tom, à râler pour Harry, à boire pour Peter A, à penser ou à danser, à s'émouvoir pour Peter B. Notes éparpillées, soufflées, pincées, reprises, oubliées, redites, organisées, détruites dans la fumée de la pièce humide de sueur, chaude du bruit qui s'enfuyait suivi par la clarinette...

Poursuivi par la clarinette quand la musique s'arrêta.

Ce fut une déroute silencieuse, mains dans les poches les étudiants s'en allaient, abandonnaient sur notre tapis les débris de la fête, boîtes de bière vides, verres vides et cendriers renversés.

— Allons souper, dit Peter A.

— Nettoyons d'abord, dit Peter B.

Pelle d'une main et balayette de l'autre, je parcourais le tapis lorsque Perrault arriva, journal roulé qu'il tenait comme un bâton de maréchal, essoufflé mais sourire aux lèvres. Agile, il évita une bouteille, deux cendriers, écrasa le fauteuil de son poids.

— Je préfère... la valse... aux escaliers.

Dans le courant d'air des fenêtres ouvertes, la fumée tourbillonnait, épaisse comme de l'encens autour de ce visage inscrit en finesse au milieu des joues trop blanches. Toujours à quatre pattes, je lui rendais hommage, étonné qu'il se soit déplacé pour me rendre visite, accomplissant une prophétie chinoise : " Il aura besoin de votre aide à l'université, Grégoire. "

— Tu ne me présentes pas, Engivane ?

— Pardon ! Peter Allen Stone, Peter Bull Graham, *meet my friend* Charles Perrault de Peygues.

— *As in peg-leg, you know ?*

Phrase enveloppée par son accent d'Oxford qu'il laissa tomber comme une perle avant de déplier le *New York Times* devant lui. Seuls restaient tournés vers moi les regards étonnés des deux Peter, regards qui me firent comprendre immédiatement que Perrault avait déjà besoin de moi. Nous reprîmes en silence notre nettoyage, interrompus çà et là par les " Oh ! " les " Ah ! " ou les brefs éclats de rire de Perrault que la lecture de son journal passionnait, au point qu'il ne se dérangea même pas (peut-être ne se rendit-il pas compte de leur présence) lorsque trois jeunes gens, gilet, cravate, vinrent me prier d'adhérer au Slate Club.

Visiteurs cérémonieux dans leur flanelle grise, ils restèrent dix minutes et me donnèrent deux jours pour réfléchir à leur offre, tellement sûrs d'eux-mêmes que j'eus envie de rire. Seul, le sérieux des deux Peter m'en empêcha.

— Félicitations, dit Peter B aussitôt qu'ils furent partis.

— Pourquoi ?

— C'est le club le plus chic de Princeton.

— Mais je m'en fous de leur club ! Moi, je préférerais être avec vous. Comment s'appelle le vôtre ?

— *The Briar Club*, dit Peter A. Je crois que ce serait facile à arranger...

— Comment ! Tu ne peux pas lui dire une chose pareille, dit Peter B. L'occasion est trop belle. Il faut qu'il y réfléchisse. Et puis il se fera des amis aussi au Slate Club.

— Qu'est-ce que c'est ? Qu'est-ce que vous dites ? Le Slate Club ?

Perrault s'exclamait en pliant son journal.

— Le Slate Club invite Engivane, expliqua Peter A.

Le visage de Perrault s'anima et quand il leva la main, ses doigts formèrent une tulipe :

— Mais c'est le club de MON grand-père.

— ... et Engivane refuse !

— Je préférerais le club des deux Peter. Et puis je m'en fous de ces snobs, si tu avais vu leur tête...

— Pas question de snob, dit Perrault. L'important est de ne pas être snobé, un point c'est tout.

— Des étudiants se sont pendus parce qu'ils n'étaient pas invités au Slate Club, ajouta Peter B.

— Sélection naturelle...

A peine prononcés, je regrettai ces mots qui pouvaient blesser Perrault. Il semblait prendre cette affaire au sérieux et nous nous taisions tous. Perrault sortit de sa poche un morceau de sandwich, mâcha dix fois, vingt fois, fit glisser dans le creux de sa main les miettes tombées sur le journal. Perrault portait un gilet et une cravate. Il léchait les miettes sur sa main. Silence tellement gênant que Peter A se mit à jouer sur sa clarinette un air très doux. Perrault enroula son journal et battit la mesure. Je me disais : " Qu'est-ce qu'il attend pour retourner dans sa chambre ? Peut-être les trois jeunes gens sont-ils aussi passés chez lui ? Peut-être ont-ils glissé une carte dans sa boîte aux lettres : " Le Slate Club prie M. Charles Perrault de Peygues (*as in peg-leg*) de bien vouloir... "

Perrault plongea deux doigts dans son gousset, sortit la montre du grand-père américain, président du Slate Club 1898 :

— Déjà dix heures ! Tu viens voir ma chambre, Grégoire ?

Je descendis l'escalier quatre à quatre et l'attendis en bas. Il me suivait lentement ; dans l'espace trop étroit du navire, je n'avais pas remarqué cette dignité.

— Pantalon de flanelle et veston de tweed... Tu es superbe, Engivane !

Arrêté sur l'avant-dernière marche, il allumait un cigarillo et me regardait à travers la fumée.

— Ce sont les fringues de mon oncle, celui qui est mort.

Perrault posa sa main sur mon épaule :

— Tu es un paysan !

Il reprit sa marche, m'imposant son allure, allant au ralenti malgré une pluie fine, s'arrêtant sous un réverbère pour arracher une poignée de gazon qu'il renifla, goûta, recracha :

— Plus sucrée qu'à Paris, dit-il. Les lapaingues ont de la chance.

... et puis...

— Naturellement, j'habite au rez-de-chaussée.

Pourquoi, naturellement ? Ne méritait-il pas lui aussi une tour gothique, un château aux escaliers si larges que les chevaux montent trois par trois jusque dans le salon ?

Nous arrivions dans sa chambre ; un lit, un bureau, une chaise pour tout mobilier dans cette pièce trop grande. Sans être gêné par ma présence, Perrault ouvrit la boîte aux lettres ; elle était vide, pas d'invitation du Slate Club, il haussa les épaules.

— On boira à tour de rôle, dit-il. Prends mon lit.

Sur la cheminée, une bouteille de Bordeaux et un verre qu'il remplit. Puis il posa la chaise au milieu de la pièce et s'assit. Seul éclairage, la lampe du bureau se reflétait sur quelques feuilles mi-blanches, mi-griffonnées. Cette lumière n'atteignait ni les murs, ni le plafond de la pièce aux limites effacées par l'ombre. Perrault sur sa chaise, naufragé sur une île au centre de cette imprécision.

— Si tu voulais des meubles, Perrault. Au Port des Absents, tante Laura...

— Ah non ! Tu ne vas rien mendier pour moi !

La chaise bascula : une chaloupe en danger. Quand elle eut retrouvé son équilibre, Perrault ajouta d'un ton plus doux :

— Heureusement que tu es un paysan.

Il m'apporta le verre de vin (" Tiens paysan ») et retourna s'asseoir, bouteille d'une main, pipe de l'autre, buvant et fumant.

— Aux innocents les mains pleines... Et tu refuses d'en-

trer au Slate Club. Moi aussi je devrais m'en foutre. Seulement... à cause de mon grand-père...

Silencieux sur mon lit, témoin dans l'ombre, commode.
Une commode et Perrault déposait dans mes tiroirs sa désil-
lusion, ses désillusions. De la fortune de sa mère ne restaient
que trois mille dollars et le souvenir : " ils m'ont élevé pour
être riche. " Les dollars devaient payer son entretien pendant
deux ans. " Merde ! Qu'est-ce que je fous ici ? En Europe, on
peut être pauvre, ou au Slate Club à la rigueur... Comme quoi,
mon cher Grégoire, une tante vivante vaut mieux qu'un
grand-père mort. " Il me racontait le village en ruine autour
du château de Peygues : " Des pierres sur huit hectares et,
sous la colline, des châtaigniers, la vigne, des oliviers. "
Reconstruire le village comme son père avait reconstruit le
château ? Ou bien se libérer du passé. " Mais pour être libre
aujourd'hui, il faut de l'argent. " Il ne parlait pas de son obésité, il la palpait, mains au ventre, sur les cuisses, sous les
joues. Il tournait dans une cage à trois dimensions : argent,
passé, liberté. Je bâillais, trop près d'un lit. A peine besoin
de me cacher, il ne me voyait pas ; il cherchait autour de lui,
tête pivotant sur sa cravate, les yeux vers l'ombre. Je n'osais
pas m'endormir ni partir, car ma chance se devait de res-
pecter son infortune et Perrault usait de cette supériorité.
Cela dura peut-être des heures. Trois bouteilles vides, deux
debout, une couchée, formaient une esquisse de jeu de quille
sur le parquet. " Le rôle de confident, si utile à la tragédie... "
Souvenir des cours de littérature : je jouais Pylade, Phénice,
Arcas :

A peine un faible jour vous éclaire et me guide,
Vos yeux seuls et les miens sont ouverts dans l'Aulide.

A l'aube, je rentrai me coucher. Au fur et à mesure que je m'éloignais de la chambre de Perrault son malheur me paraissait plus grand. Quels imbéciles, ces types du Slate Club ! Comment n'avaient-ils pas reconnu l'un des leurs ? Ce garçon seul en Amérique, seul dans cette pièce trop grande. Si jamais...

Perrault ne se pendit pas, il acheta une robe de chambre. Il la porta comme le symbole de sa retraite ; Perrault, nu dans sa robe de chambre bleue à pois blancs. Tôt le matin, tard dans la nuit, il alignait son écriture pattes de mouche sur des feuilles jaunes, roses et vertes entassées par couleur sur son bureau. Des bouteilles de bière remplaçaient sur la cheminée le Bordeaux trop cher et quelques sandwichs oubliés se desséchaient à côté d'un grille-pain neuf. " Ma cuisine ", disait-il, car il avait refusé d'adhérer à tout autre club que le Slate Club et mangeait chez lui. Il ne quittait sa robe de chambre que pour aller à ses cours et pour venir chaque après-midi à six heures, costume gilet cravate, lire le *New York Times* dans notre tour gothique.

— Permettez ? disait-il en ramassant le journal.

Il s'asseyait dans son fauteuil (nous parlions entre nous de ce fauteuil de cuir comme " du fauteuil de Perrault "), n'interrompait sa lecture que pour corriger d'un rire bref une phrase de la conversation. A neuf heures, quand nous rentrions du club, il posait le journal, se disputait avec Peter B.

— Si Dieu existe, il doit porter une barbe blanche.

... et repartait vers dix heures. Parfois je le raccompagnais. Aussitôt chez lui, il accrochait soigneusement ses vêtements dans le placard et remettait la robe de chambre. " Un ver à soie, me disais-je. Au moins, dans son cocon, il ne se perdra pas. "

D'ailleurs, je ne me perdais pas non plus, ces premières

semaines. Au contraire, je plaçais Grégoire dans cette géographie nouvelle. Mes pieds connaissaient la mesure des paliers d'au moins dix bâtiments et trouvaient sans hésiter la première marche. Au club, je baissais automatiquement la tête en accrochant mon manteau pour éviter un tuyau mal placé. La silhouette des cinq " proctors ", mi-flics, mi-pions, imperméable et chapeau mou, m'inspirait à distance ce même mépris qu'aux trois mille autres étudiants qu'ils surveillaient. Je nourrissais quelques écureuils, deux pigeons, un chat : la faune de ce parc universitaire. Si je voulais savoir l'heure, où que je sois sur le " campus ", je levais la tête et mes yeux rencontraient immédiatement la pendule de Nassau Hall.

Grégoire l'étudiant s'organisait comme ses cahiers de cours. Paragraphes d'une écriture régulièrement penchée vers une suite soumise aux titres soulignés deux fois, aux sous-titres soulignés une fois. Trois heures de mathématiques, une heure de repas. Deux heures d'histoire, une heure de philosophie, trois heures de lecture, une heure d'amitié, une heure de repas, deux heures de lecture, neuf heures de sommeil. Les semaines se suivaient comme des chapitres, et chaque dimanche une conclusion. Pluie, soleil, chute de feuilles jaunes sur le givre du matin.

Je croyais aussi connaître les personnages de cette nouvelle scène. Peter B récitait ses prières du matin sous la douche. Il servait un Dieu au front blanc comme lui. Peter A n'aimait pas se lever : " depuis l'armée, je n'aime pas le réveil. " De ses deux années de guerre, c'est tout ce qu'il m'avait dit et le voyant presque aussi jeune que moi, le visage imberbe, pas l'espoir d'une ride, j'imaginais deux années de scoutisme. Sans doute buvait-il sec pour se donner du genre, remplacer le rasoir ? Sans doute étudiait-il le japonais par dilettantisme ? Tante Laura les trouvait " très gentils tous les deux ".

De passage à Princeton, elle avait visité notre chambre, nous félicitant de notre aménagement, promettant de revenir nous voir pour le " Harvard week-end ", ce samedi d'automne attendu entre tous quand les équipes de Princeton et d'Harvard jouent leur match annuel. Assise à contre-jour de la fenêtre gothique, gants, souliers et sac du même cuir, foulard tabac de Virginie, confortable et pressée, tante Laura s'amusait du silence des deux Peter. " Mignonne 'tite poulette' " me dit Banjo Bob quand elle fut partie. " Mais voyons, c'est ma tante ! " Le rire de Banjo Bob remontait l'escalier, un rire de jazz, thème de basse, variations soprano.

Rosbif, glaces à la vanille ou au chocolat... toujours le même menu du dimanche que j'aille déjeuner chez le lieutenant (cette vie sans aventure), ou chez le pasteur Graham qui disait grâces les yeux fermés, un doigt accroché à son col amidonné blanc, debout entre son fils Peter et sa fille Jane.

Lundi, moustaches grises du professeur Braintree : " Engivane vous préférez Racine ou Shakespeare ? " Mardi, la perruque noire de German Meyer : " L'esthétique, ça n'existe pas. Depuis que j'en parle, j'ai bien fini par m'en apercevoir ! " Mercredi, les causes de la guerre de 14. Jeudi, les nombres premiers entre eux. Vendredi, un essai sur *Othello*. Samedi, " Je préfère Corneille, pourquoi pas ? "

Et chaque jour je me méfiais des chercheurs de vérité. J'avais appris à les connaître comme le gibier connaît les chasseurs et la portée de leur fusil : odeur nerveuse, mains à griffes, phrases en crescendo. Au club, dans notre chambre, en marchant le long des avenues bordées de platanes, je les écoutais comme le lièvre écoute le pas des rabatteurs. Immobile, je laissais leurs phrases passer près de moi, fré-

missant quand elles s'approchaient, rassuré quand elles s'éloi-
gnaient enfin. Je préférais les objets : livres objets, idées
objets, professeurs objets déclenchés à heure fixe dans les
salles de conférences poussiéreuses et dont je mettais les cours
tels quels en conserve, d'une écriture égale, pour qu'ils y attendent le jour éventuel des examens. Perrault objet dans sa
robe de chambre, Peter A clarinette, Peter B front blanc,
Banjo Bob banjo. Univers d'un même son de cloche.

Chapitre 4

Le monde qui m'entourait se modifia d'abord. A peine. Pas de quoi se troubler : le lieutenant changea ses lunettes transparentes pour des verres fumés, je ne voyais plus ses yeux à contre-jour; mon vieux stylo cassa, le neuf avait une plume rigide et je lui imposais mal mon écriture ; un soir, au cours d'une conversation, Peter B me dit :

— Toi qui as la chance d'être catholique...

— Mais je ne le suis pas !

— Ah ? Je croyais que presque tous les Français étaient catholiques.

Le facteur apporta les premières nouvelles importantes. Bonnes nouvelles. Fabien annonçait un succès. Une chanson le rendait " un peu riche ". Lettre courte : " Dis donc, mon vieux, ça va ? Moi, une chanson me rend un peu riche. A toi de jouer maintenant. Quand tu reviendras à Paris, on te montrera ça. "

A moi de jouer ? Jouer quoi ? Fabien jouait du piano, lui. En écoutant Banjo Bob et Peter A, je me reprochais assez de n'avoir jamais étudié la musique...

Deux jours plus tard, je reçus une lettre de ma mère : " Je suis la grand-mère d'un canard. " Dans l'enveloppe, la musique et le texte de la chanson de Fabien.

> Mon frère d'autrefois
> Est en Amérique

Il peint l'Iroquois
Au rouge atomique...

Peter A me joua l'air sur sa clarinette. " Ton frère ? C'est ton frère qui a écrit ça ? " Un air de polka. Le soir, Banjo Bob le sifflotait dans notre chambre, " Sûr, Graig, on l'arrosera ce soir, ton frère. "

Un petit bonhomme, Banjo Bob, à peine noir, avec des bras longs, des doigts longs, des jambes longues, le tout enveloppant le banjo.

Perrault même écoutait, son journal sur les genoux.

— Alors, ton frère compose des chansonnettes ?

Après deux verres, nous descendîmes l'escalier pour aller au club. Peter A nous arrêta :

— Ce soir, je paye à dîner. Bob, tu as ta voiture ?

Je levai les yeux vers notre chambre. Perrault là-haut...

— Allons ! Nous casse pas les pieds avec ton Français. Laisse-le lire son journal, dit Peter B.

" Ils sont gentils, mais un peu cons, tes deux Peter ", m'avait dit Perrault la veille. Dans la voiture, je souffrais comme un chien de berger dont les moutons se dispersent. Quelques clichés philosophiques sur l'incompréhension humaine m'accablèrent.

— Allons à Trenton, dit Peter A.

Sur la route, les voitures circulaient sagement, machines anonymes du soir cachées par leurs phares blancs ou leurs feux arrière rouges. Banlieue, faubourgs et ville resplendissaient sous la housse opaque du néon. Trenton ou autre : n'importe quelle ville américaine au début de la nuit. Bob chantait :

Parfois j'habite la campagne
Parfois j'habite la ville
Parfois j'ai une belle envie
De sauter à l'eau et mourir.

— Où dînons-nous ? demanda Peter B.
— Chez Goldstein, répondit Peter A.
— Un vrai bal, dit Banjo Bob.
L'amitié que je sentais dans ces voix me fit sourire.
— Bien ! dit Peter B. Je croyais que tu nous en voulais à cause de Perrault.
— Moi ? Pas du tout.

Chez Goldstein, seules brillaient les dents en or du patron ; restaurant de bois, sans cuivres, ni miroirs, le décor américain d'avant-guerre. Les dossiers des banquettes, comme des cloisons, séparaient les tables où quelques clients discrets écoutaient les chocs de vaisselle venus de la cuisine avec des relents d'oignon. La loi de New Jersey interdit l'alcool aux moins de vingt et un ans et seul Banjo Bob commanda du vin, posant son verre au milieu de la table pour que nous y buvions à tour de rôle.

Une, deux, trois bouteilles de vin que le patron posait toujours devant Bob avec un sourire complice.
— Parle-nous de Fabien, dit Peter A.
Je racontai le piano, sa cheville cassée, son journal.
— Tu n'aurais pas dû lire son journal, dit Peter B.
— Je n'ai jamais dit que j'aurais dû...
— Le gosse est O. K., dit Banjo Bob.

Il découpait sa viande avec précision, poussait le gras à droite, le maigre à gauche. A côté de lui, Peter A ne mangeait rien, levait sa fourchette et la reposait, jouait avec les rondelles d'oignon frit. Peter B avait déjà vidé son assiette.

— On va envoyer une carte postale à Fabien, dit Peter A.

— Quand est-ce qu'il a écrit sa première chanson ? demanda Bob.

Chaque fois que je me taisais, une question ou leur silence m'obligeait à continuer cette chasse aux souvenirs et je les dépliais sous leurs yeux : les yeux exorbités de Peter B, les petits yeux de Peter A et les yeux de Banjo Bob, noirs sur la peau beige. J'acceptais leurs sourires mais je pensais que Fabien seul m'avait fait réussir cet examen de l'amitié. J'aurais voulu parler de Grégoire, mais je n'osais pas. Je décrivais notre maison, nos parents, Rouen pendant la guerre.

— Vous en avez donc beaucoup souffert, de la guerre ? demanda Peter A.

— Bien sûr que non. Tu vois bien qu'elle est passée à côté de nous.

Nous nous étions levés et, tout en suivant mes trois amis, je regrettais de n'avoir jamais souffert. J'aurais pu être généreux, courageux, j'aurais eu quelque chose à leur raconter.

Peter A avait posé sa main sur l'épaule de Bob et ils s'approchaient de la sortie quand un homme poussa la porte. Bob et Peter A s'écartèrent pour qu'il entre, mais il restait là, petit dans le courant d'air.

— Vos papiers ! dit-il à Peter A.

— Pourquoi ça ?

— Police. On vous a servi à boire ?

Un homme sans expression, au visage immobile comme la plaque qu'il découvrait, son badge collé au gilet. Tous les visages semblaient en équilibre sur cette plaque brillante. Devant moi, le dos de Peter A en équilibre aussi, mais qui d'un seul coup bascula, révéla une cicatrice en étoile, abstraite dans la pénombre, collée à la peau blanche comme la plaque collait au gilet. Geste si vite exécuté que je me demandai plus tard si Peter A avait l'habitude de montrer ainsi cette plaie.

— Voilà mes papiers, dit-il.

L'homme se taisait.

— J'ai reçu ça dans le Pacifique, ajouta Peter A. Et si ça vous amuse de voir mes papiers (il laissa retomber ses vêtements) j'aurai vingt et un ans la semaine prochaine.

— O. K. ! O. K. ! dit l'homme.

Il recula. Bob, les deux Peter et moi le suivîmes sur le trottoir.

— Vous comprenez, j'avais mon devoir... dit l'homme.

Le visage imberbe de Peter A se tourna vers lui, se détourna. Le policier fit un dernier effort.

— Ces " japs ", tous bâtards !

Nous étions presque à la voiture. Peter A nous quitta, s'avança vers le policier.

— Vous étiez aussi dans le Pacifique, peut-être...

— Non !

— Pauvre type ! dit Peter A. Pauvre cul !

Il revint, monta dans la voiture qui démarra. Il répétait :

— Ce pauvre cul !

La colère accentuait l'apparence enfantine de son visage. Comment la guerre avait-elle pu marquer son corps et son esprit sans vieillir ses traits ?

— Sûr, Peter, sûr que tu lui as dit, au flic... dit Banjo Bob.

Entre Trenton et Princeton, ce fut la seule phrase prononcée. Bob s'arrêta sur Nassau Street. Un dernier salut de la main et nous marchions, les deux Peter et moi, vers notre logement, regardant s'éloigner la vieille guimbarde de Bob.

— Qui haïssez-vous, en France ? me demanda Peter A.

— Comment ça ?

— Oui, vous haïssez les Juifs, les Allemands, les nègres, les Japonais ?

— Oh, je ne suis pas sûr. Je crois que ceux qui aimaient les Allemands ont dénoncé les Juifs, et que ceux qui plaignent les Juifs haïssent les Allemands.

— Et toi ?

— Moi ? Je n'y ai pas beaucoup réfléchi.

— C'est ta chance.

Ma chance ? Je m'inquiétais. Depuis tout à l'heure la vérité n'était plus un jeu et je me sentais compromis par les événements de la soirée. Trop tard pour ne plus réfléchir. Alors, quelle haine choisirais-je ?

— Toi, Peter A, tu hais les flics.

Il répondit vite. Évidemment, il y avait déjà pensé.

— Pas au point de dénoncer un flic.

— Comment as-tu été blessé ?

Nous arrivions chez nous. Peter A montait l'escalier le premier et sans se retourner, ralentissant à peine, il expliqua :

— Trop vu de films de guerre à dix-sept ans. Je me suis engagé. Un jour, quand il a fallu un héro, je n'ai pas hésité. Les autres avaient vu moins de films que moi, ils ont hésité et je me suis retrouvé tout seul, par terre. C'est un Japonais qui m'a découvert. Au cinéma, il m'aurait coupé la tête. Là, il m'a fait un pansement. J'ai eu trois mois d'hôpital pour m'en souvenir.

— Et le Japonais ?

— Oh ! il a dû crever comme le reste.

Nous entrions dans notre chambre et j'aperçus Perrault qui nous attendait. J'en fus mal à l'aise. J'imaginai son ironie face à la ferveur de Peter A. " Pourvu qu'on ne se dispute pas. " Je me voyais mal, prenant parti. " Il n'aurait pas pu aller se coucher, celui-là ? "

Peter B s'asseyait près de Perrault :

— Tu as une fille pour le bal de demain ?

— Comment veux-tu...

— En tout cas, viens dîner au club. Tu seras notre invité. Un soir de match contre Harvard, il faut que tu voies Prospect Street. Ça va danser et boire d'un bout à l'autre. Surtout si l'on gagne.

— Moi, je parie que Princeton met une dizaine de points dans les dents de ces couillons de Harvard, dit Peter A.

— S'il n'y a pas trop de boue, répondit Perrault.

— La pluie les gênerait presque autant que nous...

Ils se lancèrent tous les trois dans une longue discussion sur les équipes : l'offensive de Princeton, la défensive de Harvard.

Qu'est-ce qui m'étonnait le plus : les connaissances de Perrault en matière de football américain, ou la futilité de la conversation ? Je nous avais crus partis pour une mission, j'avais abandonné mes ambitions (financières, amoureuses, familiales, artistiques). Je me vouais, je me dévouais, j'étais prêt à suivre Peter A où il le voudrait puisqu'il avait souffert.

... et mon nouveau maître discutait les mérites de la formation en T.

Chapitre 5

Quel match pourtant ! Princeton orange et noir contre Harvard pourpre sur un champ vert. Couleurs américaines si violentes qu'elles effaçaient la violence du jeu, lui donnaient une valeur de symbole. Symbole imprécis d'ailleurs, que chacun définissait à son goût. Était-ce une lutte ? Mais les uniformes se mêlaient pour un ballet, chaque joueur formait un couple avec son opposé. Les casques se groupaient, s'éparpillaient, se regroupaient. Comme à une messe, les trente mille spectateurs se levaient ou se rasseyaient à l'unisson. Moi toujours à contretemps. Peter A et Peter B me serraient les bras, m'obligeaient à me lever aussi : parents honteux de l'ignorance de leur enfant. Et quand un joueur quitta la pelouse sur une civière, les autres gladiateurs formèrent la haie pendant que le public debout hurlait son admiration pour le héro blessé.

— Tu n'y comprends rien, Grégoire, disait Perrault à la mi-temps.

Nous avions retrouvé tante Laura et formions un groupe au milieu de la cohue. Près d'elle, Roger, plus " aryen " encore dans un manteau de cuir, avait sorti d'une poche un flacon d'argent qu'il présentait à la ronde. Peter B accepta par politesse. A mon tour, je pris une gorgée. Peter A renversa la tête ; il buvait par longues aspirations ponctuées d'un déclic de la pomme d'Adam. Tante Laura riait. Bonnet et manteau de castor, elle reprit le flacon et but à la victoire. Seul Perrault prédisait la défaite de Princeton. " Un score nul à la mi-temps, expliquait-il, est toujours néfaste à l'équipe offensive. " Nous regagnions nos places. Autour de nous, on tapait des pieds, on se frictionnait les oreilles, on se plaignait du froid. Mais la fanfare de l'Université attaqua la marche de Princeton :

" Quand le tigre a faim, Wow, Wow, wow-wow-wow ",

et la foule emmitouflée reprit en chœur :

" Il marque des points, Wow, Wow, wow-wow-wow. "

Princeton gagna par trois points à zéro grâce à un drop goal. Je n'aurais pas imaginé que cette victoire avait une telle importance, même pour moi. Regagnant notre chambre, nous nous félicitions, nous félicitions les inconnus qui traversaient avec nous les pelouses de l'Université. Tapes dans le dos, hourras. Perrault se frottait les mains : " J'ai eu peur, bien peur. " Peter B portait sa sœur en triomphe et la pauvre Jane lui tirait les cheveux : " Pose-moi, Peter ! Veux-tu bien me poser tout de suite ! " Honte inutile, dans l'exultation générale, personne ne nous remarquait. La fanfare défilait près de nous. Pour la première fois de ma vie, je participais à l'optimisme d'une foule. Altruisme, chaleur humaine, paradis dont les anges sont immortels, brièvement.

La nuit tombait vite. L'humeur changea. Les lumières révélaient l'intérieur des chambres où les étudiants recevaient leurs amis. Nous nous dépêchions de gagner Foulke Hall pour accueillir nos invités, abandonnant Perrault à son essoufflement dans l'escalier.

— Ah non, Bob !

La plainte de Peter B éclata sur le pas de la porte. Il venait de voir, derrière deux bureaux couverts d'un drap et chargés de bouteilles, Banjo Bob vêtu d'une veste blanche. Peter B marchait sur lui avec le fanatisme d'un prêtre qui surprend un sacrilège. A deux mains, il attaquait les boutons de la veste :

— Tu n'es pas un larbin, quand même !

Bob se laissait faire comme un enfant pris en faute. Slow, étonné, s'arrêta au milieu de la pièce, dans ses bras une bassine de glace : Peter B avait oublié l'autre nègre et chiffonnait bêtement la veste coupable. Silence. Perrault arrivait, n'ayant rien entendu, tout compris.

— Moi, je servirai, dit-il, avec Monsieur s'il veut bien.

Se tournant vers Slow, il lui prit la bassine, la porta derrière le bar, ôta sa veste, posa une serviette blanche sur son poignet.

— Allons, Bob, banjo ! Peter A, clarinette !

Soulagement confirmé par l'arrivée des premiers invités.

— Il a du génie cet enculé de Perrault, disait Peter A en ajustant l'anche de sa clarinette.

— Pas très rôdée, leur démocratie, dit Perrault en français.

Il me servit un scotch soda avec la majestueuse lenteur d'un professionnel. Il s'adressait aux invités avec déférence, utilisait son anglais d'Oxford qu'il chargeait parfois d'accent français. La pièce s'emplissait d'étudiants et de filles, quelques professeurs, des bourgeois de Princeton, amis de tante Laura. Tante Laura elle-même que je présentai au Lieutenant derrière ses nouvelles lunettes noires, m'écartant aussitôt, imaginant qu'ils se disaient à mon sujet les phrases que les adultes réservent aux enfants.

Nos invités débordaient jusque dans le couloir, la chambre à coucher, le bureau, assis dans l'encadrement des fenêtres ouvertes, assis par terre, enjambés par de nouveaux arrivants.

Les étudiants me connaissaient tous, comme ils connaissaient Perrault, ou Chan le Chinois, ou José le Chilien. Modeste célébrité : ils m'appelaient et je ne savais pas leur nom. " Attention Kate, ou Emily, ou Sandra, disaient-ils à leurs amies en guise de présentation, c'est un Français. " Et me voilà un Charles Boyer honteux. Que faire de cette réputation nationale de Don Juan ? Prendre l'air blasé et s'enfuir d'un pas, jusqu'à une autre Kate, ou Emily ou Sandra...

Assis sur son manteau de cuir, Roger m'attirait vers lui par le bas du pantalon. " Viens Graig ! Je veux te parler ! " Il me parla de tante Laura, me posa sur elle des questions auxquelles j'étais bien incapable de répondre : " Derrière cette façade, elle est sérieuse, n'est-ce pas ? La mort de ton oncle, s'en est-elle remise ? Ils se sont rencontrés en France ou en Amérique ? On dit que tu lui ressembles, à Henri Cahan. Tes cheveux noirs. Mais tu es maigre, fais du sport ! Tu t'étofferas. " Il palpait mon épaule. " Et ton oncle ? Comment était-il ? Tu ne bois pas ? " Son insistance me gênait. Pourquoi ces questions ? Il connaissait tante Laura mieux que moi. Je ne savais pas que dire à cet homme qui me traitait en égal malgré ses trente-cinq ans et ne m'impressionnait pourtant pas comme la plupart des adultes. Entre les jambes soies ou flanelles, j'apercevais les souliers de crocodile de ma tante. " Téléphone-moi, Graig, quand tu viens à New York. Je te ferai rencontrer des filles. " Roger se leva, verre vide d'une main, manteau de cuir de l'autre, cherchant le bar. Couchait-il avec tante Laura ? Quelle phrase choquante !

Au fond de la pièce Peter A jouait *Summer Time*. La clarinette couvrait les conversations et sa tristesse me rassurait, évoquait des sentiments familiers. Qu'inventait Fabien en ce moment ? Toujours " un peu riche " ? Et Marie ? Ah, j'étais bien à l'étranger comme je l'avais voulu ! Rien de facile. Ce bruit, cette fumée, ces jambes autour de moi qui me cernaient. Quel con, Grégoire ! Je me frayai un chemin jusqu'au bureau : plein de monde, de la bière renversée sur les livres et les cahiers.

" Les poissons sautent et la vie est facile ", jouait la clarinette. La chambre à coucher pleine aussi. Même mon lit occupé par quatre ou cinq personnes assises, agenouillées, des pieds sur l'oreiller. Tous des inconnus, tous amis des deux Peter sans doute... sans compter les étudiants simplement attirés par le bruit, l'alcool, l'espoir de charmer une des filles dont le rire sonnait aux fenêtres. Rêves de mouche.

— Hello, Grégoire !

Parmi tous ces visages je cherchai mon nom et le trouvai enfin au visage le plus proche, celui de Jane, la sœur de Peter B. Enfin un point de repère dans la foule et je lui fus reconnaissant comme au frêne, au toit, au carrefour reconnus dans un paysage à se perdre. Une amie, elle que je n'avais vue que trois ou quatre fois, assise à gauche de son père le pasteur Graham disant grâces.

— C'est comme ça que tu t'occupes de ta fille ?

Celui qui me parlait, cheveux en brosse, s'appuyait au mur. Ma fille ? C'est vrai qu'à Princeton, toute invitée devenait " ma " fille, " ta " fille, " sa " fille que les étudiants temporairement célibataires pourchassaient à travers les cocktails et les clubs. Peter B m'avait confié sa sœur. Elle était donc mienne.

— Pour un Français, ce serait malin de se faire chiper sa fille !

— Vous le voulez, Jane ?

Je lui montrai l'individu coiffé brosse.

— Grégoire !

Je reconnus sa timidité comme tout à l'heure son visage.

Son menton tremblait à la moindre inquiétude. Peter B, prophète au front blanc. Elle, la fidèle, ressemblait à toutes les bêtes qui courent pour fuir : le chevreuil, la souris, le lapin, la caille, l'écureuil. Cheveux d'écorce, œil d'herbe, tête dressée pour saisir le danger, apprivoisable bien plus facilement que les bêtes qui courent pour tuer. Il suffirait de bonté, de patience... patience surtout quand le menton tremblait. Dans les bois de la Chêneraie, les oiseaux ne se sauvaient plus quand on ne marchait pas droit sur eux. Je parlai donc à Jane de Peter B.

— Il appelle pendant son sommeil. Vous ne le saviez pas ? " J'arrive... J'arrive... " A qui parle-t-il ? Même le jour, il est à la poursuite de quelqu'un : dans les escaliers, d'une pièce à l'autre, sur les pelouses. Ou bien il s'arrête pile, cherche autour de lui, s'enfonce dans un livre et ce sont les pages qui filent.

— Oui, il croit toujours être en retard sur mon père.

— Pas Dieu ? Je croyais qu'il parlait à Dieu en dormant.

— Oh, dans notre famille, c'est la même chose.

— Mais vous ne semblez pas en retard...

— Moi, j'attends. Dans notre famille, les femmes attendent.

— Tiens, il neige.

Des flocons passaient à la fenêtre. Autour de nous, la pièce s'était vidée et des phrases, des voix reconnaissables remplaçaient la confusion de tout à l'heure. Dans le salon ne restait qu'une quinzaine de personnes.

— Où te cachais-tu, Grégoire ? Tous ces amis de Princeton que j'avais invités pour qu'ils te rencontrent...

Tante Laura était assise sur le bureau, au milieu des verres et des bouteilles. Peter A rangeait sa clarinette. Perrault remettait sa veste.

— Vous avez vu la neige ?

— La barbe !

— Allons dîner.

— Un dernier verre ?

Roger passait, bouteille de scotch d'une main, soda de l'autre.

— Où est ton verre ? me demanda-t-il.

— Le gosse ne boit pas, dit tante Laura.

Elle me regarda de la tête aux pieds d'une manière telle que mon costume devint insupportable. Était-ce le costume d'un souvenir ? D'un jour de bonheur ? de malheur ? Regrettait-elle de me l'avoir donné ? Voulait-elle le reprendre ? " Il est mort, l'oncle Henri. "

— Voyons, Roger, ne forcez pas ce gosse à boire, ajouta-t-elle.

L'ironie de la voix, aiguë comme une insulte.

" Qu'est-ce que je lui ai fait ? " Je m'imaginai lançant ma veste au visage de ma tante : " Voulez-vous le froc avec ? "

— Laissez-le tranquille, voyons !

L'intervention de Roger me calma comme une douche tiède, et, verre en main, j'allai m'asseoir. Quel silence ! La voix de Perrault imita un cor de chasse : " Connaissez-vous la Madeleine ? "

— Allons dîner, dit Peter A.

Pauvre Jane, quelque part ici, son menton tremblait sans doute mais je n'osais pas lever les yeux de peur de rencontrer un regard, n'importe quel regard, et je sortis le dernier du salon. " Mais bon Dieu, qu'est-ce que j'ai bien pu lui faire ? " Tante Laura descendait l'escalier, ses cheveux tabac parmi d'autres têtes. L'amertume revenait, cette fois sans violence. Si ma tante me prenait en grippe, quitter l'Amérique ? Fabien ! Paris avec Fabien !

— Tu m'excuses, Grégoire ? Tu es trop timide pour que l'on te taquine...

Elle m'avait attendu et me toucha le poignet. Elle ajouta en français :

— C'est de ma faute.

Voilà ! Tout paraissait simple maintenant. Trop. Elle trichait.

Elle me tourna le dos, organisa le voyage jusqu'à Prospect Street. Helen et Jane monteraient dans la voiture avec elle. Slow les emmènerait se changer pour le bal. Quant aux hommes, la neige ne leur faisait pas peur, n'est-ce pas ?

Perrault ouvrit la marche. " Je fais la trace. " Il écrasait la neige, imitait le cri des chiens, le claquement des fouets (avec la langue). Il racontait Jack London, James Oliver Curwood. Roger et les deux Peter s'étonnaient de notre admiration pour ces auteurs. " Vous ne savez pas ce que vous avez de mieux ! " criait Perrault. Marchant à reculons, il récitait :

" ... Il était un nouveau venu dans ce pays, un chechaquo, et il y passait son premier hiver. Rapide, alerte, il connaissait les détails de la vie, mais seulement les détails, ignorant leur sens profond... "

Au club, Perrault se fit apporter une brosse et du cirage par le Maître d'Hôtel. Il frottait ses souliers, nous conseillait de l'imiter :

— La neige est l'ennemi mortel du cuir.

— Ce qui a un sens profond ? demanda Peter B.

— Oui ! Que la neige donne soif, dit Peter A.

Rare village, Prospect Street ce soir-là. Les quatorze clubs illuminés dans la neige. Pour chaque club, un orchestre. Mille étudiants de dix-huit à vingt et un ans et cinq cents filles

allaient d'un club à l'autre, d'un bal à l'autre. Visites de courtoisie, couples courant dans la neige, arrivant essoufflés,
mouillés, dans la musique et la chaleur, jetant leur manteau
sur les bras des noirs aux vestes blanches. Des cris, des rires,
quelques couples sérieux à l'ombre de la musique. Apprentis-
sage de riches, heureux, amoureux, malheureux. Les solitaires souvent ivres, dignes ou bruyants, timides surtout.
Les filles ne savaient plus si elles devaient s'inquiéter ou
sourire d'être admirées, aimées, bousculées par ces anonymes
de la flanelle grise et de la cravate noire. Déclarations d'amour
dans les escaliers, camaraderie, demandes en mariage dans
les sofas, opérette dont la musique variait selon les clubs :
sambas, valses, jazz, paso-dobles. Mille garçons et cinq cents
filles apprenaient leur futur rôle, essayaient leur visage, décou-
vraient leurs contradictions. Enfants ou adultes ? Leurs espoirs et leurs désespoirs se ressemblaient.

Parfois dans cette foule je reconnaissais des visages. Peter A
et sa clarinette :

" Partons, partons, Dieu la bénisse,
Où qu'elle soit... "

Perrault dansait avec tante Laura, Peter B invitait une robe
rouge, Roger buvait. Je me disais : " Pourquoi Peter A joue-
t-il si bien ? Personne ne l'écoute ! "

— Nous changeons de club !

... Perrault passait avec ma tante et il avait retrouvé toute
sa grâce...

— Elle est belle, votre tante, me disait Jane.

— Jalouse ?

— Grégoire !

Jane ouvrait et fermait ses mains, dix, vingt fois de suite
et puis, comme pour se rassurer, une main caressait l'autre.

Debout, elle m'arrivait à l'épaule. Assise, elle se posait au bord du fauteuil, prête à partir.

— Jane, avez-vous de jolies jambes ? Avec ces robes longues...

— Et si j'avais des jambes artificielles, en fer, en bois ? Elle s'était levée et tournait sur elle-même. La robe s'écarta.

— Vous voyez, Monsieur le Français ?

Avec elle je dansais facilement, je ne pensais plus au rythme. Mais je n'étais pas encore assez sûr de moi pour bien danser avec tante Laura qui m'imposait son allure, et mes pieds bafouillaient de nouveau. J'écoutais la clarinette de Peter A :

" Cette femme de St. Louis avec ses diamants... "

serré contre ma tante par d'autres couples. De nouveau je regardais le décor et ses acteurs, couples heureux, solitaires malheureux appuyés au mur, aux meubles, de plus en plus immobiles. Les noirs aux vestes blanches ramassaient les verres sales et posaient sur les tables des plateaux de sandwichs.

A une heure du matin, la nuit était jeune mais nous partions. La neige tombait au ralenti. Au volant de la Cadillac rangée devant le club, Slow somnolait. A l'arrière, immobile sous le verre qui divisait l'intérieur de la limousine, Roger dormait. Tante Laura s'assit près de lui, puis Peter B. Jane et moi à l'avant. Elle ouvrait et fermait ses mains. " Une belle soirée, Grégoire, merci. " Le temps d'arriver à la maison du pasteur nous découpions une gêne nouvelle en phrases de plus en plus courtes. " A bientôt. " " Bonsoir. " Peter B prit sa sœur dans ses bras et l'emporta par-dessus la neige jusqu'à la porte de leur maison.

— Une gentille douce fille, Master Gregory, dit Slow.

— Grégoire, tu as de la place à l'arrière avec nous !

La voix de ma tante m'appela lointaine à travers la vitre : un conseil, un ordre. J'abandonnai Slow — *good night Slow* — à sa domesticité, et j'obéis, passant d'une classe à l'autre dans la neige, acceptant quand même le pan de couverture que me tendit tante Laura.

— Il est ivre, ce pauvre nigaud, *this poor dope*, murmura-t-elle.

Roger, jambes allongées sur le strapontin, se laissait balloter par la voiture, passif, ridicule. Mais j'enviais son sommeil et cette remarque me gâcha un moment attendu pour fermer les yeux, pour revivre cette soirée. Contraint au présent, de mauvaise grâce, je m'obligeais à des gestes qui prouvaient que je restais éveillé. Humeur adoucie par le silence, par la chaleur, par la lumière insolite : paysage en négatif, le ciel cette fois éclairé par la campagne. La voiture s'accompagnait du mince cliquetis des chaînes. L'odeur des cigarettes de ma tante ne couvrait pas son odeur à elle, mi-femme, mi-parfum de verveine, plus forte chaque fois que se déplaçait la couverture sur nos genoux.

Elle parlait. Depuis combien de temps me parlait-elle ? Sa voix à peine au-dessus du silence. Elle m'expliquait que demain matin, " tout à l'heure ", nous chasserions le canard dans la crique du Port des Absents. " N'oublie pas mes conseils ", toujours le fusil vide pour se déplacer. Sauf au moment de tirer, toujours le fusil ouvert. Elle resterait d'ailleurs avec moi. Elle profiterait de ma joie, elle retrouverait la joie de sa première chasse il y a dix ans. Comme cela, au retour d'un week-end...

— ... et j'étais fatiguée. Pas d'avoir dansé, mais fatiguée de ces garçons et de ces filles que tu as vus ce soir. Presque les mêmes : neveux, cousins, frères des mêmes. Pire que lasse, déçue. J'espérais quoi ? Keats, Mozart, Lindberg. Je suis fille unique, tu sais. A cause de sa mauvaise santé, ma mère n'allait jamais à New York. Elle restait au Port et moi aussi avec une gouvernante, des préceptrices, avec la bibliothèque. J'ai tout lu, Grégoire, de Chaucer à Dos Passos, de Cervantès à Proust. Tous les romans avant d'avoir dix-neuf ans. Presque rien depuis. Trop déçue. Et la littérature, pour moi, c'est un pays que j'ai habité dans mon adolescence. Je lisais les romans comme on traverse un gué de pierre en pierre, apprenant par cœur quelques phrases tandis que des chapitres entiers coulent transparents, peut-être lus, tout de suite oubliés. Mais à Princeton, ce soir de bal il y a dix ans, impossible de sauter des pages. Chaque minute à subir de petits hommes avec des cravates qui ne parlaient que pour s'écouter. A quoi me servait de connaître par cœur tant de poètes ? On peut me montrer une liste des garçons que j'ai rencontrés cette année-là, qui sont devenus, ou qui deviendront journalistes, poètes, députés, savants, intelligents... tant pis. Ils étaient ridicules. Enfin, j'ai épousé ton oncle, ou plutôt, j'ai aimé ton oncle parce qu'il venait de loin. Un étranger à cette sottise. Tu comprends pourquoi je t'en voulais ce soir ? Toi, le Français, le neveu d'Henri, avec son costume, ses yeux, prêt à devenir à ton tour un petit homme à cravate. Tu m'excuses, Grégoire, tu comprends ? Tes deux Peter, ton Perrault, toi, vous êtes plutôt mieux que d'autres. Alors pourquoi...

Elle tira la couverture.

— ... pourquoi vous laissez-vous vivre ?

La pluie maintenant claquait sur le toit de la voiture. J'imaginais la pluie sur la neige. Combien de temps faudrait-il pour que la neige fonde ?

— Si vous acceptez le quotidien à votre âge... dans dix ans que serez-vous ? A quoi crois-tu Grégoire ? J'ai demandé à ton professeur Harris : A quoi croit Grégoire ? " Il ne sait pas, il cherche... "

Elle imitait le ton du lieutenant. Elle l'exagérait :

— ... " Grégoire ne sait pas. Il cherche. " Et moi je m'inquiète. Ai-je bien fait ? Te voilà en Amérique par ma faute. A Princeton, par ma faute. Tout est trop facile pour toi Grégoire. Surtout ton charme. Parce que tu as du charme... As-tu seulement remarqué les yeux de la fille Graham ? Elle t'aura, Grégoire. Elle fera de toi un homme qui va de ses affaires à sa famille sans avoir eu le temps de choisir : un homme enfant. Vieillir à ton âge devrait être un choix, pas encore le temps qui passe. Ceux qui regrettent leur jeunesse sont ceux qui n'ont pas choisi. Des ratés ! As-tu seulement un choix à faire ?

Elle se taisait. Elle devait attendre une réponse.

" D'accord ! " Je pensais : " D'accord, je suis un raté. Perrault est un raté. Peter B est un raté. Mais elle n'a pas le droit, surtout pas le droit d'abaisser Peter A à notre niveau. Lui, au moins... "

Nous arrivions au Port des Absents. La pluie lavait les rochers dont les masses s'espaçaient sur la neige. La voiture s'arrêta. Là-bas, sur la crique invisible, les canards de tout à l'heure. Dommage que Peter A ne soit pas ici, il se serait défendu. Aurait-il montré sa cicatrice ? Aurait-il formulé une réponse en japonais ? Je suivais ma tante dans la maison. En quoi se croyait-elle supérieure ? Son argent ? Au fond, quel jeu jouait-elle sinon celui de la vérité ? Alors, jouer avec elle et répondre à sa question par une question ? " Quel choix avez-vous fait ? Le choix d'une vie partagée entre New York et le Port, d'une pierre l'autre comme vos lectures d'enfance, et le commun des mortels effacé, transparent, incompris, vous qui ne comprenez même pas Peter ? "

Je l'aidais à enlever ses fourrures, silencieux, supérieur, presque vengé par mes réflexions. Roger montait l'escalier, abandonnait son manteau sur la rampe. " Excusez ma gueule de bois. " Nous le regardions disparaître dans le couloir.

— Et lui, il n'est pas un raté ?

Ma tante me gifla.

Elle entrait dans le salon. Je la suivis. Je portais ma gifle avec moi, dans mes deux mains, planté au milieu du salon, regardant, montrant cette gifle. Elle haussa les épaules.

— Mais Peter A... Vous n'aviez pas le droit... Savez-vous qu'il a été blessé à la guerre ? Qu'il apprend le japonais ? Qu'il défend les nègres ?

— Et toi, Grégoire ? Tout le monde n'a pas une guerre !

Accroupie devant la cheminée, elle froissait un journal, allumait le feu. Sans se retourner, elle dit :

— *Stop crying !* Arrête-toi de pleurer !

Passant ma main sur mes joues, je sentis les larmes. Comment savait-elle que je pleurais ? Je ne m'en étais pas aperçu moi-même. D'ailleurs, comment l'aurais-je su ? Je ne connaissais que les sanglots de l'enfance, haine chagrin douleur : pas ce vide où les larmes coulaient sur ma propre mort. Au-dessus de la cheminée, la sarcelle empaillée s'envolait toujours, si près de la crique où mon oncle Henri l'avait tuée.

Un bref aboiement me fit sursauter. Médor entra, fou, glissa sur les tapis. D'abord, je refusai sa tendresse. Je ne voulais pas qu'on me console, qu'on m'aime, je ne voulais pas aimer. Médor me léchait, sautait jusqu'à mes épaules. Son insistance m'agaça, puis m'amusa et je ris enfin comme j'avais pleuré, sans m'en apercevoir, sa gueule contre mon visage; lui sur le dos, donnait des coups de pattes; ma tante avec nous, tous les trois par terre, nos doigts dans la fourrure noire, l'odeur du chien, celle du feu.

— Il sait que nous chassons tout à l'heure, dit ma tante.

Quand je la regardai, je fus surpris de sa jeunesse.

Sa jeunesse plus tard quand l'aube éclairait son profil, attentive au sifflement d'une paire d'ailes, suivant des yeux la silhouette d'un col vert contre le brouillard. Le vent chahutait la surface de l'eau, poussait vers notre abri des rides que divisaient les tiges de roseau. Brouillard piqué de pluie, tantôt essuyant les vagues, tantôt entrouvert sur des perspectives miniatures : trois reflets, quelques cailloux, une branche et ses feuilles mortes à la dérive. A notre gauche un promontoir long de quelques mètres protégeait une baie d'eau calme. Là, nos appelants de bois flottaient, jouets sages. A deux cents mètres sur notre droite, uncle George. Plus loin encore, Slow que j'imaginais sous sa casquette de laine brune, du même brun que sa peau. Avec le jour se confirmait la rareté des couleurs. Partout des gris : brouillard gris lumière, eau gris sombre, pierres grises. Seul le visage de tante Laura gardait ses teintes, peau rose-orange entourée de mèches collées sous le foulard mouillé vert sombre. Tout à l'heure, les roseaux seraient roux au soleil, si le soleil existait au-dessus de ce paysage opaque.

L'arrivée des canards surprit mon attente ; contre ma jambe, l'élan retenu du chien : plusieurs sarcelles, ailes en demi-cercle, chaque plume appuyée sur le vent *comme des doigts*, se posaient près des appelants. Je tremblais. Médor contre moi tremblait.

— Attention ! Prépare-toi ! *Go !* dit-elle au chien.

Médor sauta à l'eau. Les sarcelles s'envolèrent. Je tirai d'abord un coup de feu au hasard. Les sarcelles montaient verticalement, l'une d'elles suspendue dans son élan ; j'entendis mon deuxième coup de feu, la sarcelle tomba.

— Bravo Grégoire !

Le chien m'apporta l'oiseau, doux comme un coussin. Je ne savais pas qu'en faire, le mettre dans ma poche, le poser, le jeter ?

— Remercie Médor !

Des caresses pour la fourrure noire.

— Et moi maintenant ?

— Merci, tante Laura.

Fusil dans une main, l'autre main dans ma poche, j'étreignais la tiédeur de ma première sarcelle.

— Pense à moi quand tu me parles, veux-tu ?

Je lâchai la sarcelle.

— Je te dresserai, dit-elle, peut-être...

Tout de suite radoucie, elle montra deux cartouches intactes.

— Tu vois, pour augmenter tes chances je n'ai pas tiré.

Des canards tournaient dans le brouillard. Deux malards de droite à gauche : un doublé de ma tante. Slow tirait, puis uncle George. Cinq canards droit sur nous. Elle en tua un, je manquai.

— Devant, Grégoire, devant !

Une cane passa au ras des roseaux. Je la désailai. Médor nagea vers elle. Se sentant prise, elle plongea. Le chien tournait dans l'eau, attendait qu'elle réapparaisse, la poursuivait de nouveau. Cette course sur place dura plusieurs minutes, mais la cane s'épuisa la première. Le chien avait saisi une aile et traînait l'oiseau derrière lui. Arrivé sur la berge, il lâcha la cane pour se secouer, elle se coula dans les roseaux. Un saut, il la tenait dans sa gueule et me l'apportait, tête fière et la cane tête haute au bout du cou flexible, son œil sur moi. Mon premier geste fut de la serrer, de la caresser.

— Tue-la proprement, dit tante Laura.

J'y mis toutes mes forces et la tête de l'oiseau éclata contre une pierre.

— Maintenant, tu essayeras de ne plus les blesser.

Un coup de trompe sonna à droite, un autre répondit plus loin.

— Slow et mon père ont chacun leurs trois canards, dit-elle. Ils t'attendent.

Le brouillard se dissipait et parfois un rayon de soleil touchait l'eau. Il me semblait que nous avions fait pendant une demi-heure un bruit infernal ; maintenant le silence. Je me disais, " elle commande " tue " et je tue ". Deux fois je suivis des canards à portée de fusil au bout de mes canons, sans tirer. La deuxième fois Médor gémit. Assise sur son pliant, ma tante fumait une cigarette. Un col vert se posa à une vingtaine de mètres de l'abri. Je regardai Médor : " Go ! " A peine envolé, le malard tomba.

— C'est pour Médor que tu as tiré ?

— Oui !

— Tu obéis même aux chiens !

Je m'affolai. " Que me veut-elle ? " J'avais l'impression d'être moi aussi une bête tournant dans le brouillard, conscient d'un danger. Pourtant, tout était redevenu calme autour de nous et nous marchions le long de la crique, au soleil, dans un paysage de plus en plus révélé : collines de feuilles mortes hérissées d'arbres nus, un peu de neige à l'abri des rochers.

Quand nous rejoignîmes uncle George, il indiqua d'un geste une touffe de roseaux au labrador qui plongea. Slow venait à travers bois, Jeanie courait vers nous :

— Graig, tu en as tué un ? Combien, Graig, combien ?

L'enfant dans mes bras. Tous nous regardions travailler le chien. Il revenait vers nous, canard à pleine gueule. Aussitôt qu'il fut remonté sur la berge, uncle George l'appela, mais le chien l'évita et déposa le canard à mes pieds. Slow expliqua :

— Médor, Sir, pour sûr qu'il connaît le sang de son maître.

— Ou les vêtements ? suggéra uncle George.

Moi, j'avais su me taire.

— No, sir, c'est le sang, sir ! chantait Slow.

Jeanie répétait :

— C'est le sang, grandpa, le sang de Graig.

Uncle George, digne, exaspéré par cette naïveté, partait le premier vers la maison, casquette au ras des épaules, son corps arrondi par les lainages, alourdi par les bottes. Et je me disais : " Grégoire, tu méprises cet homme dont tu ignores la vie et la pensée, dont tu connais à peine quelques habitudes troublées précisément par ta présence. " Mais cette contrition n'atténuait pas mon antipathie.

Cette antipathie se confirma quelques heures plus tard, à table, lorsqu'il me demanda pourquoi j'avais dédaigné l'offre du Slate Club, " son " club.

— ... Trente coups de téléphone, dix lettres pour vous obtenir cette faveur.

— Mes deux camarades sont au Briar Club.

Son visage devint brusquement rouge :

— Vous vous débrouillez très bien seul, Grégoire. Bonne chance !

Un silence suivit cette menace imprécise. Roger, les yeux gonflés, articulant mal, prit ma défense :

— C'est difficile pour un étranger d'apprécier...

— Grégoire ne m'a même pas remercié.

— Je m'excuse.

Retour en arrière, je revoyais les scènes de famille et Fabien jetant son assiette : " envoie-leur ma soupe ! " Cette fois au moins, tante Laura ne m'accuserait pas d'obéir à tout le monde.

— Ce matin, j'ai fait un doublé, dit-elle.

— Moi aussi !

La réponse du père, sèche ; il refusait d'être distrait de son humeur, refusait la salade que Slow lui présentait. Jeanie inquiète ; robe jaune à côté du tailleur vert de sa mère. Roger, distrait, buvait tantôt son fond de gin apporté du salon, tantôt du vin ; Roger mon complice, l'autre raté.

J'avais posé mon sac sur le siège arrière de la limousine et je montai devant avec Slow. Tante Laura se pencha à la portière :

— J'irai te voir à Princeton bientôt.

La voiture descendit le chemin. La phrase se répétait dans ma tête : " ... te voir à Princeton, bientôt... bientôt ". Phrase naturelle, mais quelque chose dans le ton me troublait. Ce n'était plus le commandement habituel. Il y avait comme un secret que ma tante aurait voulu me confier. Au sujet de Roger ? De Jeanie ?

Justement Jeanie nous saluait, grimpée sur un rocher, disparaissait après le virage. La voiture avançait doucement sur le chemin et le mélange de terre et de gravier craquait sous les roues. Elle ne trouva son rythme qu'à la route où les joints de béton heurtaient régulièrement les pneus.

— ... J'ai apporté vos canards, disait Slow. Si c'est bien, Master Gregory, je les laisserai moi-même au club pour expliquer au Chef comment les préparer... Vos amis se plairont à manger du canard. Ce sont de gentils garçons, vos amis, Master Gregory. Bob, votre concierge, Bob m'a dit : " des garçons gentils, et bons et courtois. "

— Bob est un ami.

— Vous êtes comme votre oncle Henri, Master Gregory. Votre oncle, il était aveugle, *yes Sir* ! aveugle à la race des gens, nègres ou juifs, même un Chinois de Chine qu'il nous avait amené au Port.

— Mes amis aussi, à Princeton...

— Les choses changent, Master Gregory !

Vieux visage, la peau brune y masquait l'ombre des rides. Des cheveux blancs au ras de la casquette. Slow ne regardait que la route, paumes claires contre le volant noir. Profil tellement plus proche de l'Afrique que celui de Bob. La race voyageait dans le temps, à travers les générations, vers un visage différent.

— Je suis un oncle Tom, disait Slow. Un bon nègre nourri, habillé, heureux. Casquettes rouges, casquettes bleues, les casquettes font plus joli que les chaînes. Bob a raison. Les oncles Tom, c'est bon pour ma génération. Les jeunes valent mieux. Oui, les choses bougent, Master Gregory. Mon neveu, le fils de mon frère, il va à l'université.

Avec le soir, le néon remplaçait le paysage ; bientôt il ne resta plus qu'un décor artificiel : lettres de couleur, feux arrière des camions, lumières des phares domestiqués par les limites de vitesse, parcourant d'une allure égale les lignes pointillées des réverbères vers l'horizon ; lignes courbes, parallèles, intersections, géométrie de la nuit américaine. Une motocyclette nous dépassa, hurlante, ombre rouge, flammes bleues et jaunes des pots d'échappement. Autre Amérique, souvenir des courses vers Le Havre quand je pleurais ma peur, vieux rêve retrouvé et sitôt disparu dans le rythme

monotone des voitures au ralenti. " J'irai te voir à Princeton... " La voix de tante Laura.

Et lorsque j'arrivai chez le pasteur Graham pour dîner,
quand Jane m'ouvrit la porte, ce fut de nouveau la voix de
tante Laura qui m'accueillit : " Elle t'aura, Grégoire. Elle
fera de toi un homme qui va de ses affaires à sa famille... "

Un salon bleu et vert contenait cette famille. Au-dessus
de la cheminée, la crête blanche d'une vague s'effilochait au
vent dans un cadre doré. Seule l'étroitesse des fenêtres rappelait que cette maison était l'une des plus anciennes de Princeton. Mélancolie du dimanche soir. Le pasteur prononça
quelques mots sur la neige, le vent, la pluie. Mrs. Graham
sortait de la cuisine, tablier en main, des yeux d'herbe, comme
Jane, encore agréable. Jane vieillirait bien. " Vieillir à ton
âge devrait être un choix. "

Famille immobile. J'imaginai leur vie dormante comme
les eaux oubliées que seul agite le va-et-vient pressé des poissons qui glissent vers nulle part. En m'accompagnant vers
la salle à manger, Jane murmura :

— Peter a annoncé à mon père qu'il se convertit au catholicisme.

Chacun attendait debout à sa place, que le pasteur eût
terminé la prière :

— ... *in the name of the Father, of the Son and of the Holy
Ghost.*

— *Amen !*

Leur drame au ralenti. Qui avait pleuré ? Le pasteur découpait l'entrecôte. Mrs. Graham posait sur chaque assiette une
cuillerée de purée, une autre de pois. On se passait la sauce.
Je pensais à l'histoire : guerres de religion, *Chronique du
Règne de Charles IX*, Saint-Barthélemy, " Paris vaut bien une
messe ", les indulgences. Et encore ?

— Grégoire, j'ai vu le professeur Harris ce matin...

La voix du pasteur Graham, grave mais tendre comme une voix de femme.

— ... il m'a dit qu'il avait rencontré vos parents, quand il était lieutenant. Il m'a décrit votre maison, une des plus gentilles qu'il ait vues en France.

On se renseignait déjà ? Le pasteur avait-il lu dans les yeux de sa fille un vague à l'âme justifiant ces recherches ? Allait-il me demander mes intentions ?

— A propos, Grégoire, savez-vous que le professeur sera bientôt aveugle ?

Mon premier ami !

— Évidemment vous ne saviez pas. Je regrette.

Ma peine me surprit. Manque d'expérience. De ceux que j'aimais, il était la première victime et maintenant, j'imaginais mieux le drame de la famille Graham. Plus besoin de savoir qui avait pleuré.

— Nous l'avons pourtant vu hier. Il est venu à notre cocktail. Je l'ai présenté à ma tante... Il ne m'a rien dit !

— Vous ne pouvez pas annoncer à tous vos amis, " je deviens aveugle ", dit Jane. Ce serait atrocement pénible.

Chapitre 6

— Question d'imagination, dit Perrault.
— Non, de révélation, répondit Peter B.
— Pas de révélation sans imagination.

Peter B avait choisi Perrault pour parrain : " je ne veux pas être enquiquiné par un de ces Irlandais qui vous envoient en enfer pour un oui, pour un non. " Un matin, Perrault conduisit Peter B à l'église. Cérémonie discrète. Marraine choisie au hasard parmi les paroissiennes de Princeton car, dans le milieu des Graham, " on ne connaissait pas de catholiques ". Dans l'église glaciale, sombre après le ciel bleu de décembre, Jane, Peter A et moi, assis à l'écart, suivions la cérémonie.

Résultat inattendu, parrain et filleul passaient des heures à discuter théologie. Perrault, *New York Times* oublié sur ses genoux, prêchait de son fauteuil l'individualisme religieux. Peter B tournait autour de lui, défendait la discipline catholique " qui seule crée des mystiques ".

— Et Avicenne, et le Bouddha ?
— Je parle de l'occident.
— Kierkegaard alors...
— Un philosophe !
— Quoi ? L'auteur de *Pureté de Cœur* ? Un mystique ! Aussi vrai que tu deviendras jésuite. Tu as peur de toi-même.
— Pourquoi pas ? répondit Peter B.

— Alors, je t'excuse, dit Peter A...

Il sortait du bureau et s'arrêta près de moi.

— ... puisque tu as peur de toi-même.

— Qu'est-ce que tu excuses ?

— Ta conversion !

— Parce que... ?

— ... toute conversion a besoin d'une excuse. Le monde est assez divisé sans que les gens aillent encore se convertir.

— Bon, dit Peter B, c'est un de tes paradoxes !

Derrière son dos, Peter A jouait d'une clarinette absente.

— Pas du tout un paradoxe. Tolérance ne signifie pas endurer les gens en attendant qu'ils se convertissent, mais les aimer tels qu'ils sont. J'espère que tu seras plus tolérant envers les autres qu'envers toi-même.

— Mais puisque je crois au catholicisme...

— Qu'est-ce que tu étais il y a huit jours ? Un protestant qui comprenait les catholiques. Maintenant, te voilà un catholique de plus, c'est tout.

Jeu dont j'apprendrais les règles ; jeu d'une autre vérité, la vérité imaginaire. Dans la rue, je me répétais du Kierkegaard que Perrault venait de citer : " la plupart des hommes ont échangé leur raison pour la phrase : vivre avec son temps. " Quels hommes ? Peter B ? Moi-même ? " Mais je ne suis pas encore un homme et je ne connais pas mon temps. "

— Bonsoir Grégoire !

Mrs. Harris ouvrait la porte.

— Jane est déjà là !

Peut-on vivre avec son temps, quand on devient aveugle ? Jane et le professeur m'attendaient assis sur le sofa du salon ; seul changement : pas de jouets éparpillés sur le tapis. La mère aurait dit aux enfants : " maintenant que votre père est aveugle, habituez-vous à ne rien laisser par terre. "

Nous devions venir plusieurs soirs par semaine aider Harris dans la préparation de ses cours. " Je m'excuse, avait-il dit, cette maladie me surprend. L'année prochaine, je serai mieux équipé. " L'équipement d'un aveugle : un chien, sa mémoire, Louis Braille, un dictaphone, de la patience. Jane s'occupait du dictaphone, moi du texte, lisant page après page le *Troïlus et Crisède* de Chaucer. Ma prononciation faisait la joie du professeur :

— Enfin le français dans Chaucer comme lui le parlait ; *Tragédie, image, bataille.*

Autour des lunettes noires, je voyais son visage, les cheveux bientôt gris, taillés en brosse, la bouche épaisse, ironique. Voix monocorde, il marquait l'intensité dans les silences disposés entre les mots.

— Chaucer pour les Anglo-Saxons c'est une langue... étrangère. Ils dédaignent les langues étrangères, ils assassinent... le rythme. Pourtant Chaucer les avait bien priés

> *And for ther is so gret diversite*
> *In English...*

Tiens, Grégoire, cherche la suite, une des dernières strophes.

> *... and in writyng of oure tonge*
> *so prey I god that non myswrite the,*
> *Ne the mysmetre for defaute of tongue* [1].

— Voilà ! Merci Grégoire. Ce printemps, c'est là que je commence mon cours, avec la fin. J'essaye de faire comprendre à ces garçons que sans rythme, adieu la poésie, et la littérature, et l'humour. Adieu tout, même leur sacré base-ball. Allons Jane, mets ta machine en marche, on démarre !

1. *Troïlus et Crisède,* Livre V, strophe 257.

Pour la première fois, j'assistais au travail d'un homme, à ses hésitations, à son amour contagieux pour l'étude. Je m'étonnais d'apprendre qu'il ne répétait pas les mêmes cours chaque année.

— Je change, disait-il. Mon cours aussi. Tiens, Grégoire, arrête là ! Ce dernier vers que tu viens de lire je l'avais oublié...

... *And Pandarus to coughe gan a lyte...* [2].

Pandare est il gêné ou mondain ? Les deux, bien sûr. A cause de Shakespeare, on s'exagère le mondain. Son Pandare est d'un tel cynisme ! Sa réputation fait oublier que le Pandare de Chaucer aime Troïlus. Tu vois, Grégoire, ce que tu lis le mieux, ce sont les gestes des personnages. Mieux que les monologues. Au fond, relire souvent les mêmes ouvrages ne sert pas à grand-chose. Les livres deviennent comme ces itinéraires trop familiers, certains n'y voient plus que la route, d'autres que les arbres ou les panneaux publicitaires. Il faut voir avec les yeux des autres, écouter la lecture des autres. On lit comme on interprète une sonate au piano et les interprétations différentes s'additionnent. Pour comprendre un auteur ou un être humain, il faut être plusieurs et savoir écouter.

Penché sur le micro, il reprenait son cours, demandait à Jane de lui faire réentendre le début, se corrigeait. Je me disais : " Il a raison, ce qui m'impressionne, ce sont les gestes : Peter A montrant sa cicatrice, plus que l'histoire de sa blessure. Si Harris ne devenait pas aveugle, l'écouterais-je si bien ? "

Vieille habitude, il jouait en parlant avec un crayon. Observant ses mains, j'imaginais son travail intérieur,

2. Livre II, strophe 37.

l'étude, la recherche intellectuelle. Nouveau pour moi, ce monde de la réflexion se présentait comme un paysage de sable, plage suspendue entre les trois dimensions. Là, pas de pesanteur, pas de routes, des directions. Pas de lumières, des ombres. Des voyages éclairs, des pèlerinages, des expéditions, le retour à cette plage où le temps se déversait comme un sablier... Paysage qui disparaissait à l'appel d'une voix, n'importe quelle voix humaine.

— Grégoire !

— Oui, Jane !

— Le professeur fait-il semblant d'être heureux ?

— Je ne sais pas.

Après nos soirs de travail chez Harris, je la raccompagnais chez elle. A partir de onze heures, Princeton dormait comme un village. Respectueux de ce sommeil, nous allions doucement.

— ... Faire semblant, c'est peut-être une manière de le devenir.

— Je voudrais bien qu'ils essayent, dans ma famille...

— Qui, " ils " ?

— Mon père et Peter.

— Il s'en remet, le pasteur, de la conversion de son fils ?

— Comment voulez-vous ? Si Peter a tort, Peter se damne. S'il a raison, c'est mon père qui est damné.

— Et vous ?

Elle haussa les épaules.

— Je manque d'ambition. J'aimerais être heureuse.

Naturellement je pensais que ce bonheur pouvait dépendre de nous. Rien d'urgent maintenant que nous nous connaissions. Le long des rues, nous parlions à voix basse de nos lectures, de nos amis. Pourquoi se presser ? Frôler parfois un sentiment. Aujourd'hui :

— Vous n'êtes donc pas heureuse ?

— Je commence.

Fuite d'un mètre jusqu'à la porte de la maison refermée sans bruit et je l'imaginai chez elle entourée par sa famille endormie. Un mètre de notre avenir à son passé.

Je marchais vite, écoutant mon pas, et je souriais de ce rythme nouveau, allure de ceux qui ont un but, comme Peter A ou Harris. Mon but ce soir ? Lire le *Troïlus* de Shakespeare. Je me disais, " les pas valent l'écriture d'un homme ", me souvenant que l'armée " met les hommes au pas pour les soumettre ". Je devais donc varier le rythme de mon pas pour décrire ma liberté. Allure de danse, moment incroyable. La joie me prit dans les pieds, gagna les oreilles, les doigts. Tellement gai pendant plusieurs minutes que je dus m'appuyer contre un arbre, souffle coupé par la surprise.

Repartant enfin, fatigué. " Que s'est-il passé ? " J'essayai de définir l'impression vécue pour m'en souvenir. Impossible. " Est-ce cela, le bonheur ? "

Je retournai jusqu'à l'arbre, un platane, et m'y appuyai de nouveau. Je pensai à Jane, au professeur, aux études : inutile, disparue l'émotion de tout à l'heure et je ne trouvai que le regret de la joie entrevue. Je repartis lentement vers ma chambre. " Que m'est-il arrivé ? Pourquoi ? Cela arrive-t-il aux autres ? Est-ce une conclusion ? Un avertissement ? "

Harris y verrait un de ces symboles à la Chaucer, le Paradis aperçu, les mesures de la vie données au départ : joie ou tristesse. " Aurais-je donc un choix à faire ? "

A qui en parler ?

A personne.

Lorsque tante Laura me dit, " tu as changé Grégoire... ",
j'hésitai. Je pressentais déjà sa jalousie. Surtout, que le nom
de Jane ne soit pas prononcé ! Ici, le mensonge commençait,
dans la voiture, dans la nuit, sur une route des environs de
Princeton.

— Moi, changé ?

Pas un malentendu : un mensonge, car nous nous compre-
nions. Elle regrettait ma jeunesse, ma faiblesse ; moi, je la
craignais. Une seule chose m'étonnait, qu'elle ait tardé quinze
jours à venir.

La voiture quitta la route, monta la côte d'un chemin de
terre à travers les bois.

— Jeanie a été malade la semaine dernière, dit-elle.

Une maison à un étage apparut, entourée d'herbe haute
et de buissons, transparente à la lumière des phares que Laura
laissa allumés, sortant de la voiture, traversant l'herbe, cherchant la bonne clef, la serrure, indifférente à l'éclairage qui
exagérait chacun de ses gestes. Quand j'éteignis les phares,
je fus surpris par le silence.

Elle s'occupait du feu. Tout à l'heure elle s'occuperait de
moi et j'attendais mon tour parmi les objets, dans la salle
blanche et bois clair. Elle posa sur la table une bouteille et
des verres, un sac de sandwiches. Elle ne s'approchait pas et
quand elle parla ce fut aussi bien à elle-même qu'à moi, son
monologue comme un objet de plus dans la pièce.

— ... If I *like* you it is not because I *loved your uncle...*

Dès le début, elle fit cette distinction entre les mots *like*
et *love*. Moins une question d'intensité que du rapport des
âges, des expériences : différence de qualité. Avoir du goût,
de l'amitié pour *like*, aimer *love*. " Si je t'aime, ce n'est pas
parce que j'ai aimé ton oncle... Je t'aime *like* pour ces mêmes

raisons qui me l'ont fait aimer *love*. Votre ressemblance physique m'a-t-elle rappelé un certain espoir ? Comme lui, tu
es différent des autres et les autres m'ennuient. Au fond, si
j'étais française, tu m'ennuirais peut-être... "

De ce monologue, impossible de tirer de l'orgueil. Je ne
remportais pas une victoire : elle subissait une défaite. Elle
me décrivait un amour négatif né de la mort et de l'ennui, un
amour dont le verbe même *to like* semblait une négation. Sa
voix mince, un murmure avec parfois ces mêmes hésitations
dans le choix des mots que nous avions entre étudiants quand
nous discutions philosophie. " Je devrais peut-être me dominer... Ce n'est pas mon genre d'abord, et puis tu es un
garçon, quel mal y a-t-il ? Tu m'aimes aussi *you like me too*
n'est-ce pas ? Toi, tu ne risques rien. Alors, à quoi bon souffrir inutilement. C'est déjà assez pénible ainsi... Nous ferons
attention. Jeanie et mon père ne doivent rien savoir. Jeanie
surtout. Cela passera. Tout passe, sauf quelques souvenirs...
Tu essayeras d'être gentil. Je voudrais tant faire de toi un
homme bien... "

Nous n'existions plus, notre présence, nos rapports abandonnés aux mots et je fus étonné quand elle se tut. Quand
elle se leva, ses mains se fermèrent comme des poings. Sa
peur était contagieuse. Voilà que nous avions le même âge :
elle affaiblie par cette peur, moi vieilli.

Je ne sais plus lequel de nous rit le premier. Nous buvions
en riant, en riant nous mangions les sandwiches, chacun d'un
côté de cette table qui nous accordait un sursis.

— Rentrons à Princeton, dit Laura.

Elle prolongeait le sursis. Rassurés, nous ne nous pressions
pas. Elle me raconta la maladie de Jeanie.

— Graig ! Graig ! Elle t'a appelé quand elle a eu la fièvre.
Médor est resté couché au pied de son lit pendant trois jours.

Nous marchions dans l'herbe autour de la voiture, tranquilles. Nuit froide, précise. Un troupeau d'oies aboyait quelque part entre nous et les étoiles. Laura m'expliquait leurs migrations, décrivait le vol invisible.

— ... et de là-haut elles voient le dessin des cours d'eau, les lacs, les baies, les côtes. Dans le jeu des enfants qui veulent être un animal, je choisissais les sarcelles.

— La sarcelle empaillée du Port ?

— Idiot ! Tu parles comme " eux ".

— Laura ?

— Oui, Laura pour toi, sauf au Port.

Au moment de nous quitter, nous regrettions le temps perdu et nous nous taisions dans la voiture rangée à cent mètres de ma chambre.

— Embrasse-moi !

Retour de la peur, mais d'une peur différente qui cette fois nous empêchait de nous séparer. Pour la première fois, je touchais ses cheveux. J'emportai ce souvenir au bout des doigts, incapable de monter de suite dans ma chambre. J'allai d'instinct chez Perrault, pensant que son égoïsme serait un refuge où attendre le sommeil.

— Bonsoir, paysan ! Prends une bière !

Sur la cheminée, les bouteilles entouraient une boîte de conserve fendue en tirelire et marquée d'une étiquette à écriture pattes de mouche : " Tant qu'il y aura des pièces de vingt-cinq cents, il y aura des bouteilles. " Je m'allongeai sur le lit. Perrault tournait autour de l'unique chaise, robe de chambre à pois blancs ouverte sur la peau.

— C'est bien agréable, de parler un peu français. L'anglais

c'est bon pour les gens du nord, comme le brouillard. En anglais, même les meilleures phrases, surtout les meilleures phrases, cachent leur tête. La tête de celui qui parle. Naturellement, les Français haïssent l'équivoque, ils n'y comprennent rien. Est-ce que la France est belle dans le brouillard ? Moi-même ! Je parle anglais, je m'écoute, je ne me connais plus ! " God "... Qui est-ce, leur " God " ? Protestants ou catholiques, convertis comme Peter B, ils croient à un " God " qui a une tête in-quarto en plusieurs volumes, des mains comme des racines, un cœur à pistons, des yeux d'hier-demain-jamais. Il mange les hommes à la sauce désespoir. Moi, toi, tous les Latins, nous aimons Dieu avec une barbe blanche et une grande robe. Dieu, Grégoire, Dieu ressemble à Charlemagne, il sent la violette et le serpolet, et un peu le fagot pour nous pauvres pêcheurs. Trouve-moi un dictionnaire où ce soit expliqué ! Trouve-moi...

Perrault avait trouvé le souffle. Mains jointes sur le ventre, capucin moderne, il comparait l'enfer de Dante à celui des Quakers.

— ... Heureusement que les nègres ont réchauffé l'enfer anglo-saxon, froid comme le pôle. Au moins, ils ont donné du rythme à " God " et l'angoisse a dansé le fox-trot. Mais l'infini use les meilleures volontés et ces pauvres nègres s'inquiètent. Ils finiront blancs, foutus eux aussi, bons pour le *nervous break-down*, ce purgatoire du nord. Méfie-toi, paysan. Si tu aimes une femme ici, aime-la en français. Elle ne te comprendra pas ? Tant mieux. L'amour en anglais, c'est terrible. On ne tue pas. On divorce ou on se suicide !

Avait-il deviné ? Mais non ! Il me frôlait dans un fracas de verbes et changeait de sujet...

Me croyant fatigué, j'allai me coucher. Impossible de m'endormir. J'imaginais le corps de Laura. Tantôt j'espérais l'accomplissement facile des rêves de mon adolescence, tantôt je prévoyais une scène ridicule, moi qui n'avais même pas su danser avec elle, et je pressentais ma honte : scène vulgaire, infecte. Je me souvenais de ma gêne devant Marie lisant *le Diable au Corps* : " le torrent lave les pierres ", " les fleurs de lin se tournent vers le soleil ".

Mon propre lit m'écœurait et je me rhabillai à tâtons dans le noir, de peur de réveiller les deux Peter. D'abord je courus entre les dortoirs éteints sur les pelouses brillantes de lune, puis sur les rives du lac Carnegie en partie gelé. " De là-haut, les oies voient le dessin des cours d'eau, les lacs... " J'aurais pu ajouter ces mots de Laura à ma collection de phrases pures.

Je me punissais, je courais toujours sur les feuilles mortes qui cassaient sous mes pieds. Aurais-je au moins le courage de tout avouer à Jane ? De ne plus la voir ? Impossible : comment éviter les rencontres chez ⸚arris ? Les jambes me brûlaient. Je me voulais malheureux mais dans ma peine j'étais à l'aise : bonheur ? malheur ? qu'importe, tant qu'il y a du mouvement !

— Tu te mens, Grégoire !

Gêné, je m'écoutais. Alors, que faire ? Assis sur une pierre, immobile, j'attendais une réponse. Quelques voitures traversèrent le pont, annonce du matin. J'entendis gratter. Un daim fouillait l'herbe et sa silhouette se dessinait presque entière contre la surface claire du lac. Voilà l'autre Amérique, celle des bêtes et des bois, celle de Jane. A chaque voiture, le daim levait la tête. L'autre Amérique ? Mais non ! Il n'y a qu'une Amérique : béton à forêt, lune sur néon, fumée dans les nuages.

— Que faire, Grégoire ?

— Je ne sais pas. La réponse ne vient pas. J'attendrai.

Lentement, je rentrai à Foulke Hall. Retour à la vie précise. Dans la chambre les deux Peter dormaient encore. Je me couchai jusqu'à leur réveil pour qu'ils ne soupçonnent pas mon inquiétude ; il est plus facile de mentir par des gestes que par des paroles. A quelle heure mon premier cours ? Dix heures vingt, McCosh Hall. " En France, les gens déjeunent. Ont-ils de la neige, à la Chêneraie ? Qui transporte le bois pour mon père ? "

Une première porte claqua. " Je suis rentré à temps. " Peter A se dressa sur son lit. A moi, maintenant ! Se raser, s'habiller. " Tu es content d'avoir des habitudes. " Vivre en équilibre sur les habitudes.

— Morning, Peter !

— Hi, Graig !

La promenade jusqu'au club, coude à coude, l'air froid, les platanes, toutes ces choses faciles.

— Perrault a une théorie. Dieu change selon le langage.

— Dis ça à Peter B.

— Il ne sait même pas le latin. Pour un catholique...

— Dieu joue de la clarinette.

— Souffle créateur ?

Sur les tapis du club, les domestiques noirs circulaient silencieusement autour des étudiants mal éveillés. " Pourquoi ne sont-ils pas à notre place et nous à les servir ? " Œufs au plat, saucisses, du sirop d'érable sur les crêpes. " La faim est une autre habitude. "

Repu, presque calmé, je m'installai dans un fauteuil du salon pour lire le *Troïlus* de Shakespeare. J'y trouvai l'amour raillé, Hector le brave massacré par les valets d'Achille. En transparence, je découvrais l'esprit de trois auteurs et leurs époques. Homère l'épique, Chaucer le chrétien, Shakespeare le poète à tout faire de la misère humaine.

— Dommage, dis-je à Harris ce soir-là, que tous les écrivains n'aient pas le même sujet à traiter une fois dans leur carrière. Une sorte d'examen... Troïlus par Molière, Tolstoï, Proust !

— Des sujets ? Il n'y en a qu'un de toute manière : espoir ou désespoir...

Harris essuya doucement ses lunettes avec son mouchoir. La fumée de sa cigarette s'échappait des lèvres avec chaque mot.

— ... L'amour, la mort et tout le cortège des circonstances humaines sont les prétextes ou les symboles, comme Dieu et Satan...

Sa petite fille était venue s'asseoir sur mes genoux. Avec son doigt, elle traçait dans ma main des lignes imaginaires.

— ... Ce qui ne veut pas dire que Dieu et Satan n'existent pas, continuait Harris. C'est une autre affaire. Sûrement ils existent pour ceux qui y croient, donc pour Chaucer. En le lisant, ayons la politesse de croire au Dieu de Chaucer...

Je ne l'écoutais plus. Pourquoi Jane n'était-elle pas encore là ? A l'instant j'imaginai qu'elle ne viendrait plus, qu'elle ne participerait plus à notre travail. Quel intérêt alors ? Je voulais sortir, téléphoner, la revoir tout de suite. " Tant pis pour Chaucer, Dieu et le Diable, je me fous des circonstances humaines... "

Justement, Jane arrivait, essoufflée, posait son manteau sur une chaise. Elle se pencha pour embrasser la fille de Harris, son visage près du mien. " *Good evening*, Grégoire ! "

Nous nous installions pour travailler. J'évaluai ma sottise. " Toi qui voulais ce matin qu'elle se cherche un autre amoureux... "

Je me voyais mauvais acteur, avec mes prétentions, ma naïveté. Crainte, joie, honte en quelques minutes, comme ces visages d'enfants dont le berceau est livré aux adultes. Impressions oubliées aussitôt que Harris commença son cours, crayon en main, ce crayon inutile, hésitant à peine sur les phrases.

— *Troïlus et Crisède*, le titre du poème de Chaucer indique l'histoire d'amour. En termes modernes, un jeune homme a le coup de foudre, on s'aime, elle l'abandonne, il est désespéré. Vous verrez ici que la mythologie amoureuse contemporaine, celle de Hollywood par exemple, est calquée sur l'amour courtois du Moyen Age. Les sentiments s'habillent à peine différemment. La morale de Chaucer ne vous sera donc pas étrangère.

" Au cours de la première conférence, je vous ai parlé du style de Chaucer pour que vous le lisiez bien. Les conférences suivantes seront consacrées à une analyse du texte. Peut-être nous perdrons-nous dans les détails. Aussi vais-je aujourd'hui évoquer les directions du poème, pour que vous les recherchiez pendant la lecture.

" Idée principale : Troïlus sombre dans le désespoir par faiblesse. Le désespoir, c'est l'enfer du Moyen Age comme celui du monde moderne. Troïlus est faible parce qu'il s'abandonne aux événements : *Fortune*, un mot clef du Moyen Age.

> *... Fortune :*
> *That seemeth trewest whan she wol bygyle*
> *And kan to fooles so hire song entune,*
> *That she hem hent and blent...* [3]

" A la Fortune, Troïlus se voue par amour de Crisède. Il lui livre sa destinée. Voilà son erreur, son péché ! Pour éviter le désespoir un homme doit se dominer et dominer le malheur. Le chrétien de Chaucer ne devrait s'abandon-

3. Livre IV, strophe 1.

ner qu'à Dieu, comme le philosophe ne doit écouter que sa raison.

" Qui est-il ce Troïlus ? Un garçon de vingt à vingt-cinq ans, un aristocrate, un militaire, un cavalier. Quand, dans le premier livre, Chaucer le montre au temple de Pallas... "

Troïlus avait-il " échangé sa raison pour vivre avec son temps " ? Un sujet d'essai que je notai sur une feuille. Perrault me trouverait la référence exacte dans Kierkegaard. Sur la pointe des pieds, Mrs. Harris entra. Elle s'assit à l'autre bout de la pièce et sortit son tricot. Dans le silence, la voix du professeur réglait jusqu'au rythme de nos respirations.

A quinze ans, quelques films de guerre m'avaient tenu lieu de cathéchisme. Chaucer maintenant les remplaçait. Harris était le prêtre de cette cérémonie, voix calme, mains allant du crayon aux lunettes au texte qu'il feuilletait comme pour se confirmer l'existence de l'œuvre ; prêtre dont la courtoisie consistait à n'évoquer que les péchés de personnages légendaires. Scène répétée trois fois par semaine, scène figée de l'hiver. A l'extérieur, glace, pluie ou neige, mais toujours ce tableau à l'intérieur : Mrs. Harris et son tricot, Jane attentive à l'œil vert du dictaphone, Harris sur le sofa, jambes écartées, trouvant à droite sur la table basse ses cigarettes, à gauche le crayon et le texte, au milieu le cendrier. Même chaleur et même voix monocorde. Idées anciennes auxquelles se mesurait la vie quotidienne.

Comme se mesure l'obstacle à franchir qui nous révèle notre faiblesse. Car il s'agissait bien de *ma* faiblesse. Pas besoin d'être un aristocrate, un militaire, un cavalier, un Troïlus : Grégoire suffisait. Ici, j'entendais la raison et je la comprenais d'autant mieux que je renonçais à m'y soumettre. Je reconnaissais ma faute, je ne l'avouais pas à Jane et je craignais

que Laura la découvrît. Je ne me justifiais pas, je m'excusais :
puisque je les aimais toutes les deux...

Aimer ? Je me servais d'elles. Je me servais de l'admiration de Jane et de l'intransigeance de Laura. La première
me rassurait, la seconde m'effrayait. Avec Jane, le jeu des
illusions ; avec Laura, le jeu de *ma* vérité. D'une part l'espoir
d'une vie facile ; de l'autre l'inquiétude, la peur de ma médiocrité, des railleries de Laura, peur d'elle depuis que nous
nous retrouvions la nuit.

La nuit, l'obscurité car Laura éteignait les lumières avant
que j'entre. Elle ne parlait pas, et l'amour fait ainsi me laissait déçu, écœuré. J'aurais voulu qu'au moins, en m'ouvrant
le matin la porte de sa chambre, elle sorte avec moi, que je
reconnaisse son regard. Mais il fallait que je rentre seul à
Princeton, ou que je me glisse sans bruit jusqu'à ma chambre,
si nous étions au Port des Absents.

Et malgré tout, quand elle me prévenait, " ce soir ",
j'éprouvais chaque fois la même impatience. Ce soir, ce
serait peut-être différent, puisque les hommes aimaient
l'amour, puisque les livres le décrivaient autrement...

— Pourtant, Laura et Jane, ont les yeux verts, toutes les
deux !

Cette remarque m'arrêta sur le chemin. " Qu'est-ce qui
est vert ? " L'eau, les bouteilles, l'herbe, l'œil du dictaphone,
des reptiles, la tête du malard, des lunettes d'aveugle, le
printemps, le feu des carrefours, des sauterelles, l'émeraude...

Évocation contraire au paysage de neige éblouie de soleil.

— *Come on Graig !*

Jeanie me rappelait à l'ordre ; je repartis, traînant la luge et le rire de la petite, ses appels, ses cris de cocher, et les aboiements de Médor qui nous suivait.

— A mon tour Graig !

Dans la descente elle prit la corde. Couché sur la luge, je freinais des pieds pour ne pas la dépasser.

— Graig, qu'est-ce que tu me donnes ?

— Tu verras bien.

— *Please !*

Ses yeux m'imploraient, gris-bleu comme ceux de l'oncle Henri, de ma mère, les miens, comme l'eau, comme une plume de geai, comme une musique...

— Tout à l'heure Jeanie !

— Graig, tu es encore un enfant ?

" Suis-je encore un enfant ? "

— C'est tellement ennuyeux, Graig, d'être un enfant.

— Pourquoi ?

— Toujours, on attend.

Deux enfants ; nous marchions dans la neige vers la maison, chaque pas très lent, puis des gestes lents pour enlever nos bottes, nos manteaux. User le temps, s'asseoir dans la cuisine.

— Slow, est-ce que Graig est un enfant ?

— Le jour de Noël, nous sommes tous des enfants, Miss Jeanie.

Quelle joie d'être un enfant et de se laisser vivre entre Jeanie et Slow, d'espérer un cadeau, une fête ! Moment simple dans cette pièce aux murs blancs, aux fenêtres embuées, translucides à la clarté du nord, table nature morte de gâteaux, de fruits, de légumes, de pain.

— Miss Laura, elle descendra dans cinq minutes, dit Slow.

Il posa près de l'évier le plateau du petit déjeuner. Il

venait de *sa* chambre, cette chambre où je n'entrais que la nuit, dont elle ne descendait jamais que baignée, fardée, vêtue d'élégance. La voir s'éveiller, s'habiller ! " Tu ne la connais pas. Elle ne veut pas que tu la connaisses. Elle te traite comme un gosse : ' remercie ', ' embrasse ', ' viens '.

Sans un mot pour Slow et Jeanie, je quittai la cuisine. Elle ne me trouverait pas là, parmi les enfants. Attendre au salon, un livre ouvert sur les genoux. Quel livre ? Qu'importe ! Cinq minutes pour étudier l'indifférence : l'oiseau empaillé, les romans sur leurs rayonnages, le feu préparé par Slow et pas encore allumé. Deux fenêtres à l'est, deux à l'ouest ouvraient la pièce au soleil du matin et du soir.

— Tu boudes ?

En français, la voix de son deuil. Laura à contre-jour d'une fenêtre, visage voilé de lumière.

— Viens, Grégoire, mon père nous attend.

Elle appelait Jeanie. Je les suivis, m'arrêtait à la porte de la salle à manger, irrité par les cris de Jeanie, par le sapin endimanché, par la scène trop semblable aux photos publicitaires qui remplissaient depuis un mois les journaux : la petite fille à genoux, son grand-père lui tendant un paquet, les cadeaux enveloppés de papiers brillants multicolores, les étoiles d'argent... et sur le tapis beige, une bête inattendue, un chiot noir dans un ruban rose avec une étiquette *GRÉGOIRE*. Ma chienne.

— Ta chienne, Grégoire.

Je tremblais. A genoux, je la débarrassai du ruban. Chaude. " Respire-t-elle normalement ? " Pattes neuves. Griffes, dents neuves. " As-tu faim, soif ? " Lâchée, elle se roula dans les papiers, les déchira, les traîna.

— Quel âge a-t-elle ?

— Sept semaines. C'est la fille de Médor.

Grosse comme un chat, déjà.

— Et son nom ?

— A toi de choisir. Un nom qui commence avec S.
Sophie, Samba, Sœur, Sister, Shoot, Sarah, Sarcelle...

— Sarcelle ! Ici Sarcelle ! Viens Sarcelle !

" Veut-elle sortir ? " Une chienne noire sur la neige courant dix mètres, assise. Elle me regardait. " Viens, Sarcelle !
As-tu froid ? " Dans ma veste. Des oreilles douces.

— Slow. Ma chienne ! Vous avez vu ma chienne ?

Seul avec elle. Je surveillais chaque geste et quand elle
s'endormit, je m'allongeai sur le parquet du salon, écoutant
son souffle. " Sarcelle, Sarcelle, Sarcelle ", murmuré. Elle
soupirait ; visage contre bête. Tout oublié sauf elle, sauf
nous. Ce soir elle coucherait près de moi. Au matin, je la
trouverais là. Et l'angoisse de la séparation : " Dans huit
jours, finies les vacances, je rentrerai à Princeton. Sans toi ! "
Tout oublié pour l'absence prochaine. Étonné d'entendre
des sanglots, de découvrir Jeanie pleurant dans le couloir,
hésitant d'abord entre la chienne et l'enfant :

— Qu'as-tu, Jeanie ?

La robe jaune s'enfuyait.

— Jeanie !

Elle refusait de lever la tête, de me parler. La chienne dans
les bras, je cherchai ma tante, j'appelai dans l'escalier. Elle
m'ouvrit la porte de sa chambre, soleil de midi sur des tissus
vert pâle.

— Qu'est-ce qu'elle a Jeanie ?

— Elle est jalouse...

— De qui ?

— De ta chienne.

— Elle voulait Sarcelle ?

Laura était assise à son bureau (bureau et chaise Louis XVI).

Elle portait ses lunettes d'institutrice, et moi je restais debout comme un élève en faute. Mon béret dans les mains ? Mais non, une chienne.

— Tu te sous-estimes. Elle voulait te montrer ses jouets neufs.

Là-bas, le lit couvert, enveloppé de soie, semblait dormir.

— Tu veux que je te dise ce qu'elle pensait ? " Grégoire ne m'aime plus. Je suis laide, je suis seule, je le déteste, je me déteste. " La tristesse des enfants ressemble à celle des femmes. Quand on refuse de partager leur joie, ils offrent leur douleur, puis leur désespoir.

— Je vais la consoler...

— Attends Grégoire ! Pose ta chienne ! Assieds-toi !

Ses jambes croisées ; la blouse blanche de dentelle montait jusqu'au cou. Laura aussi enveloppée de soie.

— Je te parlais de moi, un peu...

Elle ne tremblait pas, sa voix paraissait naturelle mais une fois encore la différence d'âge s'effaçait. Je posai une main sur son genou et je vis l'émotion que la nuit me cachait.

— Je peux aussi être jalouse, dit-elle.

— Même de la chienne ?

Je sentais ma force, pour la première fois ma force d'homme. Toutes les humiliations abolies !

— Jalouse même de la chienne ?

Laura sourit.

— Mais non, puisque c'est moi qui te l'ai donnée.

... Ek al my wo is this, that folk now usen
To seyn right thus : ye jalousie is love,

And wolde a buschel venym al exsusen,
For tha to greyn of love is in it shove [4].

Je lus à haute voix le passage dans Chaucer. La tête rejetée en arrière, le professeur réfléchissait. Nous n'entendions plus que les aiguilles à tricoter de Mrs. Harris. " Un boisseau de venin pour un grain d'amour. "

— ... Une fois de plus, reprit le professeur, Chaucer défend le point de vue chrétien. Chaucer, vous l'avez remarqué, n'est pas un adversaire de l'amour, mais bien de l'amour courtois, cet amour qui écrase l'homme au lieu de l'élever et dont la jalousie est une des expressions habituelles, cause de haine et de désespoir...

Ce mot, Laura l'avait prononcé le jour de Noël. Je revoyais ses lèvres : " despair ". Un mot qui en anglais ressemble à un soupir, une chute.

— Jane, es-tu jalouse ?

Plus tard, dans les rues endormies de Princeton, je lui posai la question. Comme il neigeait, nous marchions plus vite que d'habitude.

— Est-ce qu'il ne serait pas plus simple de me demander si je t'aime ?

La neige sur ses cheveux lui donnait l'apparence d'une jeune vieille dame.

— Mais c'est plutôt à toi de me dire que tu m'aimes, Grégoire... Tu as l'air affolé tout à coup !

Elle riait. Elle n'imaginait pas, elle ne pouvait imaginer. Aucun soupçon, aucune appréhension sur son visage. Je ne la trahirai pas.

— Bien sûr, je t'aime, Jane.

Et je la trahissais.

4. Livre III, strophe 147.

" Salaud de Grégoire, tu ne pouvais pas attendre ? Attendre quoi ? Où ? Dans la rue, sous la neige ? Combien de mois, d'années ? Comment expliquer ? "

La voilà donc, cette liberté. Moi qui voulais me perdre !... mais dans un paysage inconnu où chaque pas serait une invention, chaque regard une découverte ; me perdre seul, et par courage ! Alors qu'ici la lâcheté m'écartelait, tête d'un côté, ventre de l'autre.

Au moins, je ne me plaignais pas. Je me punissais : la tête et le ventre. Dans la minuscule pièce métallique que la bibliothèque prêtait à chaque étudiant, je m'enfermais des heures, le nez sur des livres lus et relus à haute voix pour forcer mon attention ; je me les récitais en marchant, en mangeant : Schopenhauer, Santayana, de l'esthétique au traité de Versailles, aux mathématiques, et de là au gymnase pour y punir le ventre. Peter A, Peter B, j'usais à tour de rôle mes partenaires dans les cours de squash ; nous y poursuivions la balle noire rejetée par nos raquettes et par les quatre murs. A la piscine, le règlement nous obligeait à nager nus. Salles d'escrime, de lutte, de boxe. Punching-ball, amie dans son rythme hypnotiseur. Match avec le sifflement de la corde à sauter. " Garde-toi ", disait le moniteur, " tu aimes donc les coups ? "

Ces fatigues ne me consolaient pas et, la nuit, j'appelais Laura, puis je retenais mon souffle : Peter B dormait-il ? m'avait-il entendu ?

Des heures d'insomnie, nuit après nuit, pendant lesquelles je ne pensais qu'à Laura, à notre prochaine rencontre : j'oserai enfin allumer, j'oserai lui parler, exiger une réponse, rester près d'elle. Ces heures accumulées créaient une obsession immense et des victoires infimes : minutes gagnées, profil entrevu au filet de lumière passant sous la porte, j'avais fait semblant de dormir et elle avait appelé mon nom. Entêtement de bête, de prisonnier, de malade.

Jusqu'au soir où j'allumai simplement la lampe, stupéfait de découvrir un visage transformé par l'émotion, larmes sur les yeux assombris, narines mobiles, lèvres minces.

Elle tenait le drap relevé sous son menton, tête posée dans la blancheur, portrait tremblant, mains accrochées au drap. Quelle patience faudrait-il pour écarter ce drap ? Combien de nuits, de semaines ? Je voulais la voir tout entière.

Mais j'étais la première victime de ces victoires. Quand, après son bain, elle apparaissait de nouveau vêtue de soie, je doutais de son amour ; j'imaginais qu'elle me quitterait, que je ne comptais pas pour elle, tant son allure démentait, le jour, l'émotion de la nuit.

Inquiétude à peine calmée par l'amitié d'Harris et l'amour de Jane. Mes réactions violentes la surprenaient :

— Grégoire, deviens-tu méchant ?

Je voulais garder Jane. J'avais besoin d'elle parce que j'étais sûr d'elle.

— Pardonne-moi, je suis fatigué.

— Tu devrais dormir plus, Grégoire. Peter dit que tu passes des nuits chez Perrault. Ton lit n'est même pas défait. Tu vas au cours sans te coucher...

Perrault, mon complice, mentait pour moi sans explications. Quand je lui avais demandé de me servir d'alibi, il avait répondu d'une tape sur l'épaule :

— D'accord, paysan ! Ça te regarde !

" Quoi me regarde ? Quel objet ? Quel visage ? "

Chapitre 7

Nuit bleu-noir. A cinquante mètres de nous, sur l'épaisseur blanche du paysage, prononcez daille-neur

DINER

en rouge sur le rectangle jaune électrique.

A soixante pas de nous, deux cents mètres cubes de chaleur chromée, imitation de wagon immobile sur béton à travers la vitesse de la neige dans le vent du nord. Préfabrication à jamais temporaire déposée un jour ici pour les mêmes camions toujours renouvelés : MACK, GMC, FORD à l'abandon ce soir dans la tempête, silencieux, éteints, blancs.

A soixante pas de nous, deux mètres cubes de musique pour une pièce de nickel glissée dans la machine à disques :

" Irène bonsoir. Irène bonsoir
Bonsoir Irène. Bonsoir Irène.
Je te verrai en rêves.
Parfois j'habite la campagne
Parfois j'habite la ville
Parfois j'ai une belle envie
De sauter à l'eau et mourir. "

D'une table à l'autre la bouteille de sauce tomate, la moutarde, le sel, le sucre en poudre ; des frites, des sandwiches de bœuf haché pour un quart de dollar... à soixante pas de nous.

J'ai faim.

— Allons manger, Peter.

— Attends un peu.

A moins d'un pas, Peter A reste invisible sous son capuchon.

Et moi transi de froid. Pourtant chaudement habillé, mais transi moralement parce que je regrette le sourire de Jane et la douceur de Laura ; j'imagine leurs visages, j'en compose un seul tableau, portrait de famille et de tiédeur dans cette nuit de vent silencieux sur ma solitude. " Grégoire tu n'es plus voyageur. " Pour moi, la seule raison de ce voyage : je ne sais pas dire non. Alors, puisque Peter A voulait partir...

Des phares flottent sur la route. Le chauffeur tâte le poids de sa remorque à coups de freins ; vingt tonnes glissent dans la neige, trouvent le verglas, encore la neige où elles s'enfoncent et s'immobilisent, peut-être.

— Faites du stop ?

Le chauffeur descend.

— On va à Detroit, dit Peter A.

— Feriez mieux de laisser tomber. Pas de camions ce soir, sauf dans les fossés. Moi, j'abandonne.

— Je crois qu'on va attendre un peu.

Le chauffeur relève la visière de sa casquette de laine et marche vers la lumière.

Le seul mouvement, la neige.

Sarcelle est au Port des Absents où j'aurais pu passer huit jours, tête contre chienne, nuits douces à la chaleur de son corps. Pauvre chienne sans le pauvre Grégoire.

DINER

Là-bas, aux vitres de leur imitation premières classes passe la neige sur le vent à une vitesse de voyage. Café, thé, une serveuse au comptoir, camionneurs tête plongée vers le sommeil. Partout, n'importe où de l'Atlantique au Pacifique, les mêmes camionneurs, la même serveuse.

Nous, seuls dans le froid, restons figés à la patience de Peter A.

La Chêneraie, Marie, Fabien à Paris. S'ils me voyaient dans cette neige !

— Si nous allions manger, Peter.

— Attendons un peu

et un peu encore

jusqu'aux phares de nouveau vers nous et Peter A brandit l'étui de sa clarinette. Le camion mou, comme un rêve en travers du vent et de la route, essaye de ralentir. La cabine est secouée, emportée par la remorque, et nous courons derrière, glissant, perdant, gagnant du terrain, rattrapant les phares arrêtés, éblouissants.

— On va à Detroit !

— Montez !

Dans la chaleur et l'obscurité de la cabine s'élève une voix nègre :

— Bienvenus les gosses !

Le moteur.

— Vais à Pittsburgh !

Une voix de chanteur de phrases.

— Gosses, je viens de Boston. Et quand je quitte Boston, mon pote il dit

" Pars pas ! " il dit

Mais " je pars ", je dis

" Pars pas ! " il dit

" Je pars ! " je dis

" Pars et descends dans un ravin, personne jamais causera plus jamais de toi ! "

" Je pars ! "

" Alors prends cette bouteille, tu la boiras avec le Diable ! "

mon pote il dit

Diable ou pas, buvez un coup les gosses !

A contre-jour du pare-brise, il offre la bouteille presque vide. Nos yeux s'habituent à l'obscurité et nous distinguons le profil d'un corps immense, corps à camion, penché sur le volant, sur la route, vers la neige qui nous dépasse, fuite vers la nuit à travers le faisceau des phares.

Peter A sort sa clarinette. Il a trouvé un rythme au travail du moteur et sur ce rythme, il improvise. Concerto pour machine et clarinette, adagio. Puis au rythme du vent, allegretto en *la* majeur.

— Souffle gosse, souffle.

Le camion prend de la vitesse et rejoint la neige qui ne s'enfuit plus, captive de la lumière des phares. Quand la clarinette se tait, le chauffeur répond. Dialogue spontané.

— Nègre et deux gosses...

Cascade de notes aiguës.

— Dans un camion rouge, dans la neige, dans la nuit, seuls...

Un thème grave, répété plus haut, plus bas.

— Ce nègre ici n'est pas une poule mouillée...

Cocotte cocotte, fait la clarinette.

— C'est Jim Big Jackson de Pittsburgh...

Marche triomphale.

— Qui n'est pas tombé dans un ravin...

Marche funèbre.

— Pas encore tombé dans un ravin...

Clarinette inquiète.

— Avec le gosse qui souffle et celui qui écoute...

Thème de Princeton, rappel de *Marseillaise*.
— Deux jeunes Messieurs avec un nègre...
Variations sur l'hymne national américain.
— Il faut la nuit pour voir ça...
Dialogue du hasard, voyage du hasard n'ayant pour limite
que l'ombre ouverte aux phares, que le rythme du camion,
du vent, du camionneur et de la clarinette
jusqu'à l'aube et les faubourgs de Pittsburgh
jusqu'au prochain camion
à la prochaine amitié
et qui nous empêche d'aller à Chicago ? à Fort Wayne ?
Muskegon ? Lansing ? Detroit ?
Neige et glace, nous traversons un paysage négatif, tou-
risme à visages, mêmes villes, même neige, mêmes routes
avec leur " diners " plus ou moins neufs. Seuls les visages
diffèrent : les moustaches d'un bûcheron canadien, la cicatrice d'un fermier polonais, le sourire d'un homme d'affaires,
la casquette bleue d'un nègre.

A Detroit, le cousin de Banjo Bob dresse des chevaux.
Depuis trente ans, il travaille à la General Motors, depuis
vingt-huit ans il dresse des chevaux en rentrant de l'usine.
Cent cinquante mètres carrés de sciure de bois derrière une
maison de trois pièces. Dans la sciure, deux juments tournent,
sautent, et partout les gratte-ciel, les cheminées d'usines, des
avions. Nous passons la nuit sur la paille de l'écurie, près des
bêtes. Nous dînons de bière et de saucisses. La clarinette de
Peter A rencontre la trompette de l'épicier et la basse du plom-
bier. Les voisins, toute la rue nous rend visite, vient voir ces
deux blancs qui couchent dans l'écurie d'un nègre. Deux soirs
de fête et de musique.

A Elmira, la police nous poursuit parce que Peter a joué
de la clarinette dans les rues.

A Boston, la mère de Peter nous prépare des biscuits au chocolat. Nous lui décrivons les juments, les camionneurs, la tempête de neige. Femme petite dans une cuisine chrome et porcelaine :

— Il avait bu toute une bouteille de rhum ? Pauvres garçons seuls dans le froid... Et vous étiez bien, dans la paille ?

Elle repasse nos chemises quand son mari rentre. Directeur d'une compagnie de navigation, assis sur une table. Odeur de pâtisserie, de linge chaud, de cigare.

A New Haven, Mme de Chine et Peter discutent les littératures chinoises et japonaises. Nous buvons du thé vert dans des tasses fragiles. De nouveau, elle me confie Perrault.

— Vous avez maigri, Grégoire !

et elle m'interroge sur mes études.

Huit jours de liberté, la seule, l'anarchie des heures et des visages. Découverte de l'auto-stop : voyages à l'amitié. Seuls s'arrêtent les bavards ou les tendres. Adieu les égoïstes, ils passent : bourgeois épris de leurs voitures ou de leur temps, femmes timides, marchands avares, vieillards envieux. A nous les nègres, les généreux, les pauvres.

Est-ce la présence de Peter A ? Nous traversons un musée. Chaque rencontre semble un échantillon d'humanité : femme confiture, épicier poivre et sel, paysan philosophe, chien magnanime, le riche, le pas riche et celui qui s'en fout, enfants avec ou sans ballon. J'avais lu, appris une terre ronde, peuplée. A mon étonnement, c'est vrai.

Recroquevillé dans un fauteuil, au chaud dans la cage de verre d'une station d'essence, je regarde passer les camions, j'écoute le sommeil du pompiste.

— Peter ! Hey Peter !

— Oui ?

— Qu'est-ce qu'il faut faire pour que les gens soient tous heureux ?

— Perrault a raison, Graig. Tu es un paysan, d'une espèce nouvelle : *the international hick*. Le bouseux international.

— Sois sérieux...

— Nous sommes tous sérieux !

Une voiture arrive. La sonnette réveille le pompiste. Nous sortons avec lui. Près de la pompe, un homme danse sur place pour se réchauffer.

— Nous faisons du stop, lui dit Peter A.

— ...

— Nous allons dans le New Jersey, reprend Peter. Vous ne traversez pas New York, par hasard ?

Toujours dansant, l'homme nous examine. Les phares d'un camion l'éclairent : cheveux rares, manteau beige, cravate à pois.

— Je ne prends pas n'importe qui... dit-il.

— Ces gosses rentrent à Princeton, dit le pompiste.

— Ah, des étudiants de Princeton. Fallait le dire tout de suite. Bien sûr ! Je vais à Philadelphie. Je vous poserai au carrefour. Montez les garçons ! M'excuserez, de nos jours on ne sait plus à qui l'on a à faire.

— Non merci ! dit Peter A.

— Pardon ?

— Non merci ! répète Peter. Nous ne voyageons pas avec n'importe qui.

La rage de l'homme s'exprime dans un départ brutal, pneus brûlants sur la neige.

— Je paye à boire, dit le pompiste.

D'un tiroir, il sort un flacon de whisky.

— A la vôtre.

Boucles noires sur son front, un homme triste. Il nous

explique que son fils étudie à l'Université de New York.
" Il ne ratera pas sa vie, lui. J'aimerais qu'il rencontre des
braves gars comme vous. "

Il se rendort dans le fauteuil voisin.

Tout à l'heure, nous trouverons un camion pour Princeton. Pourquoi rentrer ? Ne vaudrait-il pas mieux continuer
ce vagabondage, aller d'homme en homme ? Nous ferions
le tour de l'Amérique, du monde...

Et Laura, Jane, Sarcelle ?

Laura n'aurait rien à dire. Pourrait-elle condamner ma
liberté ? Jane se trouverait un autre étudiant, un de ces Américains honnêtes " qui irait de son travail à sa famille, un
homme enfant ".

Ma chienne. Oui... je regretterais ma chienne...

— Viens sur la route, dit Peter A. On perd du temps ici
et il faut que nous soyons à Princeton ce matin.

— J'arrive.

Chapitre 8

Le 10 mars 1947

Salut Grégoire !

La fête continue. A propos, rencontré Marie Godefroy
la semaine dernière, elle m'a demandé de tes nouvelles. Sur
mes cinq dernières chansons, deux ont un grand succès :
Cloche de poche et *Cœur d'atome* (pas les meilleures, tant pis !).
Tu peux m'écrire 12, rue du Dragon, Paris 6ᵉ. J'ai trois
pièces au quatrième étage, plafond bas, un piano, deux cents
disques et un lit. Un luxe dans la vieille Europe. Voilà ton
frère ! Bientôt le printemps. J'étais à la Chêneraie pour Noël.
Papa se remet de son opération. Maman m'écrit qu'il se
lève tous les jours deux heures. Tu dois entendre des paquets
de jazz là-bas. Mes hommages à la Super Tante Machin.

Fabien

Une opération ? Quelle opération ? Quand ?
Avec la distance, la nouvelle se dressait, énorme. Pourquoi
ma mère ne m'avait-elle pas prévenu ? Bien sûr, il allait
mourir s'il ne se levait " que deux heures par jour ". Cette
vie ! Toute la vie de mon père en raccourci : " naquit, vécut,
mourut à la Chêneraie ". Ses livres, ses parties d'échecs,
ses fermiers, ses rhumatismes, ses fils. Un jour, il nous avait

dit : " J'ai eu le bonheur et le malheur de ne pas travailler. "
Que laisserait-il ? Un souvenir. Tellement fragile, un souvenir : quelques images et quelques paroles que le temps
rongerait.

" Pour lui c'est trop tard. Mais toi, Grégoire, comment
vivras-tu pour laisser plus que cette trace effaçable, ce passage d'insecte ? "

J'entrevoyais la vie trop courte. Moment de panique. Ma
mort me surprenait. " Pourtant elle est partout, dans Chaucer,
Shakespeare, Kierkegaard, l'oncle Henri, les canards. "
Celle des autres...

Avec la maladie de mon père, une étape me rapprochait
de la mort. Assis à mon bureau, lettre en main, j'attendais
les années comme des secondes.

— Toi, tu commences à m'emmerder avec tes intros-
pections cafardeuses... me dit Perrault un soir.

Depuis plusieurs jours je lui parlais de ma peur. Il m'avait
écouté avec patience, patience de plus en plus visible, de
plus en plus agressive. Nous étions dans ma chambre.
Faible éclairage et fenêtres ogivales, mélange atténué d'élec-
tricité et de gothique. Près de moi, Peter B tournait (trop
vite ?) les pages d'un livre. Peter A écrivait.

Perrault sortit de son fauteuil comme d'un lit, rejetant
le *New York Times* qui le couvrait :

— Pourquoi ne penses-tu pas un peu plus à la mort des
autres et un peu moins à la tienne ?

Perrault répétait sa phrase en anglais, prenait à témoin
les deux Peter qui levèrent la tête. Ils me regardaient. J'étais
accusé, Perrault l'accusateur.

— Lis-tu seulement un journal de temps en temps ?

— Ça m'arrive...

— Alors, qui est Anne O'Hare McCormick ?

— ...

— Et Reston ? Callender ? Arthur Krock ?

Je haussai les épaules. Perrault désolé, de nouveau assis dans le fauteuil, puis debout, arpentait la pièce, harangait les deux Peter.

— La vie et la mort des autres, c'est dans les journaux. Pour lire un journal, on connaît ses rédacteurs, leurs idées. On compare leurs thèses, leurs informations.

Se tournant vers moi :

— Qui est président du Conseil en France ?

— La politique, toujours la même connerie, les combines...

— Pourtant, tu discutes philosophie, religion, éthique !

— Pas la même chose.

— Es-tu contre la guerre ?

Peter A s'était levé et m'observait.

— Bien sûr, je suis contre la guerre.

— Le racisme ?

— Évidemment.

— Mais d'après toi, on laissait les Allemands passer tous les juifs d'Europe au four crématoire ?

— Non !

— Il y a donc de bonnes guerres ?

— Oh, tu me fais chier ! Tu te prends pour Socrate ? Et si je refuse de " vivre avec mon temps ". Si je préfère ma raison...

Tant pis pour les clichés, je m'y accrochais, voulant faire de mon ignorance un acte de foi. Je haïssais Perrault : " cabotin bavard ". Et moi toujours l'écolier pris en faute. Peter B sur le sofa. Peter A appuyé à la porte du bureau. Perrault

les mains au plafond, le bouton de sa veste tendu à craquer,
l'étoffe tordue sur le ventre, soulagée quand il baissa les
bras.

— Mon pauvre vieux, c'est ça, vivre avec son temps :
accepter l'opinion générale, ou tout au moins la subir.

Perrault transpirait, battait la mesure, parcourait le tapis.

— Subir son temps, se soumettre, ne pas croire à mieux.
Lui (son doigt vers Peter B) recule de vingt siècles. Pourquoi
pas ? Lui (son doigt vers Peter A) avance de vingt ans. On
cherche... On cherche...

Bredouillant, puis muet, essoufflé par des idées trop nom-
breuses, Perrault s'écrasa dans le fauteuil, les yeux fermés.

— On se bat en Grèce et en Palestine, dit Peter B.

— En Indochine, dit Peter A.

Tous les trois contre moi.

— Qu'est-ce que vous voulez que j'y fasse ?

— Si on t'envoie en Indochine comme soldat... dit Perrault.

— Les Français ne viendront pas me chercher en Amérique.

— Le Pentagone réclame une armée d'un million d'hommes. Tu as le choix : armée française ou américaine.

— Mais la bombe atomique...

— Baruch dit que les Russes connaissent déjà la moitié
des secrets.

— Les Russes sont nos alliés.

— En Pologne, est-ce qu'ils respectent les accords de Pots-
dam ? Et en Grèce, Tito soutient les communistes, non ?
Tu n'as pas lu la déclaration d'Acheson au Sénat ?

Informations en cascade. Quelle importance avait ce pêle-
mêle ? Événements lointains rendus irréels par l'imprécision des articles. Pays disséminés autour du globe. Fil rouge
imaginaire comme celui que mon père déplaçait avec l'avance

des Alliés pendant la guerre. Ce qui me frappait, la passion de mes amis.

Car, si leurs opinions différaient, leur passion était la même et tous les trois considéraient mon " indifférence " comme une insulte. Ils s'unirent pour que je lise les journaux. Jour après jour, à tous moments ils m'interrogeaient. Sous la douche : " Qui participe à la Conférence de Moscou ? " A la sortie d'un cours : " Que se passe-t-il en Hongrie ? " Pendant une partie de squash : " Combien Truman demande-t-il au Congrès pour l'aide à la Grèce ? "

Je me débattais, haïssant cette éducation forcée... et je prenais l'habitude de reconnaître les noms des personnages de ces différentes tragédies appelées Londres, Moscou, Jérusalem, Athènes, Hanoï. Le monde sortait du brouillard comme autrefois Rouen vu de la terrasse de la Chêneraie. Chaque matin, le journal annonçait des lueurs d'incendies : soixante-dix-sept communistes tués en Grèce, huit Européens à Madagascar, douze cents morts à Texas City, six cents " Viets " en Indochine, cinq " marines " près de Tien Tsin, des grèves, des Plans, des conférences, des traités.

Mon innocence attirait mes guides. Chacun leur tour, ils m'expliquaient leur point de vue, ne m'abandonnaient que convaincus de mon approbation. Tâche difficile car les idées de l'un annulaient celles des autres : Peter A pacifiste, Peter B militant d'une démocratie qu'il comparait au libre arbitre des peuples, et à une lutte du Bien contre le Mal, Perrault sceptique, profitant de leur désaccord :

— Personne n'a jamais raison, Grégoire. La guerre, c'est croire qu'on a raison.

Et pendant ce temps, venaient les beaux jours. " De Gaulle crée un parti politique. " Les arbres se couvraient de bourgeons. " La conférence de Moscou est un échec total. " Les lilas fleurissaient. " La Banque internationale prête deux cent cinquante millions à la France. " Les magnolias, les glycines.

Printemps d'attente, je vivais soumis à ce jeu de *leur* vérité. Pour mon père j'avais exigé des précisions; une lettre de ma mère m'apprit qu'il souffrait d'un ulcère à l'estomac. Opération suivie de phlébites. " Nous devons faire attention. "

Printemps de joie surtout : chaque matin quand le soleil se levait, chaque fois que je sortais, préparé pourtant au choc de clarté et de tiédeur, je ne me retenais pas de courir sur les pelouses; je sautais les buissons. Au Port des Absents, fleurs jaunes, bleues, roses, l'eau de la crique traversée par l'image blanche d'un nuage; les rochers gris clair, lavés par la neige et les pluies d'hiver, où la mousse créait des paysages miniatures. Sarcelle couchée sur l'herbe chaude, œil sombre dans la fourrure noire.

Les robes de Laura se gonflaient, collaient au vent. Elle sortait de l'hiver comme je ne l'avais jamais vue : ses poignets tellement minces aux bras nus. Elle ne craignait plus la lumière et me retenait jusqu'au jour dans notre maison des environs de Princeton.

Dans ce jardin à l'abandon, l'herbe accompagnait les fleurs. A six heures du matin, chaise d'une main, tasse de thé dans l'autre, nous cherchions une place parmi les buissons, pieds nus. Sa robe de chambre du même vert que les feuilles nouvelles. Des loriots avaient leur nid derrière la haie et le mâle passait jaune et noir entre les pommiers. Des daims imaginaires, cachés dans les bois, nous surveillaient.

Parfois Laura avait amené Sarcelle et la chienne chassait les papillons engourdis de fraîcheur.

Gaîté de Laura, toute en gestes ou en jeux. Tristesse de Laura, toute en mots. Laura la claire ou Laura la sombre. Batailles à coups d'oreillers. " Grégoire, je t'ai gâché, tu ne seras jamais un homme. " Quand elle riait, elle se cachait la bouche à deux mains. Quand elle souffrait, elle serrait son menton entre ses doigts.

Laura du Sud, Laura de Brooklyn ou de Londres ; pour chanter elle prenait tous les accents :

Quel désespoir, quel désespoir,
Jamais d' pourboire.
Je fais d' mon mieux, je fais d' mon mieux,
Ah que les gens sont oublieux !

Laura était de plus en plus gaie, ce printemps ; elle restait heureuse parfois tout un voyage. Nous étions allés sur le Cap Cod ; elle courait le long du rivage, imitait le cri des mouettes qui tournaient autour d'elle, étonnées. Pays plat de buissons, de vent, de nuages. Dans les dunes, nous avions construit un feu et mangé des clams. Respectueux du puritanisme américain, nous fréquentions de grands hôtels aux clients anonymes. Nous prétendions ne pas nous connaître et je la rejoignais plus tard dans sa chambre où nous parlions à voix basse.

Le printemps donnait à Jane aussi une allure nouvelle : peau brune et cheveux coupés court. Elle inventait la vie des gens croisés dans la rue : " Cette femme avec le chapeau pamplemousse écrit des poèmes sur les oiseaux. " " Le grand jeune homme devant la pharmacie mange des fleurs. Les nuits sans lune, c'est lui qui broute les plates-bandes de la ville. "

Un soir, Jane ne s'enfuit pas vers sa porte comme d'habi-

tude. Nous étions rentrés vite de chez Harris car je la croyais
en retard. Minuit passé, le pasteur s'inquiéterait. Pourtant
elle restait là, hésitante. Je retrouvais l'impression de notre
rencontre, chevreuil, lapin, caille, tête dressée, bête prête à
courir ou à s'apprivoiser. Inquiétude contagieuse. J'attendais qu'elle parlât.

— Pourquoi ne m'embrasses-tu pas, Grégoire ?

Après la surprise, l'indignation. L'embrasser ? " Pas toi,
Jane ! Tu n'es pas comme ça ! "

Elle attendait à un mètre de moi. Comment lui faire comprendre ? Comment pourrait-elle comprendre qu'elle est
l'autre, celle que l'on n'embrasse pas, le souvenir d'un amour
d'enfance, l'espoir d'un amour adulte.

Je pensais : " Le moment n'est pas venu, Jane. Nous gâ-
cherions cette patience qui nous construit des souvenirs
comme j'en souhaitais sur la terrasse de la Chêneraie. N'abî-
me pas cette image de toi. Tu es le repos, l'animal qu'on
apprivoise et qui garde une allure de crainte pour rappeler
qu'il a besoin d'amour. Et tu voudrais donner un ordre ?
L'ordre qui justement te détruirait, nous détruirait ? "

— Tu ne dis rien, Grégoire ?

Le silence : j'avais oublié mon silence. Que répondre ?
Déjà sa voix tremblait. Dire n'importe quoi.

— En France, quand une fille se laisse embrasser, cela
veut dire qu'elle accepte tout...

mais si justement elle acceptait tout

— ... nous ne voulons pas ça, Jane. Nous voulons aussi
nous aimer plus tard. Jane, s'il te plaît, comprends-
moi.

Son silence maintenant. Que comprenait-elle ? Qu'ima-
ginait-elle ? Quand elle se mit à rire, la peur me fit mal.
Se moquait-elle ? Mais sa voix était gaie, et tendre :

— ... ma mère qui s'inquiète parce que je sors avec un Français !

Mon mensonge était accompli, parfait. J'avais créé pour elle le personnage qui lui convenait sans doute le mieux : un Grégoire à la fois sérieux et romantique, sûr et inattendu, " l'homme enfant " prévu par Laura.

Tant pis, tant mieux. Nous étions l'un en face de l'autre. A bout de bras, du bout des doigts, je caressai les cheveux de Jane. Maintenant elle m'appartenait. Quelqu'un enfin m'appartenait, une fille neuve. Justement, je me souvenais qu'enfant je posais mes jouets neufs sur la commode; je n'y touchais que le moins possible pour qu'ils gardent, avec leur vernis, le souvenir de cette joie de les avoir reçus.

Dès le lendemain, un retour aux sentiments effleurés confirma notre entente, mains frôlées au cours de promenades, pendant les dîners chez ses parents ou chez Harris. Nous devenions un couple reconnu, presque officiel puisque les maîtresses de maison nous invitaient ensemble à ces soirées, à ces bals de mai et juin qui honorent les jeunes filles de la société. Jane, en robe châtain, me gardait ses valses, ce rythme nous plaisait.

Sur le " campus ", je m'étonnais de l'énervement des étudiants, chaque semaine plus marqué. Les repas du Club finissaient à coups de verres d'eau. Des groupes se formaient : " On part pour New York. " Ils revenaient par le train de sept heures du matin, pâles et endormis. Peter B dénonçait " cette junévile obsession sexuelle ". " Et toi, tu ne bandes pas le matin ? " lui demandait Peter A. Plus les soirées étaient douces, plus les jeux devenaient violents sur les pelouses. " Spring fever ", la fièvre du printemps. Perrault faisait de la gymnastique. Parfois, en pleine nuit, un hurlement annonçait le grand concert. Aux fenêtres des dortoirs, des cris répondaient, s'organisaient en lamentations. Rythmes de casseroles, de toutes sortes d'objets métalliques frappés à tour de bras, salués par des pétards, des appels de trompette. Des haut-parleurs portés aux fenêtres, diffusaient des marches militaires, du jazz : n'importe quoi pour augmenter la cacophonie. Presque toutes les lumières s'allumaient. L'arrivée des autorités déclenchait un bombardement : oranges, chaussures, cahiers, literie. Enfin, l'invasion : les étudiants en caleçons, en pyjamas, quelques-uns nus, envahissaient les pelouses, s'inventaient un drapeau. Deux mille étudiants rassemblés autour d'une photo de Rita Hayworth, d'un pot de chambre ou d'un soutien-gorge, montaient en ville, arrêtaient voitures et camions, conspuaient la police, réclamaient des femmes, de l'alcool, la liberté. Et puis l'émeute cessait, disparaissait dans la nuit, chacun ramassait au passage le drap, la chemise, l'objet lancé tout à l'heure par la fenêtre.

— J'ai une bouteille !

Peter B me prit l'épaule. Je reculai, aussi étonné que si Dieu m'avait annoncé officiellement sa fatigue. Après-midi de mai, chaleur lourde sans espoir d'orage.

— Tu ne veux pas plutôt faire une partie de squash ?

Non ! Peter B voulait boire. Il ne se donna pas la peine de me répondre, apporta deux verres, de l'eau. Il ôta sa veste et la posa sur le dossier d'une chaise. Assis, encadré par la baie gothique, épaules affaissées, il contemplait la bouteille de scotch avant de l'ouvrir.

— Dis, Peter, tu as vu dans le *New York Times*, Truman veut instituer un service militaire et...

— Qu'est-ce que tu veux que ça me foute ?

Il se versa un demi-verre d'alcool, un peu d'eau. Dès qu'il commença à boire, son front passa du blanc au rouge.

— Jane doit venir tout à l'heure !

— Sers-toi !

Mon verre était encore plein, il finissait le premier, en préparait un deuxième avec des gestes méthodiques, trop lents; lui d'habitude si pressé... Je surveillais les pelouses. Où diable se trouvaient Peter A et Perrault ? N'importe quoi pour faire du bruit. Je n'avais jamais vu quelqu'un boire en silence.

Peter avait posé un pied sur la table basse; il battait une mesure imaginaire, régulière comme un métronome.

— Tu devais avoir soif !

Il n'avait probablement pas entendu. Le pied continuait, tic tac tic tac. " Il va me rendre fou. " Son pied s'arrêta, il but une gorgée, le pied redémarra. Chaque fois qu'il buvait, le pied s'arrêtait, repartait. " Qu'est-ce qu'il ferait, Peter A, à ma place ? Boire aussi ? Cacher la bouteille ? Parler ? Attendre ? "

Peter B toussa. Je sursautai.

Il se versa un troisième verre. La transpiration imprégnait son front, forma enfin une goutte qui se précipita entre les sourcils, puis le long du nez où elle resta suspendue. Une mouche parcourait sa joue droite. Il regarda l'intérieur de son verre, mélange de whisky et d'eau tiède.

— Je crois, dit-il, que Dieu a parfois tort.

— Tort comment ?

Son index posé sur ses lèvres, puis pointé vers le ciel, il me fit signe de me taire. La goutte de sueur tomba, la mouche s'installa sur son menton. Il but une longue gorgée, une autre, se resservit. Nous étions rentrés depuis une demi-heure.

— Tu vas boire toute la bouteille ?

— On peut toujours en racheter...

Moi aussi, je transpirais maintenant. Prendre une douche ? Je n'osais pas le laisser seul. Je vidai mon verre. Sur la chemise bleue de Peter B, des plaques sombres d'humidité s'étalaient, répondant aux plaques rouges du front. L'alcool m'avait fait du bien, je me sentis moins nerveux. " Tant pis, allons-y, un autre verre. Pas mauvais, tiède, ce scotch. "

— Peter je crois que tu as deux ou trois mouches sur le menton.

— Pauvres bêtes !

Il buvait par petites gorgées maintenant et son verre se vidait moins vite.

— Où sont-elles ?

— Qui ?

— Les mouches...

— Deux sur ta joue droite, et une sur le menton.

— Pour elles, je suis peut-être Dieu.

Il ferma les yeux et sourit :

— ... Mais de qui suis-je la mouche ? Sers-toi, Grégoire, on en achètera d'autres. Je préfèrerais être une guêpe. Et toi ?

Abeille ou guêpe ? Je réfléchissais à ce problème. Avant de m'enfoncer dans le fauteuil, je remplis à ras bords mon verre encore à moitié plein. Ainsi, j'aurai à bouger le moins possible. Un souffle d'air nous apporta de quelque part la musique d'un violon.

— Moi ? Un canard !

— Oh tu m'emmerdes avec tes canards. Toujours dans la vase. Tandis que les guêpes vivent sur les fleurs.

— Je suis libre, non ?

— Non !

— Comment, non ?

— La preuve, tu n'es pas un canard.

— C'est vrai !

— Je te disais bien que Dieu a tort.

D'une claque violente il écrasa les deux mouches posées sur sa joue. Il regardait les cadavres : " comment veux-tu qu'il résiste, Dieu ? " Les taches d'humidité se rejoignaient sur sa chemise. Le violon s'était tu. Même pas possible d'être un canard ! Le fauteuil m'étouffait. En me levant, j'aperçus Jane qui traversait la pelouse.

— Voilà ta sœur !

— Sauvons-nous !

Pris de panique, debout, nous vidions nos verres. Peter B attrapa la bouteille et en courant nous nous réfugiâmes dans la salle de douches. Déjà elle montait l'escalier. Son pas résonnait, puis sa voix dans la chambre : " Peter ! Grégoire ! "

— Qu'est-ce qu'elle fait ?

— Elle va attendre.

— Tu as ton verre ?

— Merde, non.

Nous avions laissé nos verres sur la table. Chaque geste d'une précaution exagérée, sur la pointe des pieds, Peter B alla jusque sous la douche et ouvrit le robinet. Il présenta la bouteille à l'averse; un peu d'eau entrait dans le goulot, le reste tombait sur lui. Il revint trempé; à chaque pas l'eau sortait de ses souliers.

— Tiens, on boira à tour de rôle.

Whisky presque pur. Assis sur le carrelage l'un en face de l'autre, bouteille au milieu, nous attendions. Plus une mouche dans cette pièce blanche, nous étions seuls. Cheveux mouillés, aplatis en mèches noires, Peter B prenait la bouteille régulièrement, trop régulièrement. Comptait-il les secondes entre chaque gorgée ? Vingt-trois, vingt-quatre, vingt-cinq HOP. Vingt-cinq HOP. Vingt-cinq HOP. Une gorgée toutes les vingt-cinq secondes. Dans l'escalier, la voix de Jane : " Bob avez-vous vu mon frère et Grégoire ? " " *No, Miss. Ain't seen'em !* " Silence. De la douche mal fermée, des gouttes tombaient.

— Pourquoi bois-tu, Grégoire ?

— Je ne sais pas.

— Je sais, moi. Tu bois parce que je bois. Tu es notre innocent, Grégoire. Notre païen. C'est toi le simple d'esprit des Évangiles. Tu es aux Limbes. Pour toi, ni enfer, ni paradis, mais l'éternelle attente.

Il se leva, solennel, étendit la main au-dessus de ma tête :

— Tu permets que je te baptise ?

Il avançait la bouteille...

— Pas le whisky !

— C'est vrai.

Il posa la bouteille, enleva ses chaussures qu'il emplit d'eau. " Au nom du père, du fils... " Fraîcheur. Peter n'arrêtait plus son va-et-vient, remplissait une chaussure puis l'autre, me versait l'eau sur la tête. " Renonce à Satan ", première chaussure, " à ses œuvres ", la deuxième.

" Je vais t'apprendre le Pater. Récite après moi : Pater Noster qui est in... "

— Attention ! J'entends des pas dans l'escalier.

— C'est Perrault.

— Attendons qu'il soit passé.

— Maintenant !

Peter prit la bouteille. Je ramassai ses chaussures. Pas besoin de marches pour descendre l'escalier, nous sautions d'un palier à l'autre, tombant, nous relevant. Rien ne faisait mal. Nous n'avions pas vaincu la pesanteur mais nous

avions vaincu la douleur et nous volions de palier en palier.
Nous volions à travers les pelouses. Des voix nous appelaient, Jane et Perrault. Pourquoi les gens s'arrêtaient-ils
pour nous regarder ?

— A l'arbre ! A l'arbre ! me cria Peter B.

Il l'escaladait, je le suivis. Facile. Tout était facile. De
branche en branche. Au-dessous de nous, la foule. Peter
leur jeta le bouchon et me passa la bouteille. Je lui rendis
ses souliers. Assis sur une fourche, nous buvions.

— Dommage que nous n'ayons pas de banane...

— Ça ne fait rien.

A califourchon, il avança le long de la branche, puis
se laissa pendre, lâcha une main, s'accrocha par les jambes,
tête en bas. A quinze mètres, un tapis de visages levés
vers nous.

— Descendez ! Descendez tout de suite !

C'était la voix de Mike, le chef des détectives de l'université.

— Venez nous chercher !

Peter revenait vers moi.

— Je crois, dit-il, qu'on va courir. Bois un coup, nouveau
soldat du Christ, ces barbares veulent nous rôtir.

Après une gorgée religieuse, la descente et, à deux mètres
du sol, nous sautâmes. Les détectives chargeaient. Quelque
part, la voix de Jane. Nous courions trop vite pour eux,
nous sautions trop bien, par-dessus les haies, les buissons.
Je m'écroulai dans un massif. Agenouillé sur le parvis de la
chapelle, Peter frappait la porte à coups de poings :

— Ouvrez ! Sanctuaire ! Sanctuaire !

Les détectives le cernaient, ils allaient le prendre mais
Peter se releva et disparut avec ses poursuivants.

La fraîcheur me réveilla, il faisait nuit. Moins mal à la

tête qu'aux jambes et aux bras, corps meurtri par tant de chutes, fini l'état de grâce. J'essayai de me relever, impossible. Encore saoul ? Je rampai, effrayé par le moindre pas. Se cacher, surtout. Alors je me souvins que Peter B m'avait baptisé. Je m'agenouillai :

— Bon Dieu de bois, j'en ai plein le dos ! et je me rendormis.

Quand je rentrai dans notre chambre, Peter B était étendu par terre. Peter A me donna une bière.

— Bois et vas te coucher. C'est minuit.

A huit heures, Peter B avait disparu. Nous le retrouvâmes vers onze heures au bord du lac. Il buvait du gin.

Il se laissa ramener à la chambre, accepta de se raser et de prendre une douche. Puis il se sauva. Nous le pourchassions, il courait trop vite.

— Il devient fou, dit Peter A.

— Comment a commencé la cuite d'hier ? demanda Perrault.

— Je ne sais pas. Il a simplement dit : " J'ai une bouteille ".

C'est Perrault qui le découvrit le lendemain matin, couché sous une voiture. A trois, nous le transportâmes jusqu'à la chambre. Il ouvrait les yeux, ne disait rien, se laissait porter. Sous la douche, nous dûmes le savonner, le sécher.

— Plus question de le laisser partir, dit Peter A.

Jane s'assit sur le lit de son frère. Quand il se réveilla en fin d'après-midi, il semblait normal. Nous dînâmes chez son père, mais au retour il me faussa compagnie. Cette fois nous ne le retrouvâmes qu'au bout de deux jours. Barbe noire, vêtements en loques, sale, une plaie au front.

Impossible de le retenir, il partait, buvait n'importe quoi :

bière, whisky, vin, cognac, gin, tout ce qui lui tombait sous
la main.

Nous sommes de pauvres petites brebis noires
Qui se sont perdues
Baah   Baah   Baah.

Il avait rejoint les puritains de la boisson. Quand nous
entendions cette chanson, la nuit, Peter A et moi descendions.
Si Peter B se trouvait parmi les chanteurs, nous l'implorions
de monter avec nous prendre au moins une douche, du linge
propre, un peu de nourriture. Parfois, il acceptait.

Au bout de huit jours, nous étions résignés. Peter B était
" notre " ivrogne. Un ivrogne calme, humble, qui acceptait
que nous le lavions de temps à autre. Ainsi, il passait ina-
perçu, presque sobre le dimanche quand je l'emmenais déjeuner chez son père le pasteur. Il devenait une nouvelle habitude, autre manifestation de ce printemps.

Samedi soir ou dimanche après-midi, des bals, des jam-
sessions s'organisaient dans les clubs, sur les bords du lac,
dans une salle louée en ville.

Venues de Vassar, Smith, Bryn-Mawr, des étudiantes
arrivaient le samedi au train d'une heure. Rouges, bleues ou
jaunes, robes et bas de soie défilaient entre les lilas et les
glycines. Les garçons se rangeaient à leur passage : glapis-
sements et sourires de jeunes chiens. Les filles qui venaient
pour la première fois tremblaient, marchant nues, transparentes, accrochées au bras de celui qui les avait invitées
dans ce piège, ami d'enfance souvent, qu'elles ne reconnaissaient plus ; lui aussi portait le masque de la faim. Elles

hésitaient devant sa chambre. Et pourtant... elles repar-
taient dimanche, presque toujours vierges, embrassées,
pelotées, intactes, sauvées par la tradition puritaine, par
l'alcool qui châtrait les amoureux, par la peur de faire un
enfant, par la jalousie des étudiants sans filles qui surveillaient les couples, ne leur laissaient pas le répit d'une faute.
Elles reprenaient le train de dix-sept heures trente-deux,
froissées de bruit et d'émotion, nostalgie d'une gueule
de bois, tristesse de la fête terminée jusqu'au prochain
week-end.

Samedi et dimanche, l'orchestre de Peter A et Banjo Bob
gagnait quinze dollars de l'heure pour faire danser les copains. Clarinette, banjo, trompette, trombone et piano.
Quels que soient le club ou la salle, toujours les mêmes têtes
apparaissaient à travers la fumée.

> Oh si j'avais écouté ce que ma pauvre mère disait,
> Si j'avais écouté ma mère
> Je ne serais pas ici
> A chanter l'amour sans amour.

Deux ou trois cents visages familiers aux yeux ralentis
de whisky : tous rencontrés au gymnase, à la bibliothèque
ou dans les salles de cours... tous cousins dans nos chemises
blanches aux pointes de col boutonnées, boursiers ou riches,
New-Yorkais ou Californiens, descendants d'Italiens ou de
Scandinaves... différences rabotées par nos flanelles grises,
par le vocabulaire commun. Avec ce petit à lunettes, je dis-
cutais hier des rapports entre la philosophie Kierkegaar-
dienne et Dostoïevsky. " L'homme a perdu contact avec le
Néant ! " disait-il. Cet après-midi, il dansait dans les bras
d'une grande fille. Je lui criai : " As-tu retrouvé le contact ? "
Son regard ne s'éclaira pas d'un souvenir.

Pour ces bals costumés, nous nous déguisions en caricatures de ce que nous étions : étudiants de Princeton, sem-
blables à ceux d'Harvard et Yale, les universités de la Ligue
de la Feuille de Lierre, tous cousins, tous de la même peau,
de la même étoffe de flanelle grise. Peter B assis entre la
clarinette et le banjo, visage figé sur un sourire, restait calme
tant que son verre était plein. Jane, tranquille dans mes mains,
fuyait vers moi sa crainte des autres. Nous dansions devant
l'orchestre et je lui montrais l'Ésope des temps modernes.

— Quel Ésope ?

— Bob, le nègre, l'affranchi. Il mène le bal. C'est lui le
fabuliste. Les nègres sont les fabuleux d'Amérique. Ils don-
nent le ton. Sans eux, vous seriez encore une province de
l'Europe...

— Tu exagères !

— Toujours ! Toujours exagérer ! Les nègres exagèrent.
Je suis nègre, un Français nègre, un Normand nègre et je me
réveillerai un de ces matins avec une oreille noire, puis deux.
Tu m'aimeras avec deux oreilles noires ? Pas noires vraiment, marron, chocolat...

Jane était contente quand nous quittions le bal. Alors
elle osait me lâcher, courait devant, tournait sur elle-même :

— Voyez-vous mes jambes, monsieur le Français ?

Nous nous promenions sur les allées de l'université : des
platanes, des tilleuls et des glycines, des pelouses traversées
d'écureuils. Dimanches après-midi déserts car tous les étudiants étaient partis au bal ou rentrés dans leur famille, les
professeurs restaient chez eux. Ville morte dont je connaissais l'unique survivant et nous allions chez Perrault surpris
dans sa robe de chambre à pois blancs. Il ramassait les pages
du *New York Times* (édition décuple du dimanche), décro-
chait son costume, cherchait caleçon, chemise, souliers,

chaussettes, disparaissait avec son barda vers la salle de douches.

— Du thé, les enfants ?

Perrault impeccable beurrait les toasts, passait les tasses dans cette grande pièce aux rideaux tirés sur le soleil. Là-bas, sur le bureau, les piles de feuilles jaunes, roses, vertes étaient les seules couleurs vives de la chambre. Jane et moi, nous nous asseyions sur le lit, lui sur la chaise, lui qui savait que j'allais rejoindre Laura plusieurs nuits par semaine. J'imaginais un reproche dans sa gentillesse vis-à-vis de Jane. Reproche ou tristesse ? J'en souriais, heureux de cette pièce calme et vide après l'excès de foule tout à l'heure. Politesse reposante. Quelques paroles remplaçaient le bruit.

— Ah Ramadier, Ramadier ! Tu vois Grégoire, pour matraquer les grévistes, il fallait un socialiste ! Rien de tel que la gauche d'aujourd'hui pour cogner l'ouvrier...

Perrault discourant de long en large de la pièce, ressemblait à Danton.

— Je constate, Grégoire. Je constate seulement. Les opinions viendront après. Mais rends-toi compte que le salaire réel d'un ouvrier français en 1947 ne représente que soixante-quatre pour cent du salaire de 1937...

J'écoutais, convaincu et attendri, touchant de mon épaule l'épaule de Jane, pensant à Laura.

Prenant entre mes mains le visage de Laura. Nous nous promenions dans les bois du Port des Absents; elle s'était arrêtée :

— Embrasse-moi !

Mes doigts tremblaient. " Si je tenais Jane ainsi, mes doigts trembleraient-ils ? Est-ce que je les aime autant toutes les deux ? Deux femmes, un seul ou deux amours ? Un seul ou deux Grégoire ? ”

— Grégoire, parfois tu m'inquiètes. Je ne comprends plus tes yeux.

— Mes yeux ?

— Ton regard.

Son inquiétude était contagieuse et je tournai la tête, promenant mon regard sur les arbres, les rochers. “ Serait-elle faible ? ” Elle me tenait le bras et pendant quelques secondes j'eus peur pour elle, une peur inconnue, peur comme jamais avant dans ma vie. Je pensai à mon père malade, Harris aveugle. Moment aussi intense que ces secondes de bonheur éprouvées l'hiver dernier. Moment de malheur : chaque être humain offert au malheur, même Laura, ayant pitié d'elle, nos rôles renversés.

— Regarde-moi, Grégoire.

Je n'osai pas. J'attendis que la pitié quitte mes yeux, que cette peur s'apaise.

— Grégoire ?

— Oui.

Me répétant “ je l'aime ” pour qu'elle ne lise rien d'autre dans mon regard.

Une nuit que nous étions à Princeton, je travaillais. De la cuisine, j'écoutais Laura dormir. Là-bas, à travers le livre ouvert devant moi, dans “ un chapitre de six centimètres en guise de tombe ”, un marin guidait son navire loin des terres, loin du port.

“ ... Le port est méprisable; au port, la sécurité, le confort, l'âtre, le dîner, les couvertures, les amis. ” “ Loin des terres est la plus haute vérité, sans rivage, comme Dieu indéfinie... ”

Je pensais : " Non, Melville ! Non, Grégoire ! " Le souvenir des aventures autrefois rêvées ne me séduisait plus. Ici, le Port des Habitudes et cette respiration reconnue. Chercher quoi ailleurs ? Par la porte filtrait assez de lumière pour que je voie Laura. Quelles hautes vérités poursuivaient donc Achab, Melville et l'équipage du Pequod ? Surtout ne pas la réveiller, ni le temps immobile comme elle. " Tchang-Tchouen, capitale de la Mongolie, pratiquement isolée par les communistes chinois. " Ce titre de journal apparaissait comme une carte postale, fleur rouge sur les steppes parcourues de cavaliers. L'appel d'un effraie venait du jardin. Le bras de Laura traversait la partie blanche du lit : tout à l'heure je prendrais le poignet et plierais le bras pour me faire une place. " Grégoire, tu as dix-huit ans et trois mois. Voilà ton rivage. "

Mais tous voulaient que je change. Ils me voulaient différent, chacun à sa manière. Laura la première. Pourquoi pas ? J'étais heureux, tout me serait possible le temps d'une conversation : ironie de Perrault, ferveur de Peter A, intransigeance de Laura. Tout sauf le renoncement d'un Melville. Pas au printemps. Pas encore. Je m'habituais si bien à mentir. D'ailleurs, je ne mentais plus, j'acceptais, je croyais d'une croyance l'autre. Un si joli nom, Tchang-Tchouen. La Grèce, l'Indochine, Madagascar : guerres aujourd'hui, beaux voyages de demain. Les rainettes chantaient sans rythme, goutte sur goutte. Mon père ? Avec la belle saison il se lèverait trois heures, quatre heures. Harris s'arrangeait de son infirmité. Peter B désaoulerait bien un jour...

— A quoi penses-tu Grégoire ?

Depuis combien de temps me regardait-elle ?

— Je lisais Moby Dick.

Elle se souleva, moins blanche que les draps, ombre claire.

— Grégoire, lequel voudrais-tu être ? Achab ou Ismaël ? Celui qui hait ou celui qui témoigne ?

— Je n'ai pas encore fini.

— Faut-il connaître la fin ? C'est maintenant que tu dois décider. Tout de suite.

— Ismaël, alors.

Déçue :

— A force de témoigner, on s'habitue, on accepte. Ce n'est plus vivre.

— Je ne sais même pas qui haïr...

— Ton oncle non plus. Ils l'ont tué !

J'avais éteint la lumière. Allongé près d'elle, je pensais : " Depuis que nous vivons ensemble, c'est la première fois qu'elle parle de lui. " Je n'osais pas la toucher. J'écoutais l'effraie, les rainettes. J'écoutais Melville :

" Narcisse, parce qu'il ne pouvait saisir la faible et angoissante image qu'il voyait dans la fontaine, plongea et se noya. Mais cette image, nous-mêmes la voyons dans toutes les rivières et tous les océans. C'est l'image du fantôme insaisissable de la vie... "

Mon oncle aussi était mort noyé. Par quel Moby Dick ? Peter B accuserait les Japonais, Peter A, la guerre, Perrault, le fanatisme de la raison. A quoi bon poursuivre la vérité, puisqu'elle tue ? Vérité des Achab. Je me relevai et ouvrit le livre de Melville à son Épilogue :

" Le drame est terminé. Pourquoi alors un homme s'avance-t-il ? Parce qu'un homme survécut au naufrage. "

Ismaël.

Serait-ce la lâcheté, la volonté de survivre qui me ferait choisir son rôle ?

Nous ne dormions pas. Toute la pièce était orientée vers

la lueur de la nuit à la fenêtre ouverte. Laura me parlait assise sans doute car sa voix descendait vers moi :

— Comment peux-tu aimer sans savoir haïr ? Connaître les extrêmes de la vie. Sans Achab, Ismaël n'aurait rien à raconter, Grégoire. Les témoins sont des ratés. Les livres ne parlent que de leurs regrets.

Elle citait des exemples. Je n'osais pas la contredire. Avec l'aube, elle s'adoucirait. Une telle exaltation ne supporterait pas la lumière. J'écoutais en pensant : " Cette fois je ne peux pas te suivre. "

Et c'est elle qui revint vers moi, s'allonge, sa main sur mon épaule.

— Je suis heureuse quand même. J'ai froid. Pourquoi fait-il toujours plus froid le matin ? Réchauffe-moi. A quelle heure rentres-tu à Princeton ?

— Sept heures.

Quand je partis, elle dormait, ombre verte sur ses paupières, bien à moi dans son sommeil. Laura sans orgueil ni soie, mains ouvertes sur les draps, image que j'emportai sur le chemin du retour. N'avait-elle pas un peu raison ? Ne valait-il pas mieux croire que mesurer les croyances des autres, agir que juger leurs actions ?

Je traversai la banlieue de Princeton à peine éveillée. Maisons de bois, blanches, bleues, vertes, entre les massifs de lilas, les sycomores et les frênes, maisons réunies par des pelouses plus ou moins récemment tondues, différences infimes marquant la frontière des propriétés. Là dormaient les familles. Là, je dormirais si j'épousais Jane. Tandis qu'avec Laura...

Harris et moi, nous parlions de Melville :

— Ismaël est-il un lâche ?

— En voilà, une question !

L'étonnement traversa ses yeux d'aveugle. Il remit ses lunettes.

— Ismaël survit par hasard, Grégoire. Rien ne prouve...

— Ismaël a choisi d'être un témoin parce que les témoins survivent. Les prophètes comme Achab ne peuvent pas survivre.

Harris s'était levé et marchait. Comptait-il ses pas ou sentait-il d'avance la présence des objets ?

— A chacun, sa lâcheté : haïr le destin ou le craindre. Pourquoi les témoins seraient-ils des lâches ? Pierre renie trois fois le Christ, mais il meurt crucifié à Rome.

— ... Sa honte en avait fait un prophète.

— Au fond, ce mépris du témoin, c'est une idée fasciste que tu as là. Avons-nous jamais parlé politique ? Pourtant...

Debout au milieu de la pièce, Harris frappait du tranchant d'une main la paume de l'autre, découpait ses phrases :

— C'est trop facile, Grégoire, cette théorie. Les témoins seraient des lâches, les écrivains seraient des lâches. Que reste-t-il de l'homme, alors ? La force, la brutalité. Hitler brûlait les livres. Ismaël survit, non parce qu'il est un lâche, mais parce qu'il est... sacré. Les témoins sont... les prêtres, les élus. Leur responsabilité est énorme.

Il avait repris sa marche. J'écoutais, de nouveau convaincu, étonné de cette nouvelle preuve de ma faiblesse : toujours convaincu par les dernières paroles. Ma faiblesse ou la force des mots ? Je me disais : " Ils te conduisent où ils veulent. Mais quand sauras-tu penser par toi-même, Grégoire ? Que faut-il ? Quelle catastrophe ou quelle révélation ? "

J'imaginais un théâtre où mes amis viendraient se disputer

ma possession : Perrault, les deux Peter, Jane et Laura, mes parents, Harris, Fabien. La belle cacophonie ! Et je deviendrais l'ombre du vainqueur de ce tournoi... J'inventais les monologues de ces personnages, leurs colères, leurs répliques. Jeu secret qui m'amusait parfois, jamais longtemps, vite distrait par les gestes ou les idées des acteurs réels.

Et je me réfugiais dans le travail. Pour moi, le travail était l'occasion de retrouver l'importance silencieuse des livres. Le mot écrit n'exigeait pas, comme la parole, de réponse immédiate, n'imposait ni amitié ni haine.

Quant aux professeurs, leurs idées se rangeaient dans mes cahiers de cours. Quelques-uns d'entre eux m'intéressaient, tous m'amusaient. Ils me rappelaient mes passants de Rouen. Comme eux, ils étalaient leur vie autour d'un unique monument qu'ils décrivaient avec emphase ou minutie. Monuments immenses ou minuscules. Tel professeur avait la réputation de ne s'intéresser qu'aux œuvres posthumes de Shelley, tel autre comparait l'univers à un tourbillon dont le centre était l'incompatibilité des egos. Harris considérait tout événement écrit ou vécu comme une fable et décrivait le Moyen Age comme la parabole des Temps modernes. A travers mes cahiers, je reconstituais leurs marottes, cibles à viser pour obtenir une meilleure note. Puisque j'acceptais les idées de tous, autant adopter les idées voulues à l'heure des examens.

Odeur de départ : le soleil désséchait l'herbe et la terre. Odeur de grandes vacances. " Grandes ", belle imprécision de l'adjectif, espoir de quantité, heures d'espace et de mouvements inhabituels.

Peter B avait désséaoulé. Par peur des examens ? Il ne donna aucune explication. La tristesse de son visage interdisait les questions.

Chapitre 9

Cette fois j'étais nègre. Sous-nègre. Quel travail !

J'étais le dernier des nègres de onze heures du matin à minuit sur Long Island, cette île qui part de Brooklyn et se dépeuple en deux cents kilomètres jusqu'aux plages désertes de Montauk Point. Aux deux tiers de l'île, Southampton est un village de maisons espacées aussi grandes que des châteaux, construites sur le sable face à l'Atlantique. Maisons bibliques menacées chaque instant de s'effondrer dans le sable et la mer, étayées par l'effort payé en dollars, preuves constantes d'une richesse qui seule les préservait. Clubs, golfs, tennis, avenues. Sur une pelouse, au milieu d'ormes géants, un hôtel à colonnes blanches. Les ombres du jardin attiraient la fraîcheur maritime qui prenait le goût d'herbe. On y mangeait doucement, au hasard des terrasses. Là, de vieilles femmes, soie grise et perles, contemplaient le va-et-vient des couples sur le silence des tapis.

Au centre du Splendid Hôtel, dans une pièce sans fenêtres où la vapeur s'alourdissait de graisse, où les portes restaient closes sur le tintamarre de la vaisselle et des machines : un nègre, deux, trois et Grégoire, les plongeurs travaillaient. Le premier était Washington. Nous chantions :

Wash, wash, Washington
Git a washin Washington...

Jefferson, le deuxième, ne quittait jamais un feutre gris. Ils avaient surnommé le troisième Truman. Ils ne m'appelaient pas, ils me criaient : " *Hey you !* "

Ce n'est pas par hasard que j'étais à Southampton. Laura devait y venir et j'en avais fait le terme d'un voyage sans but avec Peter A. Auto-stop à travers le Sud, le Middle West et l'Est. Journées cartes postales, horizons verts, crépuscules orange, mois de juillet dont le mouvement continuel m'avait enfin mené à ce réduit sans air et sans soleil.

Les plateaux arrivaient par un trou dans le mur. Monotonie des menus et des ordures : carcasses de homards, coquillages, frites, débris de viande collés de beurre et de crèmes glacées fondues, boules de pain qu'un coup d'éponge envoyait dans la poubelle. Chaque assiette rangée ensuite dans un casier de bois, chaque verre, chaque couvert. Casiers empilés dans la machine. Oh cette machine ! Cube d'acier aux deux portes levées en guillotines, elle sifflait la vapeur. Manomètres, aiguilles tremblantes, Wash et Jefferson nous interdisaient d'y toucher. A califourchon sur nos poubelles, nous l'admirions de loin, Truman et moi : symbole de notre infériorité, échelon à gravir dans cette cave opaque où, seule, elle brillait, précise à travers la moiteur. " Un de ces jours... ", me disait Truman. Cela suffisait, je connaissais son discours : " Un de ces jours, Wash ou Jeff s'en ira. A moi la machine et les dix dollars de plus par semaine. " Wash travaillait au Splendid depuis douze ans, Jeff depuis sept ans et deux pour Truman. En trois semaines, j'avais vécu leurs vies, moins la patience.

Alors, dans la cave, j'essayais d'imaginer cette patience, aidé par l'hébétement des gestes : assiette, éponge, ordures, casier. De l'éponge, essuyer la sueur qui piquait les yeux, coulait le long de mon torse. Travailler assis, remarquer au passage des traces de rouge à lèvres sur un mégot, " quelle heure est-il ? ", travailler debout, " un de ces jours... " disait Truman, poubelle presque pleine, une peau de banane dans la purée, éponger de la main droite, " *Hey you !* ", de la gauche, assiettes rondes, grandes, petites, saucières, plats ovales, soucoupes, tasses, rincer l'éponge, " quelle heure est-il ? ", travailler assis. Dans une prairie du Kentucky, deux juments galopaient avec leurs poulains.

— Truman, as-tu des souvenirs de liberté ?

— Quoi ?

— Rien...

Trop de bruit pour lui raconter, expliquer mes souvenirs et mes espoirs de liberté. Seize états de l'Union parcourus avec Peter A. Ranger les sucriers, les salières. Jeter les serviettes dans le coffre à linge sale. Éponge main droite, puis gauche. Le long d'une route de Virginie, l'herbe verte et la terre rouge. Tout juillet avec Peter A, nous ne parlions pas, nous nous ne parlions plus, nous étions amis. D'une voiture l'autre. A travers la vapeur, je refaisais ce voyage :

Une plage sur le golfe du Mexique, les marais de la route numéro 1, un champ de maïs dans l'Ohio, et partout la clarinette, les camions, le soleil ou la pluie, la nuit séparée du jour par des crépuscules chromos.

D'Appalachicola une carte pour Jeanie.

Ashland City : " Mes chers parents ".

Cincinnati : " *Dear Jane* " " *Dear Laura* ".

Le petit Texan transportait de l'air liquide vers Memphis à 140. Son grand-père tuait des Indiens.

Le banquier joyeux dans sa Lincoln.

Un bébé pleurait sur mes genoux.

Et partout

DINER

Souvenirs d'homme blanc, espoirs blancs. Un nègre peut-il espérer ces voyages ? Qu'espère un nègre ?

Wash, wash, Washington...

et Jeff... et Truman... que voyaient-ils à travers la vapeur de cette cave ? Étaient-ils comme aveugles ? Est-ce cela, la patience ? Des mains blanches poussaient les plateaux à travers le mur. Première théière. Serait-il déjà cinq heures ? Rincer l'éponge. " *Hey you !* " Vider la poubelle. Nous la portions avec Truman derrière l'hôtel dans une cour étroite où nous aurions pu rester une minute. Mais nous avions froid au soleil, la lumière nous blessait les yeux, et de quoi aurions-nous parlé ?

Je ne savais plus parler après tant d'heures de silence. Dépouillé, torse nu, nu. J'écrivais chaque jour à Jane une lettre qui n'en finissait pas. Je lui écrivais de m'écrire, comment m'écrire puisque ses lettres trop courtes s'excusaient " de ne pas savoir ".

" ... Très facile. Commence avec le matin, ton réveil, les bruits de la maison, tes premières pensées. Ensuite, ta toilette, quelle jupe ou quelle robe, quelle coiffure ? Qui as-tu embrassé d'abord, ta mère, ton père ? Qui souriait ? Quel ciel ? Le nom de ceux que tu as vus, tes itinéraires, ce que tu as mangé à midi, si le café était bon ? Si tu t'es ennuyée, amusée, pourquoi ? Chaque geste d'une journée, tu le tries, à droite pour la lettre à Grégoire, à gauche en enfer. Te voilà comme le Bon Dieu ! "

Toute la journée dans ma vaisselle, j'imaginais la lettre à Jane, croyant lui parler, lisant celles qu'elle m'écrivait, de plus en plus longues, lettres mouillées de vapeur que je dépliais du bout des doigts pour les sécher le soir dans ma chambre.

" Cher Grégoire,

Tu me dis que tu n'as pas le temps de nager ou de jouer au tennis. En voilà des vacances ! Maintenant, chaque fois que je joue au tennis, je pense à toi et aux autres dans leur vaisselle et j'ai honte. Je me suis réveillée à huit heures ce matin, ou plutôt c'est maman qui m'a réveillée parce qu'elle voulait que j'aille faire des courses. Vite, j'ai mis ma robe de lin, la bleue, et puis je me suis souvenue que tu ne l'aimais pas. Si je l'avais gardée, j'aurais bien été obligée de te le dire et tu m'aurais vue en robe bleue jusqu'à ma prochaine lettre. Alors, j'ai mis la jaune et noire. Mais tu ne la connais pas. C'est celle que j'ai achetée la semaine dernière. Enfin, tant pis. Maman m'appelait d'en bas : " qu'est-ce que tu fais, Jane ? " Peter avait déjà fini son petit déjeuner. Il est de très bonne humeur ces jours-ci. Je crois qu'il est un peu amoureux de Gloria Dune et que Gloria aussi. Tu te souviens ? C'est celle dont tu m'as dit qu'elle a une si jolie voix. J'étais un peu jalouse. Peter sort tous les jours avec elle et quand je l'écoute parler, je pense à toi. Et je pense à ta vaisselle. Enfin ! Combien de temps vas-tu rester à Southampton ? Ne crois-tu pas que tu pourrais rentrer à Princeton une semaine d'avance ? Justement, le professeur Harris a dit qu'il aurait besoin de nous cet automne, que nous commencerions le travail aussitôt que tu seras là. Et Martha Jones, la sœur de Stephen, se marie le 7 septembre avec un garçon de Boston. Le 6, il y aura un bal. Je mettrai la robe beige que maman m'a rapportée de New York. Donc maman m'a donné des courses à faire. Entre autres pour sa tapisserie, elle voulait de la laine d'un rose un peu jaune. Impossible d'en trouver à Princeton, même à Trenton. Il faudrait écrire en France. Je n'ai pas mangé à midi tellement il faisait chaud. Papa non plus, pourtant maman nous avait préparé une salade de saumon avec des tomates et de la mayonnaise, tout ce que j'aime d'habitude. Maintenant je t'écris. Il est trois heures. J'ai sur mon bureau un grand verre de thé glacé avec de la menthe fraîche que je sens d'ici. J'ai mis mes shorts verts. Pourquoi n'as-tu pas encore téléphoné aux Alexander ? Ils ont la plus jolie maison de Southampton. Pas une de ces horreurs au bord de la mer, mais une maison petite et vieille avec des arbres. Ils attendent ta visite. A moins que ton horrible vaisselle ne t'en laisse pas le temps.

Tu me manques.

Jane. "

En séchant, la lettre s'enroulait sur elle-même. Je l'apportai sous la lampe, j'y cherchai les traces de sentiments : " Je pense à toi et aux autres dans leur vaisselle et j'ai honte "... " tu m'aurais vu en robe bleue... alors j'ai mis la jaune et noire "... " j'étais un peu jalouse "... Bientôt je connaissais par cœur chaque passage, sa place parmi les lignes régulières, encre verte sur papier bleu pâle, un tel ordre dans le désordre de ma chambre où seules les lettres de Jane étaient rangées, chacune repliée dans son enveloppe, pile d'enveloppes numérotées par moi, de un à quinze. J'attendais la seizième.

L'attente ressemble-t-elle à la patience ?

Git a washin Washington...

Truman au moins espérait gagner un jour dix dollars de plus par semaine. Mais les deux autres ; qu'espéraient-ils ?

— Truman, tu es le plus heureux.

— Quoi ?

— Rien.

Plateaux, assiettes, verres, argenterie, chaque objet avait son bruit. Mélange de bruits et d'odeurs, vapeurs d'ordures, cette pièce comme une poubelle où nous étions enfermés.

" Pourquoi irais-je voir les Alexander ? Qu'est-ce que ça peut me faire, que leur maison soit petite et vieille ? Je ne sais plus parler. Ils sont trop loin, aussi loin que le soleil et sa lumière. "

— *Hey you !*

— *Yes ?*

— *The manager wants you.*

Que me voulait-il, le manager ? J'allais sortir, Washington me rappela.

— *Hey you !*

— *Yes ?*

— *You can't see the manager like that !*

Pourquoi pas ? Qu'est-ce qui m'empêchait de voir le manager comme ça ? Ah oui ! Le torse nu. Il faut une chemise pour voir ces gens-là et j'enfilai ma chemise aussitôt collée à la peau par l'humidité, fermai derrière moi la porte sur le tintamarre d'un mois, reconnaissant Laura dans le couloir. Laura tout de suite précise dans sa robe de soie verte au contre-jour d'une fenêtre. Je cherchai des yeux le manager; il avait disparu.

— Tu n'as pas très bon air.

La première phrase de Laura, en français. Je me souvins qu'elle revenait de France. Elle aurait revu mes parents, Fabien, la Chêneraie. Je n'osais pas m'approcher d'elle, si propre, trop pour venir de mon côté.

— Grégoire, *I love you.*

Sa voix gaie.

— *Did you hear what I said ?*

Elle portait des gants, un sac, des chaussures du même vert que ses yeux. Debout à deux mètres de moi; je savais que son visage était à la hauteur de mon épaule.

— Tu viens, Grégoire ?

— Attends-moi une minute, s'il te plaît.

Je passai du côté des gens propres, homme libre. Négligeant la surprise du manager, je sortis de son bureau paye en main, dollars enfoncés dans ma poche, patience abolie, découvrant la joie des affranchis.

— Encore une seconde.

J'ouvris la porte de l'office et je dis au revoir à mes trois compagnons, m'apercevant qu'ici j'avais eu peur du destin des autres.

Comme si la misère était contagieuse.

Sarcelle m'attendait dans la voiture. Grande chienne maintenant, elle posait ses trente kilos sur moi, pattes noires, langue rose, dents blanches. Joie contagieuse. Liberté contagieuse aussi. Laura, ma liberté, mon voyage, mon Amérique, dans une voiture décapotable à l'odeur de cuir tiédi : liberté de l'argent et du soleil.

— Allons nager !

Au sable et à la mer. Sarcelle plongeait dans la houle, silhouette sombre dans l'eau verte. Des éclats de sel brillaient sur la peau de Laura à peine ombrée de taches de rousseur. Laura la claire, je la retrouvais dans ses détails, poignets cassables, cheveux plus courts et mèches mouillées. Visage à visage, nous passions du sérieux au rire. Deux mois sans la voir ! Elle est là ! Épaule contre bras, mes genoux allaient vers les siens ; ils avaient eux aussi gardé leurs souvenirs.

— Tout à l'heure.

Oui, bientôt. Trop de monde circulait sur cette plage pour que nous osions nous embrasser, mais nous restions, prolongeant cette attente. Impatience apaisée par la mer. A peine si nous parlions ; couchée près de nous, la chienne pleurait doucement. Les uns après les autres, les baigneurs s'en allèrent. Les ombres s'allongeaient, accentuaient le relief du sable. Il fallut la fraîcheur de la brise du soir pour que nous quittions la plage.

Nous traversâmes la petite ville et je remarquai pour la première fois son air de vacances : cinémas, librairies, boutiques de souvenirs et d'antiquités, marchands de superflu. Trottoirs larges que parcourait une foule lente. J'habitais près de la gare.

— Tu as vécu un mois ici ?

Dans ma chambre, elle s'étonnait du désordre et de la saleté, pendant que je cachais au fond d'un tiroir les lettres de Jane.

— Tu n'as même pas de vue !

Pourquoi faire ? Je rentrais à minuit. Par la fenêtre, j'entrevis quelques toits, des antennes de télévision, une lessive qui séchait.

— Pas un livre !

— Oh, quand on a l'habitude d'être seul...

— Nous ne pouvons pas rester là !

— Mais il est huit heures...

— J'ai tellement d'amis qui habitent Southampton... Ils seront enchantés de nous avoir.

— Tous les deux ?

— Tu es mon neveu, non ? Change-toi d'abord !

Elle me parlait avec ce ton de reproche réservé aux enfants têtus, et se tenait au milieu de la chambre, montée sur ses talons, immobile au milieu de cette crasse que je découvrais. Immobile pendant que je rangeais dans ma valise les costumes de l'oncle Henri, pendant que je prenais une douche. Pourquoi était-elle si difficile, donnait-elle une telle importance aux détails alors que nous venions de nous retrouver ?

" Elle gâche tout. " Aussitôt habillé, cravaté, je découvris la chaleur, transpirant sous ma veste. Comment supportait-elle des gants ? Pourquoi semblait-elle si souvent traverser un décor inférieur à son rôle ?

Le Splendid lui convenait mieux. Je la voyais revenir vers moi. Elle avait abandonné sur notre table ses gants et son sac; dans ce jardin, elle ne craignait plus la saleté et les voleurs. Je me levai pour l'accueillir; elle sourit, posa une seconde sa main sur la mienne; je ne savais pas si elle me pardonnait ou me demandait pardon.

— J'ai téléphoné à Kate Matthews. Elle est ravie.

Le maître d'hôtel attendait nos ordres. Bien sûr, il ne me reconnaissait pas. M'avait-il seulement jamais vu ? Je l'avais vu, moi, régnant sur les serveurs et les serveuses, parcourant en gilet, sa veste sur le bras, les rangs des domestiques alignés pour l'inspection.

— Et pour monsieur ?

En vain, je cherchai sur la carte des nourritures qui ne me rappelleraient pas les poubelles. Ce n'était qu'huîtres, homards et rôtis. Je commandai au hasard. Les lumières du jardin s'allumèrent, éclairèrent les ormes et les colonnes blanches. Laura me parlait de la France, de mon père :

— ... Il se lève à midi et se couche à cinq heures, ta mère est moins inquiète.

— As-tu vu Fabien ?

— Fabien ?

Elle riait.

— ... ton frère est fou. Dommage qu'il ne soit pas très beau ! Mais fou !

Fabien, mon frère, mon Fabien d'autrefois connaissait tous les bars de la rive gauche, tous les poètes, les ratés, les acteurs de Paris. Fabien célèbre dans un monde que j'igno-

rais; variante de cette Amérique dont j'avais rêvé ? Ils étaient
sortis plusieurs fois ensemble. Dans un café, il jouait du
piano une heure; il chantait trois chansons dans une boîte
de nuit, cinq dans une autre. En écoutant Laura, je ressentais un malaise : l'impression de manquer peut-être l'aventure que Fabien avait trouvée moins loin que moi, à Paris
seulement. Était-ce tellement beau, tellement gai, Paris ?

Autour de nous, les tables du jardin se garnissaient de
clients silencieux, presque tous âgés. Je retrouvais les vieilles
femmes aux soies grises, le va-et-vient des garçons disci-
plinés, la voix de Laura :

— ... les Français continuent à se croire les plus civilisés.
Ils méprisent les Américains, imitent Faulkner, le jazz,
espèrent la télévision. Les plus bêtes nous haïssent parce que
la France a vingt ans de retard sur nos défauts. Les plus
intelligents ont peur de nous comme on peut avoir peur de
son propre avenir. Dans vingt ans tes compatriotes seront
des petits-bourgeois, comme ici maintenant... En tous les
cas, me voilà rassurée à ton sujet. Je suis partie pour la
France, après neuf ans d'absence, espérant y trouver une
génération qui te ressemblerait. Mais non. Tu es unique,
mon Grégoire. D'autant plus que te voilà dépaysé, infirme,
pas encore américain, plus français. A tort ou à raison Grégoire, tu es un apatride. Pas comme les nègres ou les juifs,
non. Toi, tu es camouflé. Espion malgré toi. Un métier
bien solitaire. Ça te fait peur ?

Pourquoi cela m'aurait-il fait peur ? Elle me parlait comme
une femme à un homme qui va se battre. Instinctivement,
je cherchais autour de nous un ennemi.

Au centre du jardin, une fontaine s'alluma. Trompés
par l'éclairage, les oiseaux ne dormaient pas; ils chantaient
dans les arbres, descendaient boire à la fontaine. Sarcelle

posa sa tête sur mon genou; la main de Laura toucha la mienne.

— Veux-tu que nous dansions ce soir ? Tu sais, je connais bien Kate. Nous pourrons aller et venir comme nous voudrons.

Elle me regardait. Un souvenir passa sur son visage où j'eus le temps de reconnaître nos nuits ensemble, son sourire de ce moment-là.

Comme sur la plage tout à l'heure, nous ne parlions presque plus. Parfois, je pensais aux trois nègres. M'avait-on déjà remplacé, ou Truman faisait-il aussi mon travail ? J'essayai de calculer la distance qui me séparait d'eux : soixante, quatre-vingts mètres ? Je regardais les plateaux de vaisselle, portés par les mains blanches des serveuses en robe noire, col blanc, tablier jaune.

— Tu sais, Laura, je suis à soixante mètres de mes poubelles... soixante mètres ou un millimètre. A ton avis, quelle est l'épaisseur de la peau d'un homme, l'épaisseur de la couleur de sa peau ?

La question sonnait faux. Depuis quelques heures je me retrouvais parmi les blancs et déjà mes paroles sonnaient faux. Un mois de travail annulé par une heure de bien-être. A travers mes trois nègres, je n'aurais donc cherché que moi-même ?

Un orage se préparait. Les oiseaux s'étaient tus, écoutaient aussi le tonnerre au loin. Je payai l'addition : une semaine de mon salaire de plongeur. Bien sûr, Laura me rembourserait, me donnait en fait assez d'argent chaque mois pour que je puisse en gaspiller. Serais-je donc un maquereau ? Non, puisqu'elle était belle. Plusieurs hommes se retournèrent quand elle traversa le jardin. Je la suivais. Sarcelle me suivait. " Tout est dans l'ordre. " Je pensai aux lettres de Jane oubliées dans le tiroir où je les avais jetées : " Tant pis, elle en écrira d'autres ."

Pour aller de ma chambre à celle de Laura, je traversais un tapis. Nuit après nuit. Silence appuyé au rythme de la houle s'étalant sur la côte, mouvement régulier qui nous accompagnait vers l'aube et nous cachait des autres habitants de la maison. Nous aimions la chaleur adoucie par la brise, le lit sans couvertures, rectangle blanc dans l'ombre. Amour d'aveugles qui retrouvaient chaque matin, avec la lumière, la tendresse de se reconnaître. Laura quittait doucement la nuit : profil de son visage parfois endormi, épaule cuivrée de taches de rousseur, cheveux couleur du pain, sourcils presque verts. Par la fenêtre orientée au sud-est entraient les premiers rayons du soleil. Laura immobile ouvrait enfin les yeux, encore immobile jusqu'à son premier sourire.

Un mois d'auto-stop ne m'avait cuit que le visage, les bras jusqu'aux coudes.

— Te voilà déguisé en ouvrier, m'avait-elle dit le premier matin.

Torse blanchâtre. Sur la plage, ses amis s'étonnèrent de cet étrange uniforme, nouvelle race parmi leurs corps bronzés. Je leur expliquai mes voyages, ce mois passé dans les poubelles du Splendid. Ils comprenaient mal ce Français de Princeton, neveu d'une fortune et laveur de vaisselle. Ils m'excusaient à cause de ma jeunesse.

— Le plus snob de la bande, c'est toi, m'aurait dit Perrault.

Pour la première fois de ma vie, je ne cherchais pas à me faire accepter. Moi, l'enfant qui ne savait pas encore ce qu'il voulait espérer, j'avais trouvé ce dont je ne voulais pas.

Jeunes femmes, jeunes gens, je ne connaissais là que Roger. Il avait troqué son manteau de cuir pour un maillot de bain léopard. Mon seul allié. Le seul qui avouât qu'ils s'ennuyaient tous, hésitant entre le voilier et le ski nautique, les chevaux et l'avion. Maison énorme avec ses trente fenêtres de façade et ses dix domestiques. Maison et personnages interchangeables puisqu'ils allaient les uns chez les autres, portaient les mêmes étoffes, usaient du même vocabulaire et disaient tous souvent : " Qu'est-ce qu'on va faire ? " Cette phrase, souvenir d'enfance, servait de mot de passe à cette grande famille. Le soir seulement, ils n'hésitaient pas et nous allions tous danser dans l'unique night club de Southampton.

— Quelles voitures prend-on ? demandait simplement une voix, n'importe laquelle, après le dîner.

— Celle de Laura et la mienne, répondait Kate. Vous, les hommes, vous buvez trop pour conduire.

J'ai oublié la plupart de leurs noms : le fils d'un joaillier de New York, l'héritier d'une affaire de savon. Ils connaissaient Paris, Rome, regrettaient la guerre civile qui leur interdisait Athènes.

Allongé parmi eux sur une chaise longue ou sur le sable, j'écoutais leurs conversations, code dont j'ignorais le chiffre. J'imaginais un réseau d'espions qui étudiaient toutes les boîtes de nuit, de Rio à Stockholm; organisation dont les adhérents, partout, accueillaient leurs confrères. Quand j'entendais la voix de Laura, je redoublais d'attention; elle savait parler leur langage.

Comment supportait-elle ces gens, elle qui avait épousé l'oncle Henri pour leur échapper ?

Un petit avion tournait au-dessus de la terrasse, un avion rouge et vert; probablement l'un des pilotes amateurs de la maison.

Je me souvenais de cette gifle que Laura m'avait donnée au Port; ce soir-là, je croyais à une punition; elle me giflait pour mon bien. Mais n'était-ce pas plutôt en défense de Roger ? Ces gens-là, elle les aimait. Elle les méprisait peut-être et les tolérait quand même. Moi qui l'avait crue intransigeante ! Elle acceptait leur médiocrité, participait à des bavardages sur les maîtresses, les voitures, les malheurs des absents de ce groupe. Aurais-je dit une seule de ces phrases, elle m'aurait tourné le dos.

Enfin, je gardais les nuits pour moi ! Et en attendant, nager, dormir au soleil.

— Dort-il ?

— Oui, il dort.

Roger posait la question. L'avion s'éloignait. Elle lui répondit presque à voix basse.

— Même quand il dort, il sourit.

— Tu l'aimes vraiment beaucoup ?

Trop tard pour montrer que j'écoutais. D'ailleurs, je voulais entendre la réponse; mais Laura ne répondit pas. Roger continuait :

— Méfie-toi des gens d'ici, surtout de Kate. Mauvaises langues comme ils sont ! Tu imagines ton père apprenant que Grégoire et toi...

— Quand je le vois dormir, je me demande s'il rêve en français ou en anglais.

— En quelle langue pense-t-il ?

— Je ne sais pas, dit Laura. Je le lui demanderai un de ces jours. Je veux aussi...

L'avion piqua sur la terrasse, couvrit de bruit la conversation. Quand le grondement du moteur diminua, je cherchai leurs voix. J'ouvris les yeux : Laura et Roger descendaient à la mer. Pas un nuage, pas de vent. La houle s'avançait vers la plage, creusée d'ombre et gonflée de soleil. Sarcelle dormait sous ma chaise longue. L'avion était parti.

" En quelle langue penses-tu ? " Cette question, donc, Laura me la poserait : anglais, français ?

J'essayai le français et mes pensées s'habillèrent tout de suite, définies par une ponctuation précise, pensées de candidat à la deuxième partie du baccalauréat, section philosophie : " Je pense, donc je suis. "

En anglais : " Je pense en deux langues, je suis deux Grégoire. "

Quel rapport entre eux ? " De cause à effet, sans doute, puisque Grégoire-France a souhaité ce voyage " (cette dernière phrase en français).

" *What an ass !* " Quel âne !

Grégoire-France m'ennuyait. Visiblement, il n'avait pas voyagé. Je lui préférais le Grégoire d'Amérique, celui qui circulait à bord des idées des autres. Grégoire-France était mort, il l'avait bien voulu.

" Moi, voulu ? Comment aurais-je voulu ce que je ne connaissais pas ? Pouvais-je prévoir cette explosion ? Pouvais-je prévoir ces infinités de Grégoire : l'étudiant, le nègre, le neveu, le chasseur, l'amoureux, chacun parlant une variation d'anglais selon ses interlocuteurs ? "

" Trop tard pour prévoir (en anglais). Fais-toi une raison, puisque tu raisonnes si bien. "

Le français : " C'est tout de même emmerdant de ne plus exister. Allons, un effort. Cette dérive ne peut pas continuer. Je dois faire le point de temps en temps. "

Qui : " je " ? lequel ?

Le Grégoire français. De tous les Grégoire, il avait duré le plus longtemps, vécu dix-sept années sous le même toit. Un Grégoire stable pour ce moment sérieux. Qu'il fasse l'effort. Peut-être qu'en lui posant la question directement :

— Où suis-je ?

— En Amérique.

— Et qu'ai-je trouvé en Amérique ?

— Le désordre, justement. Ton désordre. C'est ce que tu voulais, non ?

— Et maintenant ?

— Continue. Va jusqu'au bout.

— Jusqu'où ?

— Au bout du voyage. Tu as donc peur ?

— Un peu.

— Tu l'auras cherché.

Une idée bien française, ce " tu l'auras cherché " et qui ne m'étonnait pas de moi.

Je m'étais levé, Sarcelle aussi. Elle bâilla, s'étira. Pattes posées sur la balustrade de la terrasse, elle regardait la mer.

— Tu veux nager, Sarcelle ?

Elle lécha la main que je lui tendais. Nous étions seuls. Laura, Kate, Roger et les autres se prélassaient au soleil; je les voyais de haut, séparé plus par la hauteur que par la distance. Sous mes doigts, la fourrure noire de la chienne, chaude de lumière. Puisqu'elle voulait nager, pourquoi n'était-elle pas descendue avec Laura ? M'aimait-elle donc tant ?

Qu'avais-je alors besoin des hommes ? Je comprenais ces vieilles filles, ces misanthropes qui se consacrent à un chien, un chat.

Mépris accumulé devant les ordures du Splendid... Était-ce aussi la patience des nègres qui me poussait à mépriser les blancs, et surtout ceux-ci, allongés sous la terrasse ? Parmi ces corps alignés, je reconnaissais d'abord celui de Kate, la plus blonde, la plus brunie; probablement sa prérogative de maîtresse de maison. A sa droite, le fils du joaillier; à sa gauche, un certain William; puis deux femmes, l'une mannequin, l'autre sœur d'un homme important; Roger ensuite, et l'héritier du savon. Laura enfin, seule assise, enveloppée d'un peignoir de coton, chapeau de paille. Laura craignait le soleil; ainsi différente des autres, elle échappait à ma pitié, tandis que les corps presque nus, posés parallèlement comme des bâtonnets sur la surface du sable... ces corps représentaient une humanité pitoyable.

— Attends Sarcelle !

La chienne gémissait mais je voulais prolonger ce moment. Je découvrais un mélange nouveau : joie mélancolique de la compassion, orgueil et amour. " Grégoire, cette humanité malheureuse, tu lui enseigneras la tolérance. Maintenant que tu connais la patience des pauvres et l'ennui des riches, voilà ta mission ! Voilà l'explication de ta multiplicité : Grégoire le Français, l'Américain, le nègre, l'étudiant... "

Je n'enviais plus l'aventure de Fabien. Je n'avais plus peur d'aller jusqu'au bout du voyage. En descendant vers la plage, ma chienne sur les talons, je descendais aussi vers un combat; mes armes ? la charité de Chaucer, la pureté de Kierkegaard.

Personne ne remarqua ma venue et j'entrai dans la mer avec Sarcelle.

Nous étions chez Kate depuis cinq jours. Des visages changeaient; des invités partaient, remplacés par d'autres, à peu près les mêmes : héritiers et mannequins, même hésitation entre le cheval et le ski nautique. Je les voyais passer. J'imaginais des phrases convaincantes sur la patience des pauvres et mes résolutions restaient un rêve car je ne parlais qu'à Grégoire, qu'à l'un ou l'autre de mes Grégoire.

— Tu ne pourrais pas être plus gentil ?

Assise devant sa coiffeuse, Laura me regardait dans son miroir. Je voyais son dos et son visage; à demi habillée, elle se maquillait. Transformation qui aboutissait toujours à cette Laura élégante que je comprenais mal.

— Tu sais ce qu'ils pensent de toi...

J'allais répondre " je m'en fous ". Je me tus. Oui je le savais; au ton de Laura, je découvrais la signification de certains rires entendus dans mon dos, de brusques silences à mon approche. Moi qui avais l'habitude d'être aimé ! Moi qui les aimais, ces imbéciles !

Je revoyais le fils du joaillier, le premier matin sur la plage, posant sa main sur mon bras; je sentais sa main à la limite de la peau blanche : " En voilà une drôle de chemise ! " Riant avant les autres.

Ou William : ses cheveux noirs contre les cheveux blonds de Kate, il lui parlait à l'oreille et elle me regardait. Je devinais maintenant le mépris de son regard. " Méfie-toi des gens d'ici, disait Roger à Laura, surtout de Kate. "

Au soleil du soir se creusaient les ombres de la houle. Chagrin et haine au cœur. Pauvre Grégoire ! Bande de salauds qui ne comprenaient pas. S'ils m'avaient accordé un peu de temps pour me comprendre... Quels cons, avec leur fric et leur ennui !

Laura mettait sa robe. Je m'approchai d'elle pour remonter la fermeture éclair, accrocher les agrafes.

— Partons d'ici.

J'étais prêt à la haïr aussi, si elle refusait, si elle inventait une de ses théories, une de ses épreuves... Après tout, peut-être pensait-elle comme eux...

— Oui Grégoire, demain matin.

Elle sourit. Que j'aimais son sourire ! Déjà, sur la mer, les ombres se confondaient. Plus qu'un soir ! Seules les crêtes blanches de la houle indiquaient la côte.

Eh bien, puisqu'il ne restait que quelques heures, je leur montrerais un Grégoire à leur mesure. Dommage que Perrault ne soit pas là ; il aurait écrasé leur orgueil : " as in pegleg ".

Je retournai dans ma chambre, changeai de costume, de cravate. Ma meilleure chemise. Au miroir de la commode, un carton d'invitation me rappela que nous étions le six septembre. Ce soir, Jane irait au bal avec sa nouvelle robe beige. Qui l'accompagnerait ? Quelques valses, quelques paroles...

Dans l'escalier, je rencontrai William.

— Tiens, notre étudiant !

Il me précédait ; des cheveux gris sur sa nuque. J'entendais les voix dehors, un rire de femme contre le roulement de la houle. William descendait vite, j'allais lentement ; je remarquais des détails jusqu'alors inaperçus : l'épaisseur de la rampe de chêne, la perspective du parquet jusqu'au seuil de marbre, les reflets jaunes de la lumière électrique sur les graviers de la terrasse.

Ils étaient tous là, disposés autour de la table à cocktails. Femmes assises sur la balustrade ou dans des fauteuils d'osier ; les hommes entre elles, debout, souriants. Ils les regardaient, elles contemplaient un ciel encore assez clair pour s'arrêter à la ligne noire de l'horizon. Ils paraissaient tous heureux de ressembler à un portrait de famille, un portrait comme en publient les revues de luxe.

— *This is so pretty*, Kate !

— *Why, thank you* Grégoire...

Je tenais sa main : " Très joli Kate ! Très beau même ! "

Elle était surprise de mon enthousiasme; j'étais surpris par un objet, bracelet d'or, fil sans fin qui montait en spirale le long de son bras.

— C'est de Calder. Vous savez, l'homme des mobiles ?

Elle acceptait ma gentillesse. Je me sentais compris, admis en dix secondes au hasard de cet objet. Kate se retourna vers le fils du joaillier :

— N'en dites pas trop de bien devant notre ami...

— Mais si ! disais-je. Il connaît la différence entre l'art et le commerce, n'est-ce pas ?

Sans lâcher la main de Kate, je lui parlai de la Virginie, son pays natal. Je me décrivis comme un enfant perdu, parcourant en auto-stop des collines rouges et vertes, admirant cette architecture " dont le charme me rappelait l'Europe ". Mes phrases m'amusaient d'autant plus qu'elles frôlaient la sottise.

Le mannequin vint nous rejoindre, fille beige presque aussi grande que moi. Ainsi, j'en accaparais deux, comme autrefois Perrault à bord du Colombie. Que leur dirait-il ? Je l'imaginai à ma place, je devins Perrault. J'inventai une théorie sur la beauté des Américaines, je vantai leur naturel et leur surnaturel, un compliment pour Kate, un pour le mannequin. Elles riaient. Ce soir, ce dernier soir, les femmes seraient mes alliées : Kate, Laura, le mannequin; Sarcelle aussi, installée dans un fauteuil, coussin noir dans les coussins verts.

A trois pas de nous, William remuait le gravier du bout de sa chaussure.

— Pauvre William, il s'ennuie, dit Kate.

— Mais non ! N'est-ce pas, William ?

Il leva la tête.

— Kate a peur que vous vous ennuyiez...

Tous le regardaient.

— William ne s'ennuie sûrement pas... (ils nous regardaient)... La contemplation du gravier est un art dont la complication même est un remède à l'ennui. Et je ne parle pas seulement d'une étude superficielle du gravier, telle que la comparaison de deux cailloux d'un même volume et de formes différentes... (je jetai une poignée de gravier vers la mer)... ou bien la recherche du caillou moyen sur une surface donnée. Non ! Ce que cultive le véritable amateur de gravier, comme William, c'est le mystère de la méditation provoquée par un relief interchangeable... (Je marchais de long en large, les mains derrière le dos)... L'artiste aime le gravier comme l'enfant aime le sable. Vous avez remarqué avec quelles précautions William poussait quelques cailloux à gauche, puis à droite ? C'est un connaisseur, un sensible. Car la manière de pousser le gravier révèle un homme aussi sûrement que son écriture.

Je m'étais planté devant les deux femmes, mains dans les poches, épaules affaissées, œil vague; de la pointe du pied droit, je remuais tendrement les cailloux. Imitation assez bonne pour faire rire Kate. Je sentais la haine de William à ma droite et cette haine m'excitait. Son regard pesait sur ma nuque. A chaque caillou remué, il souffrait. Je les remuais de plus en plus doucement et Kate riait plus fort. Enfin, je me retournai vers lui :

— William, voulez-vous faire un Martini à votre étudiant ? Vous les mélangez si bien.

Il hésita, à peine.

— Bien sûr, Graig.

Quelques mouettes passèrent dans la lumière, créèrent juste assez de mouvement pour changer la conversation. Je laissai Kate parler. Elle raconta un voyage en Écosse, montagnes, pluie, châteaux. Je m'étais assis près de Sarcelle, au bord du fauteuil pour ne pas la déranger. Quand mon regard croisa celui de William, je baissai les yeux. Mes genoux tremblaient; depuis combien de temps ? Enfin le maître d'hôtel annonça le dîner.

Nous dînions au ralenti, rythmés par le cérémonial domestique. De l'autre côté de la table, Laura parlait à William. Elle me souriait. Je comprenais qu'elle voulait l'adoucir, lui faire oublier la scène de tout à l'heure. Je l'espérais.

Assise à ma gauche, le mannequin me posa quelques questions sur Princeton. Je lui décrivis les clubs, les bals. Elle avait étudié dans une université du Michigan : " '... surtout la philosophie. C'est un peu ridicule, n'est-ce pas ? "

— Pourquoi ?

— Oh, vous savez, je ne suis restée que deux ans. Et puis, une femme lisant Kierkegaard...

— Au contraire ! Admettons que les hommes aient plus de dispositions que les femmes à l'introspection, cela n'est rien sans fidélité et les femmes sont plus fidèles que nous, plus humbles aussi. Être soi-même devant Dieu, les femmes en sont aussi capables que les hommes.

— Mais quel Dieu ?

Les autres ne s'occupaient pas de nous. Je redevenais l'étudiant Grégoire. Je voulais qu'elle partage mon enthousiasme :

— Le vôtre, puisque Dieu est à notre image. Heureusement... et malheureusement. Heureusement pour vous, votre Dieu est sûrement généreux. Malheureusement pour Melville, car son Dieu est une baleine blanche et la haine est son seul salut...

— Mais si Dieu est un éléphant rose ? demanda William.

Ils éclatèrent de rire. Depuis combien de temps m'écou-
taient-ils ?

— ... ou un cafard bleu pâle. Il y a aussi la souris jaune et
la mouche rouge.

William récitait la liste des animaux multicolores du Deli-
rium Tremens. A chaque animal, nouveaux rires. Les regards
allaient de William à moi, d'un adversaire à l'autre.

— ... le gravier. N'oublions pas le gravier vert, disait-il.

Il se tut; eux aussi. Ils m'épiaient. Cette fois, les rires
étaient contre moi. Je ne m'en sentais pas gêné, je m'habituais. Seule, Laura ne me regardait pas. Je voyais derrière
elle un rideau remuer doucement; j'entendais la houle sur la
plage et j'entendais ma voix, je parlais d'une voix plus haute
que d'habitude :

— ... A chacun son Dieu et les fidèles de l'éléphant rose
communient avec du gin et du whisky. Leur drame est qu'ils
se confessent après la communion, pas avant, et qu'ils se
confessent en public. Oh, leur drame... Disons plutôt le
drame de ceux qui doivent les écouter, puis leur donner
l'absolution et enfin les ramener jusqu'à leur lit.

— Tu entends, William, dit Kate. Continue à boire, mais
pas de confession.

Les rires passaient de mon côté. Nous quittions la table;
l'un après l'autre, nous allions du parquet au gravier, à l'air
presque frais de la terrasse. Sarcelle venait au-devant de moi.
J'aurais aimé descendre avec elle jusqu'au bord de la mer,
oublier cette soirée. Kate me rappela :

— Quel est votre Dieu, Grégoire ?

Le professeur Harris, Peter A, Fabien... Laura seule était
là. N'était-ce pas le moment de parler de la tolérance, de la
patience des pauvres et de l'ennui des riches ? Risquer d'être
ridicule ou ridiculiser ? Je n'hésitai pas.

— Dieu ? Le mien ? J'en ai trente-six. D'abord celui à barbe blanche, et puis les animaux : le chien, le canard, le cheval de Buffalo Bill. Pas de baleine ni d'éléphant rose, heureusement ! Ensuite, quelques dieux nègres, deux ou trois paragraphes de Chaucer. Qu'est-ce que vous voulez... quand on est étudiant, il faut bien que Dieu sente un peu l'encre...

Tasse de café en main, je dessinai de plus en plus précisément ma caricature, celle de mes amis. De qui d'autre me serais-je moqué ?

— Nous ne sommes pas des prophètes, nous sommes les bavards de Dieux muets, alignés sur les pages silencieuses de livres oubliés. Ah, ces livres... plus ils sont obscurs et plus nous sommes heureux. Nous y trouvons des prières bizarres, presque originales. Amour, Charité, Tolérance ne sont que les idées de tout le monde, trop simples pour nous. Il nous faut des dieux aussi fragiles que ces tissus fanés...

Seule Laura semblait triste et je reconnaissais ma souffrance sur son visage. Pourrais-je croire de nouveau à ces mythes que je déformais en public ? Douleur récompensée par l'approbation de mes auditeurs. Peut-être se souvenaient-ils vaguement d'avoir eux aussi renié leurs espérances. Ils m'entouraient, souriaient de ma trahison. Nous étions enfin complices. J'étais leur nouvel initié.

— *You are a good boy*, Grégoire, dit William.

Il posa sa main sur mon épaule. Les lumières de la maison s'éteignirent les unes après les autres. Le maître d'hôtel apporta le whisky, remporta le café et le cognac. Couchée sur la balustrade, Sarcelle bâilla.

— Quelles voitures prend-on ? demanda Roger.

— Celle de Laura et la mienne, répondit Kate. Vous les hommes, vous buvez trop pour conduire.

Chapitre 10

Devant moi, sur une prairie, deux vaches couchées regardaient courir un cheval noir; plus loin, la coupole métallique d'un silo brillait au soleil. J'entendais une rivière cachée par des buissons et je savais que son eau peu profonde coulait entre des pierres. Je regrettais de ne pas connaître le chant des oiseaux; Peter A m'aurait dit : " un loriot, une grive, une fauvette. " Le carillon de l'université venait de sonner, assez loin, distinct malgré tout; à partir de maintenant, Jane serait en retard.

Assis au pied d'un orme, j'étais heureux du soleil, du silence, heureux d'être rentré à Princeton et d'y avoir retrouvé depuis un mois le rythme des classes, l'amitié de Perrault, des deux Peter, et cette campagne du New Jersey qui devenait ma campagne puisque c'est ici que j'étais revenu.

Au trot, le cheval s'approcha de la clôture. Il s'arrêta, hennit. Demandait-il une récompense? Il participait au paysage. A mon tour de lui plaire et je ramassai le long du chemin quelques touffes de trèfle; il flaira ma veste avant de les accepter.

Je le caressais et je surveillais la route au bout du chemin. Apparaissant dans un virage en haut d'une colline, les voitures descendaient vers la rivière où un pont étroit les obligeait à ralentir. Jane viendrait dans une Chevrolet grise, marque assez commune pour qu'il en passe plusieurs, amusant mon attente. Enfin Jane. Elle rangea sa voiture près de ma bicyclette. Elle marchait vers moi, jupe écossaise, chemise blanche. Je caressais toujours le cheval; bientôt elle serait à portée de voix.

— Hello, Jane. Il est joli, ton chemin.

Le cheval leva la tête, oreilles pointées en avant. Jane s'arrêta à quelques mètres.

— Parle-lui, il n'aura plus peur.

Mais elle se taisait et le souffle du cheval s'accéléra. Jane hésitait aussi. Je les sentais tous deux prêts à fuir, moi entre eux, voulant les calmer :

— Ho boy ! Ho ! Parle lui Jane ! Tu vois, c'est Jane ! Ho !

Le cheval se cabra, se sauva au galop à travers la prairie, queue dressée, tête haute. Je pensais qu'il ferait un beau couple avec Sarcelle et que j'aurais aimé partir sur lui, n'importe où, la chienne courant derrière : ces deux bêtes noires dans la forêt rouge et jaune...

— Grégoire !

— Yes, Jane.

Elle était toujours à quelques mètres, n'ayant pas bougé.

— Est-ce vrai que tu es l'amant de ta tante ?

A moi de me cabrer, de partir fou sur l'herbe... Je restai immobile, espérant retarder le temps : quelques secondes gagnées...

— Est-ce vrai, Grégoire ?

— Oui.

Depuis des mois, je trichais avec la vérité, mais je n'eus pas l'idée de mentir. Derrière moi, j'entendais le galop du cheval. Jane s'avança. Allait-elle me gifler ? Elle s'arrêta très près; en allongeant le bras je l'aurais touchée.

— Au revoir, Grégoire.

— Où vas-tu ?

— Je pars à l'université, en Californie, en Europe peut-être.

La peur me réveilla. Maintenant, je n'aimais qu'elle. Laura c'était... autre chose.

— Jane, tu ne comprends pas. Laura est une femme. Je ne savais pas...

— Tu m'as trompée.

— Non ! S'il te plaît Jane. Souviens-toi ! Je t'ai respectée parce que c'est toi que j'aime.

— Ou parce que tu faisais déjà l'amour avec elle ?

Elle ne pleurait pas. Pourquoi ? Elle devait souffrir pourtant. Plus que moi ? " Jane, je ne sais plus quand j'ai commencé à te trahir. Je ne l'ai pas voulu. "

Je me taisais. Un instant, j'écoutai les oiseaux, étonné qu'ils chantent quand même. " Grégoire, regarde bien Jane. Tu la vois sans doute pour la dernière fois. " Cheveux d'écorce, œil d'herbe. Son menton ne tremblait plus. Elle allait s'enfuir mais elle ne semblait plus craintive ni apprivoisable. Redevenue sauvage ? Est-ce un masque ? Pleurera-t-elle tout à l'heure ?

— Jane, essaye...

— Grégoire, si seulement nous avions...

Elle ne termina pas sa phrase. Elle partit en courant et je n'osai pas la poursuivre. Des yeux, je suivis sa voiture, le pont, la route jusqu'au virage en haut de la colline où elle disparut. Le cheval était revenu; il toucha ma manche de ses lèvres. Je lui ramassai du trèfle.

— Tiens ! Ho boy ! Ho ! Tu vois comme elle est partie ? Tiens mon vieux ! Doucement ! Ho !

— Vous m'avez vu imiter une souris ?

Perrault rabattit son journal. Les deux Peter et moi, nous le regardâmes, n'ayant pas compris, ou croyant n'avoir pas compris.

— ... imiter une souris, répéta Perrault.

Il plia le *New York Times*, geste poli d'un invité qui range sa serviette à la fin du repas. Il se leva, se dirigea vers la porte; sortie majestueuse de ce corps prêt à déborder comme un vase plein en équilibre. Silence.

— Il a bien dit une souris ? demanda Peter B.

— Oui, il a parlé d'une souris.

Nous surveillions la porte. Allait-il se déguiser ? Entrer à quatre pattes ? Qu'attendait-il ?

Le premier, Peter A éclata de rire. Du doigt, il indiquait le coin de la porte : au ras du sol, le nez de Perrault posé sur le tapis; un nez rose et pointu comme en peignait Jérôme Bosch; un nez timide qui s'avançait à peine, remuait un peu, effectivement, une espèce de souris...

La rentrée de Perrault nous acheva : toujours digne, il époussetait du revers de la main la manche de son veston. Il s'arrêta, nous observa avec inquiétude :

— Voyons, ça n'était quand même pas si drôle...

reprit son journal et son fauteuil, nous abandonna à notre gaieté. Nous riions maintenant d'avoir tant ri. Réaction en chaîne : si l'un de nous reprenait son souffle, le rire des autres l'entraînait de nouveau. La douleur aux tripes, aux poumons, et la douleur pour moi d'être triste à en crever puisque Jane m'avait quitté, puisqu'elle vivait Dieu sait où, depuis des jours, une semaine, une quinzaine sans lettre, sans nouvelles, jamais plus de nouvelles de Jane... et je m'en voulais de rire, de trahir cette souffrance neuve à laquelle je m'attachais pour qu'elle remplace l'amour gâché.

Car je cultivais cette souffrance dans les détails. Absence de Jane dans les rues de Princeton, chez Harris, absence le dimanche et en cette fin d'automne. Je me fabriquais un visage nouveau, traces de rides entre les sourcils, cheveux plus longs tombant sur les yeux. J'étudiais mon silence dans le bruit des autres, leurs conversations incessantes, leurs " bonjour ", leurs " comment vas-tu ? " ; l'éternelle discussion entre Peter B et Perrault : les chrétiens pouvaient-ils voter communiste ? " Pauvre humanité, pensais-je, n'as-tu pas le droit de voter avec ton ventre ? "

C'était l'automne du plan Marshall. Peter B lisait une dépêche du *New York Times* : pour sauver l'Europe de la famine, Truman n'avait mangé ce mardi-là que du soufflé au fromage le matin et du poisson le soir.

— Cet hypocrite ! criait Perrault. Il se prive de viande et bouffe du communiste tous les jours.

Humanité bafouée, trompée. J'avais pitié d'elle comme de moi. Je n'allais plus au gymnase... Remue-ménage inutile. Aux bals, aux sauteries des samedis et des dimanches, je ne dansais plus. Un verre à la main, je m'asseyais près de l'orchestre pour écouter la musique, surtout le trombone. L'alcool me servait de miroir et j'y voyais l'image inversée de ma tristesse : je me ridiculisais, la honte comblait ma mélancolie.

Peter B ne me fit pas un reproche. Nous ne parlâmes plus de sa sœur ; finis, les dîners du dimanche soir chez les Graham, voilà tout. Nous montions au club ou nous en revenions ensemble, épaule contre épaule, même allure. Peter allait à la messe plusieurs fois par semaine, ne buvait pas. Peut-être sa conversion au catholicisme l'avait-elle aidé... je ne l'entendais plus appeler pendant la nuit. Était-il devenu surtout l'ami de Perrault ? Leurs rapports paraissaient toujours aussi

distants mais ils ne pouvaient passer un jour sans discuter de
" la vie, la liberté et la poursuite du bonheur... " Parfois, je
reconnaissais dans les paroles ou dans les gestes de Peter,
une expression de Jane. Un espoir me poussait vers lui :
il restait le lien, à travers lui, je la retrouverais. Je n'avais qu'à
chercher les phrases qui nous uniraient; tôt ou tard, Jane
réapparaîtrait. Quelles phrases ? Je n'allais quand même pas
me convertir aussi, ou lire Marx et Maritain comme Perrault...

Ce n'est qu'au Port des Absents que je tolérais des moments
de bonheur. Bonheur d'enfant : " Ici, je suis un enfant. "
Je m'autorisais à jouer avec Jeanie, avec Sarcelle. Tous trois,
nous entraînions Médor et Slow sur la pelouse, le vieux
chien et le vieux nègre. Nous avions inventé une danse que
Jeanie appelait " la balle dans l'herbe ". Nous nous lancions
une balle que les chiens poursuivaient de plus en plus vite,
sautant pour l'attraper au vol, tous enfin confondus, chiens et
enfants et nègre essoufflés, aboyant, pantelants.

Nous nous promenions dans la forêt. Je tenais la main de
Jeanie. Parfois ses doigts grattaient ma paume comme une
patte d'oiseau :

— Graig, allons voir la mer...
           allons voir la route...
           allons voir la crique...

J'écartais mes doigts et sa main y restait posée.

— Graig, Sarcelle est un peu ma chienne, n'est-ce pas ?

— Bien sûr, puisque tu l'aimes.

Les cheveux noirs de Jeanie et mes cheveux noirs, nos
yeux gris : cousin et cousine, frère et sœur... Père et fille
puisque j'étais l'amant de sa mère ? Non ! Je ne pouvais
imaginer Laura comme mon épouse ou ma femme. Toujours
plus haute que moi sur l'oreiller, Laura me protégeait de
la solitude et je lui faisais l'amour pour l'en remercier.

Ces mois d'octobre et de novembre, si tristes à Princeton avec la chute désordonnée des feuilles sur les pelouses, avec la pluie sur la ville, avec les soirs chez Harris sans Jane quand le professeur me répétait ce Chaucer que je croyais trop bien connaître... ces deux mois j'allai presque chaque semaine au Port. Les feuilles mortes habillaient le paysage, les rochers brillaient d'eau.

Nous ne voyions plus le père de Laura. Il voyageait, m'avait-on dit. Puisqu'il m'était resté étranger, il ne manquait pas à ma nouvelle famille. Jeanie prenait ses repas à table avec nous. Assis sur les marches de l'escalier, Médor et Sarcelle nous regardaient manger. Tout juste si Slow n'apportait pas son assiette... Il restait debout à gauche de Laura et donnait les dernières nouvelles de la crique :

— Le baromètre, il monte, Mrs. Laura. Demain matin sera un froid matin avec du brouillard et j'ai vu trois vols de cols verts. En ville, ils ont même entendu quelques oies... Pour ceux qui n'ont pas peur des froids matins il y aura du canard au vol...

— Slow, vous allumerez le feu dans la bibliothèque.

— Tout de suite, Mrs. Laura.

— Et vous préparerez les thermos de café.

— Sûr ! Mrs. Laura. Sûr je serai content de le faire...

Les thermos annonçaient la chasse. Demain nous les emporterions dans nos musettes, chacun sa provision de chaleur pour l'attente du jour. J'avais droit à mon abri au bout de la crique, seul avec Sarcelle.

Ma chienne.

Slow l'avait dressée. Couchée devant sa soupe, elle n'y touchait pas sans ordre. Il lui avait appris à suivre au talon, à s'asseoir, à se coucher, à bondir... et c'est moi pourtant que Sarcelle reconnaissait comme son maître; elle m'obéis-

sait mieux encore qu'à Slow. Récompense de mon amour
pour elle ? Mes mains cherchaient sa fourrure, son regard
attendait mon regard.

— M'aimes-tu autant que ta chienne ? m'avait demandé
Laura.

Je cherchais une réponse : " bien sûr ", " c'est différent ",
" ça dépend ".

Un samedi de novembre, Sarcelle me rapporta mon premier canard : double baptême, consécration du nom choisi
puisqu'elle posait devant moi une sarcelle aux ailes bleues.
Je caressai la chienne; l'oiseau brisé gâchait ma joie, me
rappelait que Sarcelle ne vivrait pas toujours et que la mort
nous séparerait... cette mort que mon fusil improvisait.

Ce soir-là, Jeanie dormait déjà, et nous étions assis avec
Laura dans la bibliothèque : le feu de bois, les deux chiens,
les livres autour de nous.

— Grégoire, sais-tu pourquoi mon père ne vient plus au
Port ? (Laura me posait la question en français...) ... il a su
que nous dormons ensemble.

J'entendis le galop du cheval sur la prairie et la voix de
Jane : " Est-ce vrai que tu es l'amant de ta tante ? " Laura
s'était levée. Le dos à la cheminée, ses jambes à contre-jour
du feu, elle m'expliquait en anglais :

— ... Il y a huit millions d'habitants à New York... Mais
la richesse est comme un village et tout le monde finit par
tout savoir. Ces gens du Bottin mondain, il y en a qui n'ont
rien à faire, qui colportent les misères ou le bonheur des
autres...

Donc, " tout le monde " savait. L'inquiétude de Laura
ne me touchait pas encore. J'avais perdu Jane... quoi de
pire ? J'imaginais ces inconnus parlant de Laura et de son
neveu français : visages aperçus dans les bals, avocats ou

agents de change rencontrés au Port, jeunes bourgeois de Southampton et surtout Kate dont Laura aurait dû se méfier.

— Qu'est-ce qu'il t'a dit, ton père ?

— *He is rather mad...* assez furieux. Je crois que nous devrons faire attention.

Quittant la cheminée, elle me prit le bras, sa main tremblait.

— Faire attention à quoi ? Puisque tout le monde sait.

— Grégoire, si la richesse est un village, j'habite ce village. Jeanie aussi.

A quoi servait donc cette richesse ? Et sa soi-disant indépendance ? A quoi bon son refus du quotidien, son culte des prophètes et de Melville ? Ne m'avait-elle pas accusé d'être un lâche, une nuit ?

— Je sais Grégoire, je sais...

Il y a un an, elle m'avait giflé pour défendre Roger et les gens de son village. " *Stop crying.* " A son tour de pleurer. La honte ?

— J'ai Jeanie, ma maison, mon père. Toi tu es jeune, tu es libre.

Elle s'accrochait à moi. Les chiens s'inquiétèrent; Sarcelle vint jusqu'à nous; Laura la repoussa d'un coup de pied.

Elle rappela la chienne et la caressa :

— Pardon, Grégoire.

J'avais pitié de Laura. Pour la première fois de ma vie, j'éprouvais de la pitié pour une personne supérieure, une de ces " grandes personnes " dont l'enfance m'avait légué l'image et le besoin. Je me sentais délivré d'une servitude, et un peu plus seul.

Sur la carte postale, un pêcheur était assis au pied d'une cathédrale : " la Seine à Notre-Dame ".

" Salut Grégoire. Retour de la Chêneraie où le père a bon moral. La chansonnette fait de moi un capitaliste. Pas croyable ! Quand reviens-tu ? Joyeux Noël.

Fabien "

Je posai la carte sur mon bureau. Peter B parut avec sa valise. " Bon Noël, les gars ! " et disparut... remplacé par Perrault essoufflé, valise aussi. Avec Peter A il passerait les fêtes à Boston.

Des groupes d'ombres sur la neige descendaient vers la gare et le train de cinq heures ; à chaque ombre un but, père et mère, une famille au bout de quelques heures de voyage. Tout à l'heure, Slow viendrait me chercher et ce serait mon tour.

— On boit un coup, Graig ?

Banjo Bob entrait avec une bouteille.

— Sûr Bob ! Viens t'asseoir.

Il ne parla pas de sa tristesse, mais il ne la cachait pas non plus : nous étions jeunes, nous étions blancs, nous partions à la fête ; lui resterait dans les chambres vides... il y resterait jusqu'à sa vieillesse, jusqu'à ce que la vie n'ait plus de sens...

— *Merry Christmas Graig !*

— *Merry Christmas Bob !*

Il portait un pantalon kaki et une chemise à col boutonné. Imitait-il la manière de s'habiller des étudiants, mimétisme inconscient après tant d'années ? Ou ces vêtements étaient-ils des pourboires, vieilles frusques abandonnées, soigneusement rafistolées par sa femme ?

Je regardais son visage. Comme tant de nègres d'Amérique, visage de blanc passé au cirage clair : nez long, bouche fine, front dégagé jusqu'au crêpe des cheveux noirs. Telle-

ment différent de Slow ! Slow semblait arriver tout droit
d'Afrique, Banjo Bob avait fait cent détours par les Antilles,
la Virginie, le Nord; chaque fois métissé, quarteron, figure
d'écossais négrifié et pourtant aussi nègre que Slow : rendu
nègre par ses cheveux crépus, par sa patience.

Qu'arrivera-t-il le jour où ils perdront patience ? Cesse-
ront-ils d'être nègres ?

Bob voulait que je lui parle de la France, et je lui décrivis
notre maison, nos églises, les champs, les haies, les rivières
étroites et lentes, une France normande avec des frênes
et des briques, des vaches, des meules et des ardoises.

Dehors, la nuit tombait, retardée par la blancheur de la
neige. Plus personne sur les chemins. Campus désert et
calme. L'amitié de Bob et du givre aux fenêtres.

Slow était en retard. Aurait-il eu un ennui, un accident ?
Lui toujours ponctuel. " Quand il arrivera, je lui offrirai de
trinquer avec nous. Osera-t-il ? Quelle est la distance que
garde un serviteur stylé ? "

— *Graig, I got to get home, now.*

Bien sûr, Bob rentrait chez lui à six heures. Encore un
fond de verre pour trinquer une dernière fois. Je cherchai
des phrases pour le retenir. Slow arriverait et je n'aurais pas
à rester seul.

— *Good night, Graig.*

— *So long, Bob.*

Tranquillité ou silence ? Je vis Bob remonter le chemin,
puis l'escalier de Blair Tower. Partout des fenêtres éteintes
dont quelques-unes reflétaient la lumière des réverbères.
Je fis le tour de l'appartement pour allumer les lampes, jusque dans la chambre à coucher et le bureau : que nos fenêtres
au moins annoncent une présence. " Grégoire est là Jane.
Je suis là. "

Bob, ce cher Banjo Bob, avait laissé la bouteille sur la table et je me servis. " Tiens, c'est la première fois que je bois seul ! " Je m'assis dans le fauteuil de Perrault; le *New York Times* soigneusement plié sur un titre annonçait le cadeau de Noël des États-Unis à l'Europe : 522 millions de dollars.

Si Jane était en Amérique, reviendrait-elle à Princeton pour les fêtes ?

Sûrement pas. Jane ne reviendrait que mariée, ou fiancée; blessure guérie, femme heureuse suivie d'un homme entouré de valises sonnant à la porte de la maison de son père.

Dommage que Slow soit tellement en retard, nous serions presque arrivés au Port ! J'imaginais le chemin enneigé, la forme noire des arbres, le dernier virage : la maison grise dans les phares. Image si nette que je fus étonné de me retrouver dans ce fauteuil, whisky décoloré par la glace fondue. Sur le tapis, ma valise attendait son voyage, un court voyage. Heureusement ! Ce soir, je ne souhaitais ni exode ni odyssée, rien qu'un retour à ma famille américaine. Famille d'occasion ? Non ! Famille réinventée, construite de tendresse pour une femme, une enfant, un serviteur, une chienne. Tandis que Jane... par ma faute elle passerait ces fêtes seule.

Je contemplai le mal causé : Jane étrangère parmi des étrangers. Comme elle aurait froid ! Intérieurement, je lui en demandais pardon; je criai mon remords : " Jane, pardonne-moi ! " M'entendait-elle ? Dans une chambre ou dans une gare, sur un navire ou sur un chemin, Jane levait la tête : " D'où vient cette voix ? "

" Idiot ! Elle n'entend rien. Elle reste seule par ta faute. Toi qui voulais évangéliser l'humanité. L'humanité, c'était elle d'abord ! "

En bas, la porte s'ouvrit. Des talons hauts sur les marches

de pierre de l'escalier. Une femme montait. " Voyez-vous
mes jambes, monsieur le Français ? " J'essayai de reconnaître le rythme de ce pas, mais je n'entendais plus que mon
sang battre à mes oreilles. Attente trop longue, trop courte...
— Tu ne m'embrasses pas ?

Elle s'assit au bout du sofa, manteau de castor entrouvert
sur un tailleur de cachemir grège, chevilles de soie. Oh, tellement Laura ! M'appelant de ses gestes et presque immobile,
impatience dominée d'un sourire :
— Je t'ai fait attendre ? Tu m'offres à boire ?

J'allai dans la salle de bains laver deux verres, me passer
de l'eau froide sur le visage. " Pourtant, Laura est belle,
plus belle que Jane. Et puis, tu vas revoir Jeanie et Sarcelle. Peut-être chasserons-nous demain matin... "
Laura venait de New York. Deux heures pour arriver à
Princeton.
— ... Ce trafic est impossible. Vingt minutes pour le
tunnel. Si j'avais su, certainement j'aurais pris Slow avec
moi. Il est tellement brave, Slow. Une heure, deux heures de
conduite sur place, ça lui est indifférent. Une telle patience !
Tandis que je m'énerve quand rien n'avance...

Pour ôter son manteau, elle s'était levée et moi aussi comme
un bon étudiant de Princeton, mi-gentleman, mi-chien, rece-
vant dans mes bras la fourrure au parfum de verveine, rece-
vant son regard :
— Tu m'aimes, Grégoire ?
— Oui, je t'aime.
... pensant : " pourquoi ne partons-nous pas ? Nous
sommes déjà assez en retard ! Jamais nous n'arriverons au
Port pour dîner. "
— Ce trafic m'a fatiguée.
" Que je suis égoïste ! Pauvre Laura ! "

Je lui apportai son verre.

— Veux-tu de la musique ?

Ce fut Monteverdi, au hasard. J'éteignis la plupart des lumières de l'appartement. Au milieu du tapis, ma valise dérangeait l'ordre de la pièce et je la poussai du pied derrière le fauteuil de Perrault. Laura alluma une cigarette et je posai un cendrier près d'elle.

— Grégoire, tu m'aimes ?

— Bien sûr. Comment va Jeanie ?

— Très bien...

... murmuré distraitement. Elle posa sa main sur mon poignet.

— A New York, j'ai déjeuné avec mon père. Nous nous sommes réconciliés.

Cette phrase fut dite d'un ton solennel. Pourtant je ne me méfiai pas encore. Je les imaginais tous deux dans la salle à manger de la maison de New York, nappe et rideaux bleu horizon, comme deux acteurs dans un décor, attendant que le maître d'hôtel soit sorti pour se donner la réplique. Pièce en un acte, pièce vieillotte du genre Ibsen ou Bernard Shaw première manière.

— Si nous passions la nuit ici, Graig ?

— Mais nous devions...

La déception m'empêcha de finir ma phrase. Je me levai. Laura aussi. Face à face. Elle me tendait quelque chose, sa main tremblait.

— Tiens ! C'est ton cadeau de Noël.

Je ne voyais pas l'objet. Je ne voyais que ses yeux qui allaient pleurer et maintenant je comprenais, j'attendais qu'elle le dise, impatient de savoir quels mots, quel ton, elle choisirait...

— Mon père vient passer les fêtes au Port. Ne m'en veux

pas. S'il te plaît Grégoire. Je viendrai à Princeton, chaque fois que je le pourrai...

" Et toi tu restes ici. " Elle n'avait pas osé le dire. Je ne l'écoutais plus. Adieu, ma famille américaine. Adieu, Sarcelle, nous n'irons pas à la chasse demain. Plus de promenades avec Jeanie et Slow. Seul à Princeton. Seul comme Jane. Mais son père, qu'est-ce que ça pouvait lui foutre, à Laura, son père ? Cet espèce de canard ? Elle, Laura la libre, Laura prophète, la Pythie, Cassandre fille d'un canard. J'avais envie de rire. Je riais. Laura pleurait et j'en riais plus fort. Nous, les ridicules. Ma petite valise toute prête derrière le fauteuil et Laura avec son cadeau dans les mains dont elle ne savait plus que faire. Je m'entendais rire. Tellement drôle : pas besoin de parler quand on rit. Pas besoin de s'expliquer avec des mots. Plus besoin de mentir.

Elle s'avançait vers moi. Ses lèvres remuaient mais elle ne parlait pas. De nouveau, les chœurs de Monteverdi. Mon rire avait cessé. J'eus peur, peur de ce qu'il faudrait dire ou écouter, peur de nous puisque nous connaissions maintenant la mesure de notre amour. La porte était ouverte, je me sauvai. Cavalcade sonore dans l'escalier, puis silencieuse dans la neige. Pourquoi courir ? Elle ne me suivait pas.

" Ce qu'elles peuvent avoir l'air bête, les femmes dans la neige ! " Je regardais Laura partir, silhouette en cloche de fourrure, et j'imaginais les souliers à talons trop hauts sur le sol à moitié glacé. Elle avait attendu presque une heure que je revienne; de loin, je surveillais la porte. " Elle va me faire poireauter longtemps ? " Furieux, j'espérais qu'elle était malheureuse, qu'elle me regrettait, qu'elle sanglotait.

" La garce, elle peut attendre toute la nuit si ça lui fait plaisir. "

Quand je remontai dans la chambre, l'électrophone tournait toujours; fini Monteverdi, terminé; l'aiguille grattait le disque : skiss... skiss... skiss... Laura n'avait pas bu son verre. Au milieu du sofa, elle avait laissé son cadeau et une feuille blanche de machine à écrire avec *Grégoire* suivi de trois points d'interrogation qui tenaient presque toute la page.

Quelle belle signature... Au lieu de Grégoire Engivane, Grégoire ? ? ?

— Comment vous appelez-vous ?

— Grégoire ? ? ?

Cette mimique vaudrait la peine d'être travaillée. Au moment des ? ? ? je lèverais les yeux au ciel en haussant les épaules, moue étonnée, peut-être un grognement interrogateur, c'est-à-dire passant du grave à l'aigu...

D'une main, je tenais la feuille, de l'autre le cadeau. Que pouvait-elle bien contenir, cette boîte ? Pas grosse, carrée, relativement lourde, enveloppée d'un papier vert pâle. " Si tu l'ouvres, tu le gardes. " Curiosité. Ficelle bleue, boîte grise, papier de soie blanc : une montre en or et sa chaîne. La montre se balançait au bout de la chaîne, ronde, plate, brillante, symbole de toute la bourgeoisie, trésor des riches et rêve des pauvres :

" ... Avec vingt dollars or à la chaîne de ma montre
Pour que les gars sachent que je suis mort servi. "

Quelle heure pouvait-il être ? Neuf heures à tout hasard. J'ouvris la fenêtre pour mieux entendre le carillon de Nassau Hall quand il sonnerait. Remontoir. Tic-tac-tic-tac. " C'est bien vivant. "

Dans le boîtier, je trouvai une inscription :

Grégoire Engivane
au Port des Absents
Noël 1947

Quand elle avait acheté la montre, Laura croyait encore que je viendrais au Port pour Noël. Donc aujourd'hui, à midi, mon sort s'était joué au cours de cette pièce vieillotte, cette comédie bleu pâle dans la salle à manger.

J'éteignis la lumière. Le tic-tac de ma montre s'entendait mieux dans le noir. Au Port, le matin de Noël, j'aurais cherché sous le sapin, sur le tapis beige. L'an passé une chienne noire, cette année une montre jaune. " Jeanie, regarde. " Jeanie plaçait la montre contre son oreille, contre l'oreille de Sarcelle...

Merde !

Le carillon sonna neuf heures. Me lever ? Allumer pour régler ma montre ? Tant pis. " A dix minutes près, qu'est-ce que ça fiche, puisque je suis seul ! "

" J'ai Jeanie, ma maison, mon père. Toi tu es jeune, tu es libre. "

Libre, ou seul comme Jane ? Deux femmes, et plus personne en quelques mois. Pourquoi ? La rumeur publique. " Cette richesse comme un village du Bottin mondain ", dont parlait Laura. Les uns allant dire à Jane que je couchais avec ma tante, les autres prévenant uncle George... petite foule de bavards, debout, verre en main... fourmis éparpillées qui rentrent le soir à la fourmilière traînant, poussant une nouvelle énorme : Grégoire couche avec sa tante... grignotant mon nom dans le téléphone.

" Si jamais je rencontre Kate, je lui plante une de ces paires de baffes à celle-là ! "

Aucune satisfaction : j'avais beau inventer un salon plein de monde et bien éclairé, l'éclat des gifles ne me soulageait pas. Je pensais plutôt que Laura dans sa voiture s'approchait du Port. Que dirait-elle à Jeanie ? " ... Grégoire passe ses vacances ailleurs... " Jeanie imaginerait une trahison. Sarcelle reniflerait doucement les vêtements de Laura pour y chercher mon odeur.

Fallait-il écrire une lettre et renvoyer la montre ? Ou bien faire le mort ?

" Mais Grégoire, tu oublies qu'elle paye les notes de l'université, qu'elle verse en plus chaque mois cent dollars à ton compte. Paye-t-on les morts ? En février, c'est la fin du premier semestre, la note du club, celle du dortoir, les frais de cours, les livres à acheter. "

J'avais allumé la lumière. Stylo : trois cents dollars ici, plus cent vingt, plus deux cent cinquante, plus trente...

" Tant mieux, je gagnerai du fric. J'aurai à la banque une petite réserve pour me passer d'eux tous et tenir jusqu'au mois de juin, jusqu'au diplôme. Après, j'en gagnerai comme je voudrai. Il me reste... voyons... deux cent trente-quatre dollars. Encore au moins trois cents pour tenir. "

Sur le dos de mon chéquier, je comparai la colonne des plus et la colonne des moins. J'encadrai les résultats de quatre traits d'encre : trois ou quatre cents dollars pour tenir. Faire le mort et gagner du fric. Voilà la liberté, la seule.

— Dans un sens, le moment n'est pas mauvais, dit Banjo Bob.

Assis dans le fauteuil de Perrault, je venais de lui raconter mon histoire. Pourquoi pas ? Puisque New York et le Bottin mondain la connaissaient déjà... un nègre de plus.

Après une nuit longue, d'un sommeil médiocre, et de belles résolutions, je m'étais levé tôt, profitant du luxe de l'absence des autres : appartement, salle de bains, tout un dortoir à moi seul. Un quart d'heure à chanter sous la douche des variations sur le deuxième mouvement de la troisième symphonie de Beethoven : Papa Pam... Papam Papam Papaaam... Poum ! Résolutions accompagnées d'une chemise propre et d'un gilet pour ma montre neuve.

Bob arrivait et nous nous retrouvions assis l'un en face de l'autre comme hier soir, mais jouant des rôles différents. A mon tour de rester dans les chambres vides. A moi la tristesse, mais j'essayais de la cacher. Comment avais-je traité Bob hier soir ? Pitié, condescendance ? Le Grégoire du matin se souvenait mal de celui de la veille et se méfiait de lui.

— Tu tombes bien, continuait Bob. Le moment des fêtes, c'est quand les gens se reçoivent. Bals, dîners ! Graig, tu as mangé chez les riches, tu sauras les servir, hein ? *Yes* Madame. *Yes* Monsieur. Tu pousses un peu l'accent français. Ça vaut deux dollars de plus de l'heure, rien que l'accent français avant que tu passes une assiette.

— Et tu crois vraiment...

— A la cloche de midi, monte en ville avec Bob, Graig. Les copains et moi, on t'arrangera.

— *Thanks Bob, thanks a lot* !

— Il y aura la Sécurité Sociale. Peut-être un problème puisque tu es étranger... ça s'arrangera aussi. T'es étudiant, non ?

Étranger, j'étais une sorte de nègre. Pourtant, je ne trouvai sur le visage de Bob aucune trace de fierté. Même pas un air protecteur quand il me présenta à ses amis quelques heures plus tard.

Et le lendemain, je travaillais.

Au début, mes nouvelles fonctions m'amusèrent. Je m'imaginais acteur : cravate noire, veste blanche et le pantalon de mon smoking. Je découvrais que certains invités me craignaient; vite repérés, ils rougissaient à chaque regard. Pour compenser ma jeunesse, je parlais peu. Quand mes patrons d'occasion avaient leurs domestiques, je ne faisais que servir à table; autrement, je lavais aussi la vaisselle. Le premier soir, pour mon premier extra, je trouvai la maîtresse de maison dépliant une nappe rouge sur la table.

— Si Madame a une nappe verte, cela ira mieux avec les rideaux.

Femme sans prétention ni rancune, elle me laissa mettre le couvert. Passionnante disposition des assiettes et des verres, de l'argenterie, j'y passai une heure; quelques fleurs pas trop hautes, répartition des salières, équilibre des serviettes. Ma réputation était faite, mon travail assuré pour les vacances.

Banjo Bob riait :

— Graig, tu m'épates. Tu tiens ces dames dans la paume de ta main.

— Je leur dis de changer de nappe.

— Sûr Graig, sûr ! Quand on n'a pas besoin de ce pain-là pour vivre, ça permet d'en dire, des choses...

De Trenton, de Morristown à quarante kilomètres, on venait chercher le maître d'hôtel français. Maisons roses, bleues, vertes... maisons de pastel sur la neige. J'y entrais par la cuisine, l'envers du décor. D'après l'évier, les casseroles, le frigidaire, j'imaginais le salon, me trompais presque toujours au début, découvrais que le goût n'a aucun rapport avec la richesse. La plupart de mes hôtes laissaient leur femme meubler la maison; tapis épais, sofas profonds; le confort remplaçait le charme. Pas de goût, peu de fautes de goût non plus et le premier cocktail voilait cette banalité bien au chaud derrière les doubles fenêtres.

Plusieurs fois, je rencontrais des gens de connaissance, plus embarrassés que moi, surtout les jeunes, surtout les filles. J'en riais sous mon masque de gravité. Ne savaient-ils donc pas que la distance qui nous séparait était facile à franchir ? Troquer ma veste blanche pour la noire et je serais avec eux... Pourquoi faire ? L'envie ne m'en venait pas.

Vers minuit, une heure du matin, quand j'avais aidé le dernier invité à enfiler son manteau, le maître ou la maîtresse de maison me ramenait à Princeton en voiture. Fini le domestique. J'abandonnais la troisième personne et j'inventais un Grégoire qui parlait chasse, sport ou philosophie avec son patron d'occasion souvent un peu ivre. Si Madame conduisait, je lui faisais une cour discrète et, le moment du chèque venu, je le fourrais avec deux doigts dans une poche de mon gilet, sans le lire. Puis je sortais ma montre : " Déjà " ? Ma gêne ainsi déguisée, je passai des journées étonnantes entre mon lit, le travail et la banque. Noël ne fut pour moi que la fête des autres ; trois extras, dix-huit heures de travail à double tarif et gros pourboires, soixante-dix-sept dollars de plus à mon compte.

Mais Noël passé, l'atmosphère changea. Au fur et à mesure que le nouvel an approchait, les soirées se prolongeaient, le bruit remplaçait les conversations. Jamais encore je n'avais vu boire sans boire moi-même. Complicité entre les buveurs, paroi opaque qui me séparait d'eux, à travers laquelle ils devenaient un spectacle, les acteurs de plus en plus évidents de leur rôle ordinaire. Si la plupart des invités étaient vite engourdis, il s'en trouvait d'autres qui semblaient chercher mon approbation. Cela commençait par un regard : " Ai-je bien donné la réplique ? " Inquiets que je ne joue pas avec eux, attirés sans doute par ce témoin qui ne buvait pas, leur seul public, ils devenaient parfois hostiles ou d'une humilité coléreuse, essayait de m'attirer de leur côté de la scène imaginaire où ils se sentaient observés. Je gardais le silence, inutilement car ils devinaient souvent mon mépris. Ces soirs-là, j'aurais voulu être nègre.

Dégoûté d'être un domestique à visage, je regrettais la vaisselle anonyme du Splendid Hotel. Finie mon hibernation, elle n'avait pas duré dix jours. Mauvais sommeil, heures d'insomnie que dominaient des personnages presque inconnus ; ils se ressemblaient comme des résumés, des anthologies d'ivrognes sévères parmi lesquels, points de repère, Laura et Jane circulaient, s'ignoraient ou se réconciliaient, s'adaptant mal à mes rêves, devenant complices des autres. Un cauchemar revenait souvent : on m'accusait d'être fou. Comment prouver le contraire ? Cette angoisse se prolongeait le jour pour devenir une idée : " Si ce flic t'arrête, que vas-tu dire pour ta défense ? Qu'est-ce qui lui prouve que tu ne vas pas faire une sottise ? Casser une vitrine, gifler cette femme qui s'approche ? "

Sans les lire, j'avais déchiré deux lettres de Laura. Je le regrettais. Je lirais la prochaine... elle ne m'écrivait plus. Salope ! Garce ! Son amour ne valait pas trois lettres. Elle couchait probablement avec ce couillon de Roger pendant que son canard de père fermait les yeux. Chassaient-ils ce matin ? S'ils chassaient, ils avaient pris Sarcelle, ma chienne qui tremblait près d'eux, pour eux, pour l'aube et le sifflement des ailes sur la crique...

Harris n'était pas chez lui.

— Ils sont partis chez la grand-mère ! me cria le voisin.

Il balayait la neige du trottoir et moi j'attendais devant la porte verte, main droite dégantée au froid sur le bouton de la sonnette. De quoi se mêlait-il, le voisin ? S'il n'avait rien dit, j'aurais pu sonner cinq minutes, espérer cinq minutes, revenir cet après-midi.

Un ballon pour le fils, une poupée pour la fille, je déposai les deux paquets sur la véranda. Tant pis si quelqu'un les volait, ils n'avaient qu'à rester chez eux, ces gosses; je ne voulais pas retraverser la ville avec ces cadeaux maintenant inutiles sous leur papier d'étoiles.

Et que faire ? Toute une journée, dix heures à perdre jusqu'à ce soir. Bob m'avait conseillé de dormir : " Les réveillons chez Harrison sont une pleine main d'ouvrage. Attrape-toi un somme ! "

Je n'avais pas sommeil. Un livre ? Je les connaissais tous, inutile d'en lire d'autres; à quoi servaient-ils ? Même Chaucer, Melville et Kierkegaard... leurs phrases, leurs chapitres ne valaient pas une présence. Tas de papier bon pour les études, textes inutiles quand on a besoin d'eux. Aurais-je pu citer Conrad à Jane, sautiller derrière elle en criant du Rimbaud ?

Musique ? Je mis un disque, le concerto pour clarinette de Mozart. Je ne l'écoutai pas, ni le quatuor de Beethoven qui suivit. Leur gaîté, leur tristesse : du bruit.

Les exemplaires du *New York Times* s'empilaient sur une chaise. Staline et Truman se passeraient quelques jours de mes conseils; la terre tournerait sans moi et j'attendrais sept heures du soir. Alors je me laverais, je me raserais aussi lentement que possible pour gagner du temps, pour en perdre.

Au milieu de l'après-midi, j'eus faim. Déjeuner seul en ville ? Je connaissais les restaurants et leur cuisine fadasse, la tristesse d'un sandwich, l'étendue d'une nappe blanche avec un seul couvert. Résigné, je partis vers Nassau Street et la mangeaille inévitable. Pourquoi inévitable ? Tout en marchant, l'idée me venait de nourritures entrevues dans les vitrines : saumon, foie gras, caviar. Je me mis à courir. D'abord à la banque, mordre aux économies. Pain noir, pain blanc, beurre et citron, un homard rouge, des boîtes aux devises françaises — le meilleur parmi les bons —, du champagne : le plus cher. Deux serviettes, couteau, fourchette, une coupe même; pourquoi boirais-je du Dom Pérignon dans un verre à dents ? Et des assiettes, des fleurs pour Grégoire Engivane.

De retour, je mis d'abord le champagne à la fenêtre, qu'il refroidisse et se calme de ma course. Maintenant, le couvert : une serviette en guise de nappe, un bouquet, la coupe, le contenu des boîtes vidé sur les assiettes, nourritures roses, noires, beiges entourées de vert salade, jaune beurre et jaune citron, rouge tomate. Musique : Haendel. A table ! " Vive moi, je mange ! Sage, doucement. " Une cuillerée d'ici, une tranche de là. Caviar d'abord, puis le saumon, le homard. Boire lentement. " Je suis seul. Tout pour moi. Je les emmerde tous ! " Bonne chaleur, bonne bouffe. " Cette table est mon île. Je suis le naufragé, le Robinson du homard. " Les pinces craquent sous les dents. Manger de plus en plus lentement. Se laver les mains, rincer l'assiette et la fourchette avant de passer au foie gras. Pour le savourer, attendre qu'il fonde sur la langue jusqu'à la truffe. " Encore une tranche ? Je n'en peux plus ! Dans un moment, peut-être ? "

Quand je me réveillai dans le fauteuil de Perrault, huit heures sonnaient et je dus courir à la douche, courir en ville, prendre un taxi jusque chez Harrison, heureux d'être pressé, de regagner quelques-unes des minutes qui paraissaient terribles ce matin.

Banjo Bob préparait déjà le bar. Un autre allumait du feu

dans une cheminée de pierre. Sur les quatre murs se dressaient des têtes empaillées d'élans, de daims, de renards; fourrures sur le parquet; guirlandes aux poutres.

— Graig, tu installeras les tables, et laisse de la place aux danseurs...

Dix tables rondes, je les répartis entre les sofas, quatre couverts par table. Les musiciens arrivaient, cinq nègres en chapeau de paille secouant la neige de leur manteau.

— *Hey boys*, vous vous croyez à Pâques ?

— Banjo Bob Banjo ! Toi ici ?

Retrouvailles à bourrades, nègres à pleins bras de l'amitié, interrompus par Harrison...

Silence.

Il inspecta l'ensemble et les détails. Petits pieds, jambes de cavalier, œillet à la boutonnière de sa veste noire, pas un mot jusqu'à son discours :

— *Boys*, mes réceptions du nouvel an ont leur réputation. De l'alcool, du rythme, je compte sur vous. C'est toi le Français ?

— *Yes*, Monsieur.

— Tu feras le service des tables. Les premiers invités arriveront dans vingt minutes.

Exit.

— Juste vingt minutes, répéta le trombone.

La trompette joua un air de charge qu'elle transforma en *Do What Ory say*, repris par les autres. Bob monta sur une chaise :

> " Tu ne fais donc pas comme Harrison ?
> Pourquoi fais-tu pas comme il dit ?
> Si tu n'aimes pas ce que je fais,
> Dis ce qu'on doit faire, Harrison. "

Les autres reprirent en chœur :

" Dis ce qu'on doit faire, Harrison ! "

Bob improvisa :

" Si tu n'aimes pas c'que l'Français fait
Fais le faire aux nègres, Harrison ! "

En chœur :

" Fais le faire aux nègres, Harrison ! "

Vingt minutes de jazz. Bob, à côté du pianiste, jouant à quatre mains : *Panama, Doctor Jazz.* " Go, man... go ! " Vingt minutes de récréation avant l'arrivée des blancs, des vrais blancs, les riches. *Alexander's Rag Time Band. Five Foot Two* :

" Cinq pieds deux pouces
Elle est rousse... "

Le piano, un de ces pianos droits aux résonances métalliques, cadençait le tintamarre. Les invités entraient, silencieux d'abord comme des nouveaux, pieds dans les fourrures et les femmes aux épaules nues hésitaient entre le feu de bois et l'abri des sofas. Puis, les meilleurs places prises, on occupa les tables, le buffet, le bar. Indécision du premier verre : gin, whisky, champagne ? Choix en principe irréversible dont la nuit dépendrait peut-être; ceux qui espéraient la joie, ceux qui voulaient tenir le plus longtemps possible, ceux qui préféraient le goût du scotch... Les couples se reconnaissaient, quittaient leur place et se redistribuaient selon les amitiés. Des gens de vingt-cinq à quarante ans, presque tous mariés. Beaucoup d'anciens de l'Université parmi les hommes; ils n'avaient pas voulu quitter Princeton, leur jeunesse, leurs souvenirs à la Fitzgerald. Travaillant à New York ou à

Philadelphie, ils avaient fait de ce village universitaire une campagne dortoir pour hommes d'affaires et avocats. Là, ils vivaient entre eux, buvaient entre eux, parlaient des belles années d'avant-guerre quand ils dansaient le Charleston. Avaient-ils seulement changé, en dix ans, vingt ans, à part le ventre et les rides ? Gentils ! Ils me demandaient mon prénom : " Grégoire par-ci, Graig par-là. " Bientôt, le travail m'enveloppa. Je ne voyais plus que des verres vides à remplir. " Deux scotch, un Tom Collins, trois champagnes... Attention à ce dos, Pardon !... A ce coude, excusez-moi !... Deux bourbons et ginger ale... "

Un instant, la musique s'arrêta, révéla la rumeur des voix. Déjà, quelques invités levaient la tête, inquiets, mais Harrison courait vers l'orchestre :

— Donnez-nous *les Saints* !

... comme s'il craignait que ses hôtes s'effraient de leur propre bruit.

> " Oh quand les Saints
> Oh quand les Saints
> Oh quand les Saints défileront,
> J'espère marcher avec eux... "

La clarinette parfois hésitante, avec des cascades de réussite, n'avait pas le rythme coulant de Peter A. Meilleur ? A chacun son style. Je n'entendais plus que la clarinette. Seules ses notes claires perçaient l'épaisseur des voix et de la fumée. Si j'étais un instrument de musique, je serais une clarinette... un animal, je serais une sarcelle... un écrivain, Chaucer... une plante, un pissenlit...

— Graig, du champagne !

... Mais non, c'est idiot, un pissenlit ! A manger par la racine. Alors pourquoi ? Souviens-toi : l'aigrette qu'un souffle disperse : " Je sème à tout vent ". Je verse à tout venant champagne et scotch. Des fesses, des hanches, des robes, des bras, un paysage mou, une forêt. " Imagine un lapin là-dedans ! Je suis lapin, l'orchestre est mon buisson, le bar mon terrier. Pas de chien ! Pas de carotte non plus. " Aïe ! Dri-de-line, un verre cassé : à quatre pattes le lapin pour en ramasser les morceaux dans la fourrure d'un ours.

Soudain, l'obscurité et la forêt hurla " *Happy New Year* ! " Voilà l'an neuf à quatre pattes. On courait dans tous les sens et je me réfugiai sous la table, à l'abri des coups de pied. Là-haut ils s'appelaient, trinquaient, s'embrassaient. Ici, j'étais bien et quand la lumière revint, l'envie me prit d'y rester. Si seulement j'avais pu me débarrasser des morceaux de verre recueillis dans ma main droite...

— *Happy New Year* Graig !

Main brune sur mon épaule.

— *Thanks* Bob. *Same to you* !

Des invités partaient, remplacés par d'autres qui mainte-naient l'équilibre du bruit et de la fumée. Depuis des heures, ils buvaient; beaucoup d'entre eux devaient être saouls, je m'en rendais à peine compte, ou plutôt cela me paraissait naturel. Sans avoir bu, je me sentais un peu ivre; pas seulement de fatigue, mais par contagion peut-être, comme si l'air opaque contenait des vapeurs d'alcool et de déraison. Je parlais aux invités d'égal à égal, j'interrompais des conversa-tions pour donner mon avis. Un couple me semblait particu-lièrement sympathique, tous les deux petits, blonds, des jumeaux qui s'aimaient. Plusieurs fois, je m'assis à leur table; il avait fait la guerre et baragouinait quelques mots de fran-çais; émerveillée, elle l'écoutait dire : " J'aime mârcher dans les roues de Pâris. "

Ce soir, les ivrognes méchants ne me gênaient pas. Je

versai du champagne dans le whisky du plus antipathique et
bientôt, avec Bob, nous le rangions derrière un sofa, la tête
sur un coussin. Seuls les pieds dépassaient.

> " Je vais faire un voyage sentimental,
> Je vais mettre mon cœur à l'aise... "

L'orchestre jouait des slows. Une dizaine de couples
dansaient joue contre joue, sur place. Presque plus personne
dans la salle ; Harrison même, parti. Seuls restaient les heureux
et je les regardais, n'ayant plus de travail. J'imaginais leur
bonheur. S'il était proportionnel à la beauté de la femme,
mes jumeaux gagnaient : la seule qui soit presque aussi belle
que Laura. Pourquoi fermaient-ils les yeux ? A quoi pen-
saient-ils ?

> " Tu n'es pas bleu
> Non Non Non
> Tu n'es pas bleu
> Si tu n'as pas l'âme indigo "

— Bob, tu crois que je peux boire un scotch, maintenant ?
— Sûr Graig, sûr !
Jamais un whisky ne m'avait paru aussi mérité. Je l'avais
payé un prix indéfinissable que je cherchais dans sa couleur,
sa transparence, son odeur...
— Êtes-vous triste, Graig ?
Tenant par la main son mari-jumeau, elle se penchait sur
moi :
— Le pauvre, il est triste. Si Graig a une amie, il est triste.
S'il n'a pas d'amie, triste aussi, n'est-ce pas ?
Cette gentillesse confirmait la pitié que je ressentais pour
Grégoire-le-seul. Au fond, je préférais les ivrognes agres-
sifs ; ils ne m'obligeaient pas à parler. Bien sûr, elle était belle,

émue. A quoi bon ? Impossible d'en profiter, sauf en partageant une vague émotion qui me ferait plus de mal qu'à elle; tout à l'heure surtout, dans ma chambre vide.

Je restai donc sur la défensive. Sentant qu'elle n'avait rien à craindre, elle devenait presque tendre et je pensais : " Voilà la charité ! Pas *Caritas*... pas la charité de Chaucer... mais la charité moderne : avoir pitié d'un chien, d'un enfant perdu, d'un homme que l'on n'aura pas besoin d'aimer longtemps. "

— Vous ne m'écoutez pas ?

— Si !

— A quoi pensiez-vous ?

— A Chaucer :

> *Delyte nat in wo thi wo to seche,*
> *As don thise foles that hire sorwes eche*
> *With sorwe...*

— Mais qu'est-ce que ça veut dire, en anglais d'aujourd'hui ?

— Oh, à peu près : " Ne te complais pas de malheur pour y chercher ton malheur, comme le font ces fous qui, de tristesse, comblent leur tristesse... "

— Vous êtes français et vous savez tout cela ?

Cette admiration me semblait trop naïve. Au fond, si j'avais eu envie de l'aimer, je ne l'aimerais déjà plus. Mais je ressentais l'émotion de cette aventure possible. Voyage manqué. Est-ce ça, Don Juan ? Ne jamais refuser un voyage ? A la place du mari... Brave mari ! Il dormait à moitié dans son fauteuil, souriant, un peu ivre. Si Jane me voyait ! Jalouse quand je lui disais que Gloria Dune avait une jolie voix...

Au bar, les musiciens et Banjo Bob entouraient une bouteille. Seul le pianiste jouait :

" J'ai trouvé la joie,
Content comme un gosse
Avec son joujou neuf... "

— Comment vous appelez-vous ?
— Liz ! Ce n'est pas très exotique...
" Si je l'invitais quand même à danser ? Qu'est-ce que je risque ? "

Je me penchai vers elle. J'allais parler quand le mari se réveilla. Brave type ! J'admirai sa chance... ou son instinct peut-être ? Dans ce cas, il méritait de garder cette femme aux curiosités infidèles. Il avait de belles mains. Tout en bavardant avec lui, je les observais : des mains plus fines, plus féminines que celles de Liz; doigts mobiles, des antennes qui l'avaient prévenu tout à l'heure d'un vague danger.

Nous parlions chasse et Liz à son tour somnolait. Ou cachait-elle sa déception ? Elle avait seulement dit :

— Comment ? Vous tuez aussi les oiseaux ?
— J'aime l'attente de la chasse, cet espèce d'espoir.

Il habitait près de Red Bank, pas loin du Port. Avions-nous tiré les mêmes bandes de canards ? Solidité des cols verts, grâce rapide des sarcelles... Mais il parlait surtout bien des voiliers. Élevé dans le Maine, il avait toujours aimé la mer et le presque silence des voiles. Quand il prendrait sa retraite...

— Vous n'avez pas trente ans !
... qu'importe ! Le jour de sa retraite, il achèterait un bateau, il traverserait l'Atlantique, contournerait l'Écosse, descendrait la côte jusqu'à Gibraltar...

— Et Liz ?
— Elle n'aime pas trop la mer. Elle s'habituera...

Assis sur le bras du fauteuil de Liz, il lui caressait les cheveux, reprenant possession d'elle avec ses mains; gestes tellement doux qu'ils me troublaient, m'annonçaient ma solitude de tout à l'heure et je le questionnais, j'animais la conversation, redoutant qu'il profite d'une hésitation pour décider de partir...

— Il faut partir, Liz !

— Attendez-moi ! Je pars avec vous. Ça ne vous dérange pas ? Vous me déposerez... Le Port est sur votre route, à peine un détour de dix minutes...

J'avais parlé sans réfléchir. Décision déjà prise sans que je m'en sois rendu compte.

— Bob, je peux partir ?

— Sûr Graig ! Sûr !

Qu'il conduisait doucement ! Quelle heure ? Quatre heures à ma montre, sa montre. Voiture presque immobile sur la neige. Parfois, d'autres phares éclairaient les jumeaux, tête blonde sur épaule blonde. Avant de les quitter, je demanderai leur adresse. Où sommes-nous ? Une ville. Voilà le garage Ford ! Encore dix minutes. Qu'ils sont gentils, tous les deux...

Trop gentils ! Ils voulaient prendre le chemin, me conduire jusqu'à la maison.

— Je vous jure que ce n'est pas loin. Avec la neige, la voiture ne passera pas. Il faut connaître.

J'étais descendu, souliers dans la neige, presque fâché d'inquiétude : s'ils continuaient jusqu'à la maison, les phares réveilleraient les gens, les chiens, le père de Laura. Et j'avais besoin de cette marche pour réfléchir.

Enfin la voiture s'éloigna. Quand elle disparut : le calme... et j'eus peur, un sentiment d'angoisse incontrôlable. " Pour-

quoi donc ? Tu n'as jamais eu peur du noir ! " Impression
d'autant moins justifiée que la nuit était claire. " Peur du
silence ? " Pourtant je n'avais qu'à fermer les yeux pour
ré-entendre l'orchestre chez Harrison : Saint Louis Blues
et la clarinette.

> " Cette femme de Saint Louis
> Avec ses diamants
> Poursuit mon amant... "

Je chantais. Je parlais à voix haute. De quoi réveiller
toute la maison ! " Heureusement qu'ils sont encore loin.
Surveille-toi, mon vieux, tu es ivre ! " Ivre d'alcool, ou de
fatigue ? Je me frottai le visage et la nuque avec une poignée
de neige. Déjà les pieds mouillés, froid aux mains. " Que
dirait ma mère ? "

Le chemin descendait d'abord. Je suivis les traces des
voitures, deux sillons à peine recouverts par la dernière
couche de neige. " La neige est un drap, un linceul, un manteau de coton, un cliché blanc sous les arbres, carte postale
adressée à Grégoire. Est-ce moi, Grégoire ? Oui, puisque
je marche dans un sillon de neige. Pied gauche, pied droit.
Tu vas lever une main. Donne-lui l'ordre... elle obéit. Ta
main existe. "

Je n'y croyais pas. Comment se convaincre ? " Si seulement j'étais à la Chêneraie ! " Cette forêt-là faisait partie
de ma vie, tandis que l'Amérique... " Car tu es en Amérique,
État du New Jersey, nuit du nouvel an 1948. Tu marches,
tu respires en Amérique. Tu es là parce que tu l'as souhaité,
voulu, réussi. " Avec Fabien, nous aurions couru à travers
cette forêt, tant couru que nous l'aurions apprise par cœur,
de nuit comme de jour, les yeux bandés, aveugles... Harris
connaît-il une forêt par cœur ? A-t-il eu le temps d'en ap-

prendre une, avant ? Ses yeux à contre-jour : " Tu devrais aller en Amérique, Grégoire. Tu aideras les Américains à comprendre les Français et quand tu reviendras en France... " Aider qui ? Jane, Laura ? Comprennent-elles mieux les Français ? Qui est français ? Suis-je français ? Pas tant que Perrault... même quand je dis " *Yes* Monsieur ". D'ailleurs Perrault ne le dirait pas. Il préférerait crever. Il est français, lui, et il connaît Jack London par cœur; il le récite en marchant dans la neige, il improvise : " la neige est l'ennemi mortel du cuir. " Ce soir-là, j'avais rencontré Jane et reçu la gifle de Laura. Plus d'un an ! La neige est toujours là, malgré le voyage au Golfe du Mexique avec Peter A, malgré la cuite avec Peter B, malgré la vaisselle du Splendid, malgré... tout, nous sommes encore dans la neige.

Troisième ou quatrième virage ? " Va savoir ! Ça t'apprendra à ne pas apprendre tes forêts par cœur ! " Une forêt à réciter comme du Chaucer, chaque arbre une strophe, chaque branche une ligne avec ses feuilles qui tombent l'hiver et le poème est sans paroles... d'où : le silence. " Le silence qui ne m'effraye plus. " Je suis bien avec moi-même. Je bavarde. Pieds chauds, oreilles brûlantes, je me cause. Parfois, on se cause du souci, parfois de la gaieté... " Oh, ne m'en demandez pas tant ! Je ne suis pas nègre, pas encore... " Quand je serai nègre, je rentrerai en France pour aider les Français à comprendre les nègres. J'irai chez Marie Godefroy, je lui jouerai du banjo, je lui chanterai des blues. Quand j'aurai la patience des nègres...

Ah !

La maison ! Bon Dieu, la maison est là et je n'ai encore réfléchi à rien, rien décidé. La maison est là sur une pelouse de neige, sous l'orme transparent. Là-bas, Jeanie dort, Laura dort, tous ils dorment sauf, au-dessus de la cheminée, la sarcelle qui s'envole. Mais que leur dire, Bon Dieu, que leur dire ? Je ne suis pas l'enfant prodigue, puisqu'ils m'ont chassé... Je ne suis pas le chien tremblant qui espère un pardon, ils ne chassent pas les chiens. Alors Grégoire, que fais-tu là ? Sauve-toi, avant qu'ils se réveillent. Sauve-toi vite avant le jour, avant la gaffe, avant la honte...

Garce ! Croit-elle que j'ai peur ? Que j'abandonne ? Non ! Je ne suis pas un lâche. Elle doit le savoir. Comment le lui faire savoir ? Une pierre ! Où trouver une pierre dans cette neige ? Une pierre de mépris, ni trop légère, ni trop lourde. Où creuser ? Ici ? Le gravier est si bête ! Jeter la montre ? Bien sûr ! Avec la chaîne. Voilà sa fenêtre. Un geste et la maison s'allume, fenêtre après fenêtre, maison des soirs d'hiver éclairée sur sa pelouse de neige. Maison chaude, pierres percées de lumière. Que j'aime cette maison, Bon Dieu ! que j'aime cette pelouse et la crique et la forêt et Slow et presque tous ceux qui dorment.

Quelle heure ? Cinq heures. J'ai rangé la montre dans mon gilet. Même si je jette la montre, je devrai fuir, et fuir encore plus vite si je la jette. Courir au premier bruit, à la première lumière... Tandis qu'en attendant.. la maison reste là, moi aussi, les autres dorment.

Pourtant, j'entends un bruit, une plainte peut-être. Il n'y a pas de vent. Qui bouge ? Qui pleure ? Est-ce un vol de canards ? Non ! Le bruit vient d'en bas, vers cette porte. Écoute ! Approche ! On gratte, comme une bête. On pleure comme un enfant. Qui est-ce ? C'est toi ? Bon Dieu c'est toi ? Tu parles que c'est toi ! J'arrive ! Ne dis rien ! Pas de bruit ! Attends, j'ouvre ! Attends Sarcelle, ma chienne Bon Dieu ! Viens ma chienne. Partons vite avant qu'ils se réveillent... sans bruit. Attends ! Ton collier n'est pas à moi, ni la montre... Toi, tu m'appartiens. Le reste est à eux, on l'abandonne.

Nous ne sommes pas des voleurs, hein, Sarcelle ? Le collier, la chaîne, la montre, on accroche tout à la poignée de la porte. Ils comprendront. Laura comprendra... Slow aussi, le pauvre. La montre est pour lui. J'enverrai un télégramme à Laura : " La montre est pour Slow. "

Viens maintenant. Ils dorment. Ils dormiront encore deux heures et nous serons loin. Pour toujours Sarcelle. Toi et moi ensemble.

Nous courions tous les deux. Nous ne nous sauvions pas, nous dansions. Je courais sur le chemin et Sarcelle traçait sur la neige des cercles noirs dont j'étais le centre. Chaque cercle une phrase :

... Grégoire, pourquoi as-tu mis si longtemps à venir ?

... Grégoire, tu ne me quittes plus...

... Irons-nous à la chasse ?

... Je suis à toi...

... Un lapin est passé là...

... Tout à l'heure je serai digne...

... Pourquoi Jeanie ne vient-elle pas aussi ?

Cette dernière question, Sarcelle l'avait posée assise sur le chemin le temps d'une plainte, repartant aussitôt pour d'autres cercles, à peine ralentie par les accidents de terrain, sautant par-dessus un arbre mort, enfouie dans la neige molle, poudrée blanche, secouée noire :

... Un homme et sa chienne...

... Vivre, vivre, vivre et courir...

noire entre les silhouettes des arbres et des rochers, film

noir et blanc d'une course à la joie jusqu'à la grand-route où,
sage, elle se coucha pour m'attendre.

— Sarcelle, derrière !

Disciplinée : le museau à hauteur de mon genou gauche,
comme sur les manuels de dressage, elle étudiait mon pas
pour régler son allure.

Douce : elle attrapait de temps en temps ma main avec
sa langue.

Attentive : elle levait la tête chaque fois que je la regardais ; elle comprenait certainement mon discours :

— Nous avons quitté le Port. A partir de la route, c'est
le monde. Il faudra se méfier ma chienne. Encore de la chance
qu'il fasse nuit, qu'il fasse neige et que les gens cuvent leur
réveillon. Mais le jour viendra et des milliers de voitures
sur cette route. Reste près de moi, tu n'auras rien à craindre.
Jamais rien à craindre. Quoique...

J'aurais aimé te conduire chez moi. Mais ça n'existe pas
encore, ou plus. J'ai eu un bois de chênes, j'ai eu le Port.
Maintenant, je n'ai plus que Princeton et l'université a un
règlement qui interdit aux chiennes de vivre avec Grégoire.
Mais tu iras chez Harris, ou chez Banjo Bob. Lequel pré-
fères-tu ? L'aveugle ou le nègre ? Ils sont tous les deux mes
amis, nos amis. J'irai te voir chaque jour, plusieurs fois.
Je t'emmènerai en promenade sur les berges du lac Carnegie.
Nous y attendrons le printemps. Tu m'aideras à écrire ma
thèse. Cette Bon Dieu de thèse ! Tu m'aideras, hein Sarcelle ? Cent pages sur Kierkegaard et sur l'amour ; des pages
intelligentes où je citerai Chaucer, saint Bernard et Melville...
moi qui ne crois même pas en Dieu... C'est fou, non ? Croire
ou ne pas croire en Dieu quand on l'aime comme je t'aime.
Tu te coucheras dans l'herbe à mes pieds, je relirai *la Pureté
de Cœur* et quand j'aurai besoin de l'image de Dieu, je te

caresserai. Tu le remplaceras un peu. Pourquoi ne serait-il pas un labrador, ou une sarcelle qui s'envole ? N'est-il pas simplement une raison d'aimer, d'espérer, de caresser, de marcher dans la neige à l'aube avec ma chienne pas à pas tu me lèches la main d'entendre que je t'aime pour que nous trouvions quelque part un autre Port, une autre Chêneraie d'été ou d'hiver puisqu'il y aura encore la neige et le soleil, la nuit et les feuilles jour après jour à chaque pas de ma chienne mon aveugle mon nègre mon amie...

III

— Quel est le but de votre visite ?

— Le mariage d'une cousine.

— Passeport, s'il vous plaît. On vous appellera tout à l'heure. Numéro quatre-vingts.

Répondant " merci ", je regrette que ma voix ne soit jamais normale quand je comparais devant des fonctionnaires. D'où vient cette inquiétude ? Je sais pourtant que dans le monde entier, chaque jour des gens attendent par milliers un visa, répondent aux questions personnelles de préposés indifférents. La plupart de ces gens ont d'autres soucis qu'un mariage... " Exilés, apatrides, ma voix imite votre humilité. Je voudrais assumer vos craintes et vos espérances ! "

C'est la seule explication. Car ce visa a d'autant moins d'importance que Jeanie viendra en France après son mariage. Je rencontrerai son mari, j'aurai les dernières nouvelles de Laura, du Port, de Slow.

Une trentaine de personnes sont assises dans la salle d'attente du consulat où le claquement d'une machine à écrire rythme le silence. Seul mon voisin a apporté son journal. Quelques curieux feuillettent les revues de propagande éparpillées sur les tables, les autres patientent et leurs yeux me fascinent. Que regardent-ils si fixement ? Voient-ils les secrétaires, le drapeau américain, les photographies de paysages du Vermont, du Texas et des montagnes Rocheuses ? Ou ne voient-ils qu'en eux-mêmes ? Souvenir de patries abandonnées, ici le Portugal, là-bas un Polonais, et ce vieillard juif qui caresse une barbe grise. En quelle langue se parlent-ils ? A qui parlent-ils ? A ceux qu'ils ont quittés ? A ceux qu'ils retrouveront demain ? A leurs absents ou à leurs morts ?

Parler aux morts, quelle tentation ! Conseiller à César de se méfier de Brutus pour que l'histoire se refasse. Parler aux absents, aux objets, aux paysages. Je parcours un jardin tué par ceux qui lui ont donné une vie nouvelle en plantant des tulipes à la place des roses trémières, en versant du gravier sur les chemins d'herbe, en semant des pelouses dans le jardin potager. Des hommes croient ainsi renaître et se déguisent au goût du jour. Nous enterrons seul leur abandon, sachant qu'ils diront peut-être un jour : " Dommage ! J'étais trop occupé. J'aurais aimé te voir plus souvent. " Perrault lève le bras et se penche sur ma tombe; le vent soulève ses cheveux devenus blancs; habillé en président, il parle à mon cadavre sans que la foule le croie extravagant.

— Soixante-douze ! Numéro soixante-douze !

Un noir se lève et se dirige vers une secrétaire. Tête ronde, souliers pointus, où se tenait-il caché pour que je ne l'aie pas aperçu ? Côte d'Ivoire, Sénégal ou Cameroun, par quels hasards veut-il rejoindre ses frères américains, Banjo Bob, Slow, Wash-Wash Washington ?

Je me promenais à pied aux environs d'Yvetot. Traversant un village, j'ouvris la porte du cimetière. En marge des pierres habituelles, derrière une haie de buis s'alignaient des croix grises ornées d'une cocarde rouillée avec une inscription : " Souvenir français ". Cinquante-trois tombes de terre arrondies par des averses. Sur la route je rencontrai un habitant.

— Salut !

— Bonsoir !

— Au cimetière, c'est des nègres ?

— Oui monsieur, les nègres de juin 40.

La route quittait le plateau avec ses lignes de blé d'hiver et descendait à travers bois sur la vallée de la Seine. Je parlais nègre : " Loumbabamoum togonyika caméghana djuda tchombé. " Ce qui voulait dire : " Braves nègres, j'espère au moins que votre adjudant n'était pas un salaud. " Des Sénégalais me soulevaient à bout de bras, Y a bon Banania. Je chantais nègre :

> Le blues a sauté le lapin
> L'a couru sur plus d'un mile.
> Le pauvre type, il s'est couché
> Pleurant comme l'enfant des villes.

Paumes claires, ongles roses, des mains brunes jetaient les dés contre un mur, des sept et des onze roulaient sur des dollars froissés. Nègres d'Afrique et d'Amérique, nègres importés pour la guerre ou la culture du coton, nègres d'été, nègres d'hiver, nègres mes amis, camionneurs, musiciens, tirailleurs, concierges, laveurs de vaisselle...

— Numéro soixante-treize, soixante-quatorze et soixante-quinze !

Elles sont trois femmes qui s'avancent vers un bureau, ou plutôt une femme en trois exemplaires : la mère et ses deux filles. Non seulement elles se ressemblent, mais elles se succèdent comme une allégorie de la fatalité qui fera de cette enfant de treize ans une jeune fille agressivement peinte, puis une femme replète. Le Temps s'assied sur trois chaises et les Parques se sont déguisées en bourgeoises pour un de ces films modernes qui s'inspirent des légendes.

J'entre dans un salon aux bibliothèques anciennes. Sur le tapis persan rose et vert sont posés des fauteuils Louis XV. Quand elle apparaît, elle est morte. Morte avec sa théière. Un coiffeur a coupé ses nattes. Elle meurt avec son sucrier, avec son joli corps à la mode. Je ne l'ai pas revue depuis Rouen. Avait-elle seulement des seins ? Je prête à cette femme qui tend des gâteaux secs une allure d'enfant et le corps s'agite comme une grossièreté.

— Vous étiez plus bavard !

La voix de Marie n'a pas changé. Si je fermais les yeux, resterait l'odeur du thé et des toasts : c'est impossible et j'attends soigneusement l'heure de partir, craignant l'acte maladroit qui rattacherait cet hiver heureux de mon enfance à ce présent ridicule. J'évoque la silhouette de Marie bien droite sur sa bicyclette à guidon relevé. Pour elle j'avais exposé mon orgueil sur un bout de papier. Le vent précipite la pluie sur un champ labouré, la terre s'adoucit, oublie la charrue, redevient plaine sur laquelle des visages minuscules ou sans limites, imbriqués les uns dans les autres, ruissellent d'eau.

Dans quelques semaines, je reverrai Jeanie et je me prépare dès maintenant aux déceptions possibles. A qui ressemblera-t-elle ? A sa mère ? A la mienne ? Elle avait, elle aura toujours les yeux gris-bleu et les cheveux noirs de ma famille, mais l'âme de Laura est contagieuse, même Laura vieillie, remariée depuis douze ans à ce brave Roger, son protégé, sa victime...

— Numéro soixante-seize ! Le soixante-seize, s'il vous plaît.

La machine à écrire claque toujours. Depuis un quart d'heure, j'attends et j'ai l'impression de n'avoir plus rien à me dire. Faudra-t-il que je feuillette aussi les revues de l'am-

bassade pour me désennuyer ? Non ! Cette littérature-là,
d'où qu'elle vienne, m'exaspère.

J'aurais dû amener ma chienne pour me tenir compagnie.
Acceptent-ils les chiens, ces bureaucrates ? Elle aurait posé
son museau sur ma cuisse : " Bonne bête ! Bonne Sarcelle,
Flaque, Quetsch ! " Tant de noms, tant de chiennes, et cette
même douceur du poil derrière les oreilles quand on les
caresse. " Te souviens-tu du premier canard de Sarcelle,
un matin de novembre ? Et des treize bécassines tuées à
l'aube avec Quetsch ? Ce faisan tête haute que Flaque rap-
portait de l'autre bout d'une luzerne... " Trois générations
depuis ce matin de Noël, chiot noir dans un ruban rose
sur un tapis beige. Sarcelle est morte de vieillesse à douze
ans, Quetsch tuée à cinq ans par une piqûre de vipère et je
les caresse encore, fourrure à pleine main. Quelle peine ces
amitiés perdues !

Mon voisin pose son journal dont la première page étale
ses bilans de famines et de guerres, d'accidents de travail
et de voitures. Pas une de ces souffrances ne me cause le
chagrin de la mort de mes bêtes. Pourquoi ? Comment
s'apprendre et enseigner aux hommes à pleurer mille morts
mille fois plus que la mort d'un ami ou d'un frère ? Je sais
qu'ils ne valent pas grand-chose, ceux pour lesquels la mort
des inconnus reste sans importance.

Et la vieille honte me reprend : comment suis-je devenu
ce bourgeois presque indifférent ? Ma campagne normande,
ma famille, mes chevaux et mes chiens, ma tranquillité à
l'abri des haies et des rideaux d'ormes et de frênes. Honte
habituelle, je connais les réponses : " j'aurais pu moi aussi,
j'aurais dû... j'avais lu saint Bernard, Chaucer, Melville,
Kierkegaard et Marx... je devais plonger en avant, couper
les ponts... mais je suis comme Ismaël qui veut survivre au

naufrage... je ne sais pas haïr, je ne sais donc pas aimer... La colère me manque ! ”

— Numéros soixante-dix-sept et dix-huit !

Deux jeunes gens se lèvent. Je regarde autour de moi. Personne n'est en colère, pas même le vieux juif, ni le nègre, ni la machine à écrire, ni le président des États-Unis dont la photo surveille le drapeau endormi.

— Numéro soixante-dix-neuf !

— Numéro quatre-vingts !

“ Est-ce mon numéro ? Mais oui ! ” Voilà que mon cœur recommence à battre, surtout que la voix qui m'appelle n'est pas une voix habituelle de secrétaire. Un homme m'attend à l'entrée du couloir :

— Le consul voudrait vous voir, Monsieur Engivane.

Je le suis. Il m'indique une porte et j'entre dans une pièce sombre. Entre les rideaux de la fenêtre, j'aperçois la cour et de l'autre côté de la cour, le soleil.

— Asseyez-vous, je vous en prie !

Derrière un bureau encombré de dossiers, mal éclairé par une petite lampe, le consul me sourit. Fauteuil confortable, il attend que je sois installé.

— Monsieur Engivane, vous avez fait une demande de visa pour le mariage de votre cousine, n'est-ce pas ?

Il parle anglais, je lui réponds en anglais :

— Le mariage a lieu dans quinze jours...

— Il y a trois ans, on vous avait déjà refusé un visa...

— C'est vrai, pour une histoire d'élection.

Ailleurs, j'éclaterais de rire au seul souvenir de cette campagne électorale. Charles Perrault de Peygues (as in peg-leg) candidat progressiste. Suppléant : Grégoire Engivane, agriculteur. Nous avions sillonné les routes normandes dans ma vieille Citroën, expliquant aux fermiers les bienfaits d'un collectivisme éclairé. Ils nous écoutaient plus poliment que je ne l'aurais cru, par déférence, me semblait-il, envers la particule de Perrault, envers son embonpoint et son accent du midi. Nous avions même obtenu trois ou quatre pour cent des suffrages exprimés. Perrault triomphait. Le lendemain des élections, il m'avait embrassé sur le quai de la gare : " sacré paysan ! "

— Vous comprendrez que malgré les mesures de libéralisation récentes, il sera difficile d'obtenir à temps votre visa parce que seul Washington peut décider de ces cas d'exception et que cette procédure, bien qu'elle ne soit qu'une procédure de routine...

" ... étant donné le troisième alinéa du vingt-deuxième paragraphe du traité sur la régularisation de la vente des poulets de grain pendant les années bissextiles... " Cet homme parle comme les petites lettres d'un contrat et j'improvise un texte que je pourrais lui réciter si j'étais assis derrière son bureau et lui dans mon fauteuil. Quand je sens qu'il va terminer son discours, je l'écoute :

— ... trois semaines au minimum.

Mariage fichu. J'avais espéré voir le Port, partout des fleurs, Laura les larmes aux yeux, Slow ému, Jeanie transparente...

— Alors, laissez tomber. Ça n'en vaut pas la peine !

Crise d'humeur, je me lève. Je n'ai pas envie de mendier des faveurs. Suis-je un enfant pour qu'on me prive de confitures sous prétexte que je n'ai pas été sage ? Qu'ils aillent se faire foutre avec leur visa ! Quant à ce pauvre fonctionnaire, pâle comme une tranche de veau dans son bureau sans lumière, je lui cherche une phrase cinglante, coup d'éperon ou de cravache... Mais non ! Quand un cheval refuse, la faute vient du cavalier. Je souris au consul. Il me sourit. Il semble doux et gêné. Il porte la cravate verte et bleue des membres du Slate Club.

— En quelle année étiez-vous à Princeton ?

Son étonnement me console presque du mariage raté.

— J'ai terminé en 52, répond-il.

— Alors, nous n'avons pas pu nous connaître. A cette époque-là je travaillais déjà depuis trois ans pour le *Herald Tribune*. Eh bien, enchanté de vous avoir rencontré, désolé que les circonstances soient aussi banalement officielles...

Je suis sorti. Je n'ai qu'une envie, c'est de retrouver le soleil et, aussitôt dans la rue Saint-Florentin, je tourne à gauche. Je traverserai à pied le jardin des Tuileries. Les marronniers sont en fleur; la pluie d'hier a sûrement fait reverdir les buis. Il y aura des tulipes mais pas d'enfants. Je ne connais plus les enfants de Paris; Marie et moi restons toujours chez nous jeudi, à cause de nos deux filles. Elles ont leur cours de danse le matin à Rouen, la leçon d'équitation de l'après-midi, parfois un dentiste, des achats, et Marie passe ses jeudis à conduire ces demoiselles. Après le dîner, sitôt les enfants couchés, elle nous raconte tout : la petite fait mieux les pointes que la grande mais les progrès à cheval de la grande sont tels que le maître de manège lui a prêté Mistral qui s'est cabré deux fois et la grande n'a pas eu peur du tout, elle a baissé les mains, elle a... Ma mère exige des détails, encore, encore. Je somnole en pensant au travail du lendemain : semer l'orge aux Longs Riages, aux Moulins, rouler le champ des Bordes. Plus tard, quand nous sommes seuls dans notre chambre, Marie me dit :

— Sais-tu que je suis passée à la Chêneraie. Ils ont planté des tulipes tout le long de la terrasse. C'est ravissant.

— Et les roses trémières ?

— Ah, il y avait des roses trémières ?

Bien sûr, elle ne peut pas savoir. Et puis, quelle importance ? Quand nous avons dû choisir, à la mort de mon père, entre la Chêneraie et la ferme, nous avons vendu la Chêneraie et je ne le regrette pas. Je ne regrette ni Paris, ni le journal, ni l'appartement de la rue Vaneau. Ce n'est pas cher payer pour une vie de liberté. J'ai toujours préféré les tracteurs aux Cadillac. Pourtant, j'aimerais savoir un jour pourquoi ? Comment toutes mes ambitions se sont-elles réduites en mottes de terre, en fleurs de lin et de colza, en luzerne et en trèfle ? Était-ce bien la peine d'aller jusqu'en Amérique pour revenir en Normandie planter ses choux ?

" Oh, si tu l'avais su, Grégoire, si tu l'avais su à seize ans, comme tu aurais désespéré ! "

Pourtant je suis heureux. Heureux ? Disons content ! La différence n'est pas grande et seul Harris comprendrait qu'aucun homme n'est heureux au présent. Le bonheur d'un homme se juge au passé, après sa mort. Harris sera sans doute un mort heureux, lui qui n'est pas un aveugle malheureux. Demain je lui écrirai, tiens ! De tout ce voyage raté il me manquera le plus. Ce n'est pas comme Laura et Roger qui viennent souvent en France, Peter B qui a passé trois ans à Paris... Harris reste à Princeton où ses gestes aveugles connaissent les trottoirs et les distances, où ses mains trouvent facilement les boutons du magnétophone. Avant de partir, je lui avais enregistré toute l'Anthologie d'Arland, plus *Une Saison en enfer, les Chants de Maldoror* et des poèmes d'Apollinaire :

" Réjouissons-nous non pas parce que notre amitié a
été le fleuve qui nous a fertilisés
Terrains riverains dont l'abondance est la nourriture
que tous espèrent... "

Au fond, de toutes ces amitiés, une seule ne me manquera pas, celle de Peter A. Depuis sa mort en Corée, je pense assez souvent à lui pour qu'il ne me manque plus. N'est-ce pas un peu pour Peter que je me suis présenté aux élections ? Mais essayez d'expliquer ça à un consul, même ancien de Princeton et membre du Slate Club... il croira que vous faites de la politique... il croira que vous insultez son drapeau... il croira...

— *Mister ! Please Mister !*

... que vous êtes un dangereux provocateur payé par Moscou et Pékin... Pire ! Il imaginera que vous travaillez gratuitement, poussé par un fanatisme aussi incompréhensible que la danse des derviches tourneurs...

— *Please Mister ! Can you fix my bicycle ?*

Quelle bicyclette ? Qu'il aille donc demander à son consul ! A quoi servent les consuls s'ils ne sont pas là, ici, partout, prêts à réparer les bicyclettes de leurs ressortissants en bas âge ?

— *Dont's cry*, Bud ! Pleure plus fiston, tu as la chance de tomber sur un spécialiste ! Quand j'étais jeune, je raccommodais les roues crevées en trois minutes... Où est-elle, ta maman ? Elle te laisse tout seul dans ces forêts ? Oh, le beau clou ! Tu le vois ? Regarde-le bien, c'est un clou de tapissier perdu par les ouvriers du roi Louis XIII le soir même de l'arrivée d'un certain d'Artagnan à Paris. En garde ! Un coup de râpe avant la rustine... Fourre ce clou précieusement dans ta poche et tu l'échangeras à l'école contre dix-sept billes, un couteau à six lames et deux gâteaux secs.

Le gosse me regarde éberlué. Face d'ange américain blond-bleu-rose pour photo en couleur de *Life*, il n'a jamais entendu parler si vite et j'en rajoute, accélérant la parole et le geste, pompant l'air dans le pneu :

— ... et quand tu rentreras à New York, ta patrie sans vaches et locomotives à vapeur, tu diras à tes copains de Central Park : " J'ai l'air de Paris dans mon vélo, l'air d'un après-midi de printemps aux Tuileries, venez renifler les marronniers et les roses... "

— *Thank you, Mister !*

Il remonte sur sa bicyclette et s'enfuit à toutes pédales, me laisse seul avec mes mains salies. Quoi de plus gênant que des mains sales quand on est endimanché ? On porte ses mains à bout de bras, loin des poches, loin du pantalon. Heureusement qu'il y a le grand bassin, j'y trempe mes doigts, je les essuie avec mon mouchoir et je regrette... comme je le regrette ! de ne pas avoir un joli voilier à poser sur l'eau.

— Merci, Monsieur. C'était beaucoup gentil à vous...

Après l'enfant, voici la mère, si jeune. Il est vrai que maintenant toutes les femmes de moins de trente ans me semblent jeunes. Laura devait avoir son âge quand je l'ai rencontrée.

— C'est beau, ici ! dit-elle.

... Et elle a raison. Je regarde d'abord du côté de la Concorde et de l'Étoile, ensuite vers le Carrousel.

— Oui, très beau.

Les marronniers sont en fleur. J'étais venu ici exprès pour les voir mais il a fallu que cette femme me fasse lever les yeux pour que je les regarde. On devrait mettre des étrangers partout, sur l'Acropole, sur le Campodoglio, dans la cour du Louvre... Pas des touristes, mais un ou deux étrangers seulement : une femme qui tricote sans quitter des yeux la statue équestre de Marc-Aurèle, un Chinois figé devant le Parthénon. Les autochtones désabusés s'inspireraient de ces ferveurs...

La femme et le gamin s'éloignent. Ils sont un peu à moi.

Si j'étais resté en Amérique, si j'avais épousé une de ces filles, si l'on mettait Paris et New York dans la même bouteille...

Enfin l'image du consul s'efface et je retrouve mon Amérique : une motocyclette rouge sur une route grise, un cheval noir sur une prairie verte, une sarcelle bleue sur la neige : " Amérique, peux-tu me pardonner ? Ah, pardonne-moi de t'avoir abandonnée ! "

Après cinq ans là-bas, je rentrai en France comme un étranger. Moi aussi, je regardais chaque pierre de ces monuments, chaque arbre de ces jardins. Avais-je un accent ? Les garçons de café me répondaient en anglais. Je portais encore, il est vrai, certains costumes de l'oncle Henri. Plusieurs fois, je faillis repartir. S'il n'y avait pas eu cette longue maladie de mon père... J'écrivais à Laura, j'écrivais à Jane pourtant déjà mariée, j'attendais chaque matin leurs réponses comme des rappels à la vie : l'Amérique ne m'oubliait pas.

Fabien et Perrault s'alliaient pour me ridiculiser, pour me dépouiller de mes anglicismes, de mes pudeurs, de mes habitudes, de tout cet amour de jeunesse. Je me souviens encore de scènes humiliantes qu'ils ont certainement oubliées, qui leur sembleraient drôles sans doute, si je les évoquais. Dans un café de Saint-Germain-des-Prés par exemple nous étions une dizaine autour d'une table et Perrault s'écriait :

— Grégoire n'a pas encore vu les seins de Micheline !

— Quoi ? Les plus jolis seins de Paris...

— Micheline, fais-lui voir tes seins !

Une blouse s'ouvrait et les seins se montraient, comme posés sur la table, légèrement plus pâles que le torse bruni.

— Touche-les !

— Tu sens s'ils sont fermes ?

— Oh, le con ! Le vicieux, il rougit ! Regardez Grégoire rougir !

Mais il y a la Seine et je suis sur le pont du Carrousel. Un remorqueur baisse sa cheminée, s'enfonce sous l'arche et disparaît, suivi par une, deux, trois péniches chargées de sable; les remous gagnent les berges, puis l'eau se calme, noire et douce.

> " Moi, j'crache dans l'eau,
> Sur les poissons qui nagent,
> Ça fait des ronds rigolos
> Et ça soulage "

Cette chanson, c'est Marie qui me l'a apprise comme elle m'a appris à jouer à la carotte, au piquet et à la barbichette.

— Tu es trop sérieux, disait-elle.

— Moi ? Pas du tout...

— Enfin, tu as l'air trop sérieux.

M'a-t-elle changé ? Probablement non. Je ne crois pas que les gens changent. Ils évoluent dans un sens plutôt qu'un autre jusqu'à un certain âge, puis ils se figent. Le tout serait de se figer à l'instant du sourire pour que la photo reste plaisante à voir... dans mon cas surtout. A ceux qui n'ont pas la colère, ni l'œil supérieur du prophète, il ne reste que le sourire.

... Et je souris en remontant la rue des Saints-Pères. Je salue cette vieille dame, j'admire un bébé, j'évite le fauteuil Régence brandi par un antiquaire, j'accepte un prospectus annonçant la fin du monde et le règne de Jehovah, j'indique à deux jeunes Allemands la rue de Verneuil, j'estime le nombre de pas qu'il me reste à faire jusqu'au boulevard Saint-Germain... soixante... je compte quarante, cinquante, cinquante huit neuf soixante et un deux trois quatre... je me suis à peine trompé, mais j'ai un peu triché à la fin en allongeant l'allure.

Dans quelques minutes je verrai Marie. Quand je lui raconterai ma déconvenue, elle me plaindra. Je penserai : " Au fond, elle est heureuse que je ne parte pas sans elle au pays de mes autres amours... " Mais je ferai semblant de la croire et nous jouerons en dix phrases à ce jeu du mensonge et de la tendresse, ce jeu plus réel que celui de la vérité. Quelle vérité ?

— Engivane ! Engivane !

Perrault est assis à sa place habituelle, au fond du Café de Flore, la nuque appuyée au miroir, tête à deux faces comme Janus.

— Elle est très bonne, la chanson de Fabien.

" Très bonne " est articulé avec emphase. Perrault chante faux et chante quand même le refrain :

" Puisqu'un et un font deux
Quand on est amoureux... "

Comme il a oublié la suite, il récite des Tra-la-la-la Dondaine. Sa petite bouche s'arrondit. Il crachouille en me parlant de mon frère : Fabien a du dialogue jusque dans ses ritournelles, le théâtre l'attend, les honneurs. A l'entendre, l'argent du drame vaut mieux que celui du music-hall. Fabien écrira une tragédie et Perrault la récite, doigts dressés en forme de tulipe : monologue du deux, dialogue du trois. Je ne l'écoute plus. Il aurait mieux fait de me dire : " Ton frère boit trop. Pourquoi est-il si malheureux ? Peut-on l'aider ? " Pendant que Perrault l'Inutile bavarde, j'ai une conversation avec Perrault l'Utile. Tous les deux, nous emmènerions Fabien en Grèce : l'été, les monuments, la nage et Fabien bronzé, dessaoulé plein de travail. Mais Fabien n'acceptera jamais, il n'aime pas les voyages.

Et pourtant, il est parti tellement plus loin que j'ai jamais été, dans un pays inimaginable et qu'il refuse de décrire. Quelle ironie ! C'est moi qui ai pris la succession du père pendant que l'aîné, le rouquin, le véritable Engivane s'exilait sur place.

— Écoute, Grégoire !

Perrault m'appelle. J'écoute puisqu'il le veut. Fatigué de rester debout, je m'assieds près de lui pour qu'il ne voie pas mes yeux : plus besoin de l'entendre. Soigner Fabien de force ? Depuis une minute je donne des coups de poing sur la table, je crois me battre avec Fabien. Puis j'abandonne : comment pourrais-je réinventer les autres, moi qui ai tout accepté ?

— ... et depuis que tu sèmes du blé, tu as l'air moins paysan, dit Perrault. Excuse le paradoxe, mais au fond, de nous tous, tu es le seul à avoir fait ce que tu as voulu. Tiens ! Voilà Marie !

Toujours aussi adroit, Perrault a glissé son ventre par-dessus la table, parmi les bouteilles de bière et les verres vides. Il tend les joues et Marie l'embrasse, l'interroge sur sa santé, l'invite à venir en Normandie, comme à chaque rencontre. Vieux amis, vieux dialogues...

— ... tu es notre mère à tous, toi qui es presque une enfant et notre mère quand même. Comment vont tes filles ?

Dix minutes plus tard Marie et moi sortons du café. Elle ne se retourne pas, elle sait que je la suis. Pour traverser le boulevard Saint-Germain, je la prends par l'épaule. Elle n'est pas grande Marie, elle est faite pour les pelouses et pour les fleurs, trop tendre pour ce macadam, ces camions, ce vacarme. Je la serre contre moi, je la guide, je la protège, je la tiens. Je l'aime je l'aime je l'aime et j'ai pitié d'elle au milieu des voitures.

IMP. BUSSIÈRE, SAINT-AMAND (CHER). D. L. 3e TR. 1967. N° 2043.